インドネシアとベトナムにおける人材育成の研究

鈴木 岩行・谷内 篤博 編著

張 英莉・黄 八洙・小林 猛久・BAMBANG RUDYANTO

八千代出版

目　　次

序　章　インドネシア・ベトナムの経済・産業構造と人材育成 ………… 1
1. はじめに　　1
2. インドネシアの経済・産業構造と教育事情　　3
3. ベトナムの経済・産業構造と教育事情　　6
4. インドネシア・ベトナムにおける産業の高度化とコア人材育成　　8
5. おわりに　　12

第１部　インドネシアにおける人材育成

第１章　インドネシアにおける人材育成の現状―アンケート調査による現地・日系・台湾系・韓国系企業の比較を中心に― ………… 19
1. はじめに　　19
2. 回答企業の現状について　　19
3. コア人材の育成について　　23

第２章　インドネシア現地企業における人材育成 ………… 33
1. はじめに　　33
2. ヒアリング企業の企業属性と事業内容　　34
3. コア人材の定義と選抜方法　　37
4. コア人材の採用と求められる能力　　39
5. コア人材の育成とキャリアパス　　41
6. コア人材の評価とリワードシステム　　44
7. コア人材の定着策と今後の課題　　47
8. おわりに　　49

第３章　インドネシア日系企業における人材育成 ………… 55
1. はじめに　　55
2. ヒアリング企業の属性と事業内容　　56
3. コア人材の定義・充足度　　58

i

目　　次

　　4. コア人材の採用・選抜　　59
　　5. コア人材の育成・キャリアパス　　61
　　6. コア人材の職種と評価・活用　　62
　　7. コア人材の定着策と早期に選抜・登用する
　　　 コア人材育成制度に対する考え方　　63
　　8. お わ り に　　65

第4章　インドネシア台湾系企業における人材育成 …………………… 71
　　1. は じ め に　　71
　　2. 調査対象企業の事業内容、会社概要　　72
　　3. コア人材の定義と過不足感　　75
　　4. コア人材の採用、選抜と求められる能力　　76
　　5. コア人材の育成策とキャリアパス　　78
　　6. コア人材の評価とインセンティブ・ポリシー　　79
　　7. コア人材の定着策と今後の課題　　80
　　8. お わ り に　　82

第5章　インドネシア韓国系企業における人材育成 …………………… 89
　　1. は じ め に　　89
　　2. ヒアリング企業の属性と事業内容　　90
　　3. コア人材の定義と過不足感　　92
　　4. コア人材の採用・選抜要件と求められる能力　　93
　　5. コア人材の育成とキャリアパス　　95
　　6. コア人材を必要とする職種と評価・活用　　97
　　7. コア人材の定着策とコア人材育成制度に対する考え方など　　98
　　8. お わ り に　　99

第2部　ベトナムにおける人材育成

第6章　ベトナムにおける人材育成の現状―アンケート調査による
　　　　　現地・日系・台湾系・韓国系企業の比較を中心に― ……… 105
　　1. は じ め に　　105
　　2. 回答企業の現状について　　105

3．コア人材の育成について　109

第7章　ベトナム現地企業における人材育成 …………………… 121
　1．はじめに　121
　2．ヒアリング対象企業の企業属性と事業内容　122
　3．コア人材の定義と選抜方法　125
　4．コア人材の採用と求められる能力　126
　5．コア人材の育成とキャリアパス　128
　6．コア人材の評価とリワードシステム　130
　7．コア人材の定着策と今後の課題　132
　8．おわりに　134

第8章　ベトナム日系企業における人材育成 …………………… 141
　1．はじめに　141
　2．企業の属性と事業内容　142
　3．コア人材の充足度　144
　4．コア人材の採用・選抜　145
　5．コア人材の育成・キャリアパス　146
　6．コア人材の職種と評価・活用　148
　7．コア人材の定着策と早期に選抜・登用する
　　コア人材育成制度に対する考え方　149
　8．おわりに　150

第9章　ベトナム台湾系企業における人材育成 ………………… 157
　1．はじめに　157
　2．調査対象企業の事業内容、会社概要　158
　3．コア人材の過不足状況と採用・選抜方法　161
　4．コア人材の育成とキャリア形成　164
　5．コア人材に求める能力、人材の評価および定着策　167
　6．ベトナム台湾系企業の「陸幹」について　171
　7．ベトナム台湾系企業の問題点と課題―結びに代えて―　176

目　　次

第10章　ベトナム韓国系企業における人材育成 …………………… 183
1. はじめに　183
2. ヒアリング企業の属性と事業内容　184
3. コア人材の過不足感　187
4. コア人材の採用・選抜要件と求められる能力　188
5. コア人材育成とキャリアパス　190
6. コア人材の職種と評価・活用　191
7. コア人材の定着策とコア人材育成制度に対する考え方など　192
8. おわりに　193

終　章　インドネシア・ベトナムの人材育成状況と産業構造の高度化 ………………… 199
1. 調査から見たインドネシア・ベトナムの人材育成の状況　199
2. 今後の展望と課題　203

補論1　東南アジア企業のビジネス・コミュニケーションに関する一考察
　　　──企業調査による事例研究から── ……………………………… 209
1. はじめに　209
2. フィリピンの日系企業調査から　210
3. コーチングと選択理論によるビジネス・コミュニケーション　211
4. インドネシアのビジネス・コミュニケーション　215
5. ベトナムのビジネス・コミュニケーション　221
6. おわりに　226

補論2　インドネシア企業の人的資源管理に対するインドネシア人ホワイトカラーの評価 ………………… 229
1. 調査対象者のフェースシート　229
2. 企業の人的資源管理の施策に対するインドネシア人ホワイトカラーの評価　232

あとがき　239
索　　引　241

序章

インドネシア・ベトナムの経済・産業構造と人材育成

1．はじめに

　1990年代以降、世界中の企業から中国へ投資が殺到し、中国は世界の工場、さらには世界の市場へと発展した。しかし、2000年代に入ると、①沿海部の人件費の高騰、②SARSの流行、③アメリカから切り上げを求められたことによる中国人民元の高騰、④欧米との貿易摩擦、⑤反日運動等により中国への一極集中リスクの回避が求められるようになった。中国以外の一国に拠点を置く、いわゆるチャイナ・プラスワン戦略である。チャイナ・プラスワン候補としては、ASEAN内では世界で4位の人口（2億3,000万人）を誇るインドネシアとASEAN内で人口が2位に匹敵し（8,500万人）、将来性が期待されるベトナムが注目されている。BRICsに続き、今後成長が期待されるVISTA（ヴィエトナム＝ベトナム、インドネシア、南アフリカ、トルコ、アルゼンチン）にも両国は入っている。しかし、ビジネスしやすいランキング（図表序-1）を見ると、東アジア24カ国中ベトナムは18位、インドネシアは20位であり、上位のシンガポール（1位）、タイ（3位）、マレーシア（4位）とは大きく引き離されている。ASEAN 10カ国中、経済発展が非常に遅れているカンボジア、ラオス、ミャンマーと人口の少ないブルネイを除いた6カ国のなかで、この両国は4位（ベトナム）と5位（インドネシア）である。ビジネス上の魅力度を項目別に見ると（図表序-2）、中国とインドを除いた上記ASEAN 6カ国中、インドネシアが優位にあるものは、消費市場の大きさ（1位）、消費市場の成長性（3位）、ビジネスコストの安さ（2位）である。劣っ

序　章　インドネシア・ベトナムの経済・産業構造と人材育成

図表序-1　ASEAN 6カ国の投資環境指標（ビジネスしやすいランキング）

(順位)

国名	総合	事業開始	許認可取得	雇用規制	登記	信用取得	投資家保護	税制	輸出入	契約強制力	事業終結
シンガポール	1	1	2	1	1	3	1	1	1	2	1
タイ	3	5	4	14	4	4	6	17	10	4	5
マレーシア	4	11	19	12	12	2	3	11	3	10	7
ベトナム	18	16	13	19	7	5	21	23	12	6	15
インドネシア	20	24	17	24	18	8	10	20	6	20	18
フィリピン	21	22	16	21	14	12	19	22	11	17	19

注1：世界178の国・地域のビジネス環境10項目について順位付けを行ない、当該国・地域でビジネス活動を行なう場合の難易度を知る目安になるもの。
注2：この表の対象は東アジア24カ国（OECD加盟国である日本・韓国を除く）。調査対象期間は2006年4月から2007年6月。
出所：ジェトロ『ジェトロセンサー』2008年8月号、80頁。

図表序-2　アジア主要国のビジネス上の魅力（項目別）

(複数回答、％)

順位	消費市場の大きさ		消費市場の成長性		語学上の障害が低い		教育水準が高い	
1	中国	75.4	中国	65.3	シンガポール	33.6	シンガポール	42.3
2	インド	65.2	インド	64.8	フィリピン	25.3	インド	17.6
3	インドネシア	26.9	ベトナム	43.2	インド	23.8	ベトナム	13.0
4	タイ	14.5	タイ	28.4	マレーシア	18.6	タイ	8.4
5	ベトナム	14.0	インドネシア	28.4	ベトナム	4.5	マレーシア	7.2
6	シンガポール	4.9	マレーシア	16.7	中国	4.2	フィリピン	4.6
7	マレーシア	4.5	フィリピン	13.4	タイ	3.8	中国	3.5
8	フィリピン	4.1	シンガポール	10.1	インドネシア	3.0	インドネシア	0.0

順位	優遇措置・インセンティブが充実している		ビジネスコストが安い		現地情報やサービスを入手しやすい		市場の閉鎖性・特殊性が少ない	
1	シンガポール	8.4	ベトナム	40.8	シンガポール	28.3	シンガポール	36.7
2	タイ	8.1	中国	25.6	タイ	13.5	タイ	17.8
3	ベトナム	5.1	インドネシア	23.9	マレーシア	10.2	マレーシア	15.5
4	マレーシア	2.7	タイ	22.3	中国	7.2	インドネシア	5.3
5	フィリピン	2.1	フィリピン	17.5	フィリピン	3.6	ベトナム	5.1
6	インドネシア	1.9	インド	16.5	ベトナム	2.7	インド	4.8
7	中国	1.1	マレーシア	10.6	インドネシア	1.9	フィリピン	3.6
8	インド	0.4	シンガポール	3.1	インド	1.1	中国	2.7

注1：本調査は「製造業」「商社・貿易業」「卸・小売業」に該当する日本企業2,626社に調査票を送付し、733社の回答を取りまとめたもの。
注2：（n＝中国：622、タイ：394、インドネシア：264、マレーシア：264、フィリピン：194、シンガポール：286、ベトナム：292、インド：273）
　　　母数（n）は、現在、ビジネス関係がある、または新規ビジネスを検討している企業。
出所：ジェトロ『ジェトロセンサー』2008年8月号、80頁。

ているものは、語学上の障害の低さ（6位）、教育水準の高さ（6位）、優遇措置・インセンティブの充実（6位）、現地情報やサービスの入手しやすさ（6位）である。ベトナムを見ると、優位にあるものは、消費市場の成長性（1位）、ビジネスコストの安さ（1位）、教育水準の高さ（2位）である。劣っているものは、現地情報やサービスの入手しやすさ（5位）、市場の閉鎖性・特殊性の少なさ（5位）、語学上の障害の低さ（4位）である。インドネシアとベトナムは潜在能力は高いが、外国投資を増加させ、経済発展を進めるには上記の優位性を伸ばし、欠点を補わなければならない。そこで現在の両国の経済・産業構造がいかに形成されてきたかを、独立まで遡って考察するとともに、経済発展に大きな影響を及ぼすとされる教育事情についても見ていきたい。

2．インドネシアの経済・産業構造と教育事情

インドネシアは第2次大戦後、独立の父スカルノの指導下でオランダと独立戦争を戦い、1949年に独立を果たした。スカルノは「指導された民主主義」の構想を掲げ、大統領専制政治を押し進めたが、政治優先、経済無視の政策から国内経済は危機に瀕した。65年9月30日にクーデターが勃発し、スカルノは失脚し、67年スハルトが大統領に就任した。経済的成功を収めたことから、スハルトは開発の父と呼ばれ、1980年代には食糧自給を達成した。産油国インドネシアは当時の石油価格の低迷もあり、1980年代半ばに輸出志向型開発戦略に転換した。外資の国別投資は日本が1位であるが、90年代に入ると韓国、台湾などアジアNIEsの進出も著しくなった。1967～97年の間の平均経済成長率は7％以上で、95年の1人当たり所得は67年の4倍の1,100 USドルに達し、世界銀行はタイ、マレーシア、フィリピンとともにインドネシアをHPAEs（High Performing Asian Economies）と定義した。しかし、スハルト独裁政権下のインドネシアは民族資本家が脆弱なため、有力軍組織や大統領ファミリーが華人財閥と連携して資本主義形成の担

い手となるクローニー資本主義であった。経済成長こそが第一義であり、労働条件が厳しくとも成果はいずれ労働者にもおよぶとして、労働権の保障は全面的に否定されていた。

　1997年7月にタイをきっかけにアジア金融経済危機が発生すると、インドネシアの銀行債務は危機ラインを越えることとなった。同年10月IMF・世界銀行・アジア開発銀行はインドネシア支援を決定したが、クローニー資本主義は改まらなかった。ルピアの交換レートは下落し、98年5月IMFの融資条件に沿ってガソリン・電気料金の値上げが行なわれると、ジャカルタで大暴動が発生した。遂にスハルトは大統領を退陣し、副大統領のハビビが

図表序-3　投資許可手続き件数、必要日数および費用（2004年1月）

国名	投資許可手続き件数	必要日数	費用（1人当たりGDPに対する%）
中国	12	41	14.5
インドネシア	12	151	130.7
韓国	12	22	17.7
マレーシア	9	30	25.1
フィリピン	11	50	19.5
シンガポール	7	8	1.2
タイ	8	33	6.7
ベトナム	11	56	28.6

出所：尾村敬二『インドネシア経済―野心的な再建計画―』
　　　東京図書出版会、2006年、180頁を一部改変。

図表序-4　雇用および解雇の困難性指数および解雇費用（2004年1月）

国名	雇用困難性指数（0-100）	解雇困難性指数（0-100）	解雇に要する時間コスト
中国	11	40	90
インドネシア	61	70	157
韓国	11	30	90
マレーシア	0	10	74
フィリピン	22	40	90
シンガポール	0	0	4
タイ	67	20	47
ベトナム	56	70	98

出所：尾村、前掲書、181頁を一部改変。

序　章　インドネシア・ベトナムの経済・産業構造と人材育成

昇格した。その後、政治的対立から 99 年 10 月ハビビは退陣し、ワヒドが大統領となったが、2001 年 7 月にはメガワティに交代するなど政治的混乱は続き、経済も混乱し、外資は進出に慎重となった[1]。2004 年ウドヨノが大統領に当選すると、政治的混乱は収まり、2009 年ウドヨノは再選され、ようやくインドネシアは ASEAN の盟主復活へ動き出した。

　世界経済フォーラムによるとインドネシアの国際競争力は 104 カ国中 69 位で、マレーシアの 31 位、タイの 34 位に対してかなり低い。中国、インドネシア、韓国、マレーシア、フィリピン、シンガポール、タイ、ベトナムの東アジア 8 カ国中、投資許可手続き日数が最も多く、1 人当たり GDP に対する費用も最も高い（図表序 - 3）。雇用および解雇の困難性指数・解雇費用も最高レベルである（図表序 - 4）。インドネシアは失業率が 8.9 % にもかかわらず、雇用困難性指数が高い理由は近代的労働市場の未成熟にある。つまり、求職・求人の情報共有がないこと、教育や技能習得水準と求人職種の不一致にある。スハルト政権が高度経済成長を実現する過程で、労働者保護を重視せず、正常な労働市場の育成を妨げてきたことが雇用の困難性を高めた。日系製造業の生産コストを比較した場合、インドネシアを 100 とすると、タイは 89.09、マレーシア 79.64、フィリピン 76.67、中国 61.17 である（図表序 - 5）。コストの高い最大要因は原材料費で、次に経費・税金である。人件費以外の経費・税金が高いことがインドネシア製造業の特徴である。この原因はコーポレート・ガバナンスの劣悪さ、KKN（汚職、馴れ合い、縁故主義）など非合理的汚職文化における見えないコスト負担の重さ、中央および地方政

図表序 - 5　日系企業の製造業部門の生産コスト比較（2003 年）

	インドネシア	タイ	マレーシア	フィリピン	中国
コスト指数	100	89.09	79.64	76.67	61.17
経費・税金	33.37	19.25	12.96	11.35	17.06
償却費	2.92	9.03	2.70	3.16	1.36
人件費	5.35	6.74	5.84	4.71	2.86
原材料費	58.26	54.07	58.12	57.45	39.89

出所：尾村、前掲書、183 頁。

図表序-6 インフラ整備状況（2004年）

	インドネシア	東アジアでの順位
電化率（%）	53	12カ国中11位
固定電話普及率（%）	4	12カ国中12位
携帯電話普及率（%）	6	12カ国中9位
保健衛生施設アクセス率（%）	55	11カ国中7位
上水道アクセス率（%）	78	11カ国中7位
道路ネットワーク(KM/1,000人)	1.7	12カ国中8位

出所：尾村、前掲書、185頁を一部改変。

府における税制外の課徴金などにある。すなわちハイコスト・エコノミーといわれるインドネシア経済が全体的に合理的市場経済システムになりきっていないと言える。図表序-6に見るようにインフラ整備も遅れている[2]。

教育事情

インドネシアでは、中学校卒業以下の低学歴層が就業者の4分の3を占め、高校卒業程度が20%、短大・大卒以上は5%ほどである。この教育水準の低さが中間管理職不足の原因と考えられる。しかし、大卒者の絶対数は270万人と決して少なくない。大学教育機関としては、ジャカルタ、バンドン、スラバヤなど主要都市に有力な国立大学があり、多様な分野で専門的な教育を行なっている。卒業生は官庁、国営企業、民間企業などで幹部要員として採用され、知識人材の主要供給源となっている。また、近年、私立大学の数が増えており、知識人材の供給源も徐々に拡大している。しかし、大学以外の専門学校レベルの教育機関が、インドネシアの高等教育分野において6割近くを占めており、社会的に見ると技術普及、高等教育の普及に大学以上に重要な役割を果たしている[3]。

3．ベトナムの経済・産業構造と教育事情

ベトナムはホー・チ・ミンのもとフランスに独立を宣言し、優位に戦いを

進めたが、インドシナの共産化を恐れる米国が介入し、1960年代半ばからベトナム戦争が本格化した。73年に米国は撤退し、北ベトナムにより1976年南北ベトナムが統一され、南は社会主義化された。社会主義に反対する人々のなかにはボート・ピープルとして国外に脱出する者もいた。1979年ベトナムはカンボジアのポル・ポト政権との国境紛争を契機にカンボジアに侵攻したが、これにより西側諸国から経済制裁を受け、経済は苦境に陥った。1985年ソ連でゴルバチョフ政権が発足し、ペレストロイカ路線がとられると、翌1986年、ベトナムは中国の改革・開放政策に範を取ったドイモイ政策を導入し[4]、87年新外資法が制定された。しかし、西側先進国の投資は増えなかった。94年までの外国投資を先導したのは台湾、香港、ASEAN諸国の華僑・華人投資で、外国投資の約60％を占め、ホーチミン市などの南部中心に投資が行なわれた。95年に米国との国交が正常化され、米国の経済制裁が全面的に解除され、ASEANへの加盟も認められると、それまでベトナムへの投資に慎重だった西側先進国の投資が増え、第1次投資ブームが到来した。しかし、ベトナム政府の認可後の外資の進出取り消しが16.3％にも上った。当時のベトナムは法制度の未整備、役人の横暴・賄賂、合弁企業の運営の難しさから、外国投資家から不評を買っていたのである。97年のアジア金融経済危機で外国投資ブームは消滅した。この後ベトナムでは2つの大きな投資環境整備が行なわれた。1つはベトナム政府による役人の再教育であり、もう1つは日本などの外資によって、多くの工業団地が建設されたことである。日本企業の多くは、インフラが整備され、ワンストップサービスがあり、日本語の通じる日系工業団地に相次いで入居した。その結果、日系企業の進出は拡大基調を続けている。国別投資認可累計（1988-2007）は、日本は韓国、シンガポール、台湾に次いで4位である。2001年以降、ベトナムに第2次投資ブームが到来した。06年に外資法が改正され、内外企業は無差別となり、外国投資はさらに増加した。翌07年にはWTO加盟も認められ、ますます外資が増加すると見られている[5]。

　国際協力銀行による「海外直接投資アンケート調査」で、中期的（今後3

年程度）に有望な事業展開先として、2005年度ベトナムは、中国、インド、タイに次ぐ4位に入っている。ベトナムのメリットとしては労務問題が少ないこと、手先の器用さ、忍耐強さ、向上心があること、教育レベルの高さ、社会の安定性があげられる。デメリットは法制度の未整備、法律の恣意的な運用、繁雑な行政手続き、政府の不透明な政策運用、裾野産業の未発達、管理者・技術者不足である[6]。

教育事情

ベトナムでは労働者の18％が高校卒業者で、72％が中学校卒業以下となっている。労働人口に占める大学進学者の比率は約3.2％である。近年高校や大学への進学率は上昇し、大学生の数は95年（30万人）に比べ2007年（166万人）は5倍以上になっている。旧ソ連の高等教育制度を模範としているため、総合大学が少なく、ほとんどが単科大学となっている。農学、法学、社会科学といった基礎科学のプログラムを持つ大学、医学、薬学といった専門領域における機関、文化・芸術大学、地方の総合大学、国立教員養成大学、その他の省立大学や短期大学に分類される。大学・短期大学の57％がハノイ、ホーチミン、ハイフォン、ダナン、カントーの5大都市にある。教育水準は都市と地方とで大きな差がある[7]。

労働者の教育水準は見てきたようにインドネシアとベトナムでほとんど同水準である。外資系企業関係者が教育水準についてインドネシアでは低いと感じ、ベトナムでは高いと感じる差はどこからくるのであろうか。両国での人材育成への取り組み、考え方の違いに起因するのではなかろうか。

4．インドネシア・ベトナムにおける産業の高度化とコア人材育成

すでに第1節（はじめに）で述べたように、チャイナ・プラスワン戦略として、ASEAN諸国のなかでインドネシアとベトナムは大きな脚光を浴びつ

つある。マーケットの大きさとビジネスコストの安さといった共通する経済的要因を背景に、海外企業の直接投資が増加し、両国の経済発展を大きく促進させている。そうした経済発展の可能性が両国を BRICs に次ぐ成長諸国と評されている VISTA のなかに位置づかせているものと思われる。

　一般に、一国の経済が成熟化するにつれ、産業構造は農業主体の第1次産業から工業主体の第2次産業、さらにはサービス産業を主体とする第3次産業へと変化する（ペティ＝クラークの法則）。この法則のごとく、インドネシアとベトナムは、まさに第1次産業から第2次・第3次産業へと急速に転換しつつある。実際、インドネシアでは、2000年に農業は国内総生産の15.6％を占めていたが、2006年には12.9％まで低下しており、農林水産業の就労者も過半数を下回る約44％となっている。それに対し、工業は2000年の45.9％から2006年には47.0％、サービス業は38.5％から40.1％へと増加しており、就労者も製造業は12.4％、卸売・小売・飲食店・ホテル業が19.9％である[8]。

　ところで、第2次産業の主体となる製造業は、まず国内市場向けの低いレベルの労働集約型の組み立て、加工産業からスタートし、次いで食品加工、衣料、製靴、家具などの国内・海外市場向けの軽工業、さらには海外からの技術移転などにより工作機械、自動車、家電などの資本集約型、技術集約型の産業へと高度化（発展）することが指摘されている[9]。インドネシア、ベトナムにおける工業化の進展も、こうした一般的な産業の高度化と同様の動きを見せており、繊維、製靴などの軽工業から、自動車、二輪、家電などの資本・技術集約型へと転換しつつある。

　このような急速な工業化により産業構造の高度化が進みつつあるインドネシア、ベトナムにおいては、従来の低い労働コストを核にした価格重視の産業からより高度な付加価値を生み出す産業への転換、さらには単に海外からの技術移転に依存するのではなく、自立的な技術基盤をベースにした競争力の強化が両国の重要な課題となりつつある。また、働き方においても従来のような効率を重視した労働生産性から新たなサービスや製品を生み出す付加

価値労働生産性への転換が求められる。さらに、こうした産業の高度化や付加価値労働生産性を重視する動きにともない、両国において求められる人材や技能にも大きな変化が必要となりつつある。従来の製造過程における単なるオペレーターから、新たな知を創造するナレッジワーカーや製造工程全体をマネジメントできるラインリーダー、いわゆるコア人材が必要となる。そこで、以下ではインドネシア、ベトナムそれぞれの国別の個別事情に鑑みながら、両国の産業スキルディベロップメントのあり方について見ていきたい。

まずインドネシアであるが、1960年代後半以降、外資導入を足がかりに工業化を積極的に推進し、繊維、家電、金属製品、石油化学などの振興を通じて本格的な工業化を目指した。しかし、思ったように海外からの技術移転は進まず、電気や自動車などの技術集約型の産業は当初の予定より広がりを見せず、産業の高度化において課題を残したと言わざるを得ない。その要因としては電力、通信、港湾、鉄道・道路、などの産業インフラの未整備などが考えられるが、最も大きな要因としては、技術移転を可能にする熟練した技術者やコア人材の不足が考えられる。

そこでインドネシア政府は、将来の国際競争力を維持するために、熟練労働力の供給を増大させる必要性を認識し、産業スキルディベロップメントに取り組んできた。すでに第2節のインドネシアの教育事情で触れたように、同国における短大・大卒者は5％程度と非常に少ないため、産業ディベロップメントの中心は16～18歳を対象とする後期中等教育に置かれている。後期中等教育は、主に普通高校と商業高校、技術高校などの職業高校から成り立っているが、技術職業教育マスター計画に基づき、2010年までには現在生徒数が多い普通高校と、生徒数の少ない職業高校の生徒の割合を均等化することを目指している[10]。職業高校は2000年の4,429校から2006年の6,438校へと急増しており、職業高校に対するインドネシアの社会的ニーズの高さおよびインドネシア政府の産業ディベロップメントの取り組み状況を窺い知ることができる。

一方、ベトナムでは1990年代半ばに続く第2次投資ブームにより、自動車、

二輪車、電子・電機製造などの産業を中心に産業の高度化が急速に進みつつある。しかし、これらの産業は安価で良質な労働力を求めての投資であるため、ベトナムにおける賃金が上昇すれば中国における投資と同様に、もっと安価な労働力を求めて他国へ投資先を変えてしまう危険性がある。したがって、今、ベトナムに求められているのは、外資系企業からの技術移転を可能ならしめるとともに、持続的でかつ自立的な工業化を実現する有能な技術者や製造工程におけるラインリーダー、いわゆるコア人材である。特に、こうした製造部門におけるコア人材は、生産管理、製造、生産技術、品質管理など、製造と生産技術の両部門にまたがっている点に大きな特徴がある。

　ベトナムにおけるこうした技能レベルのコア人材は技能労働者として位置づけられており、基礎技能を有する者、職業訓練を受けた者、高度技術訓練を受けた者、短期大学、大学および大学院教育を受けた者などから構成され、2002年の統計において全労働力人口の割合で19.7％となっている。ベトナム政府は、2010年までにこのような技能労働者の比率を労働力人口の40％にまで引き上げる政策目標を掲げている[11]。そのために、職業訓練制度の訓練コースにおける実習の強化や訓練方法の改善などが模索されている。

　ところで、ベトナムにおける職業訓練は職業訓練校（技術労働者学校）と職業訓練センターが中心となっており、職業訓練校は主に1～2年の長期訓練を、職業訓練センターは1年未満の短期訓練を担当する。しかし、実習設備は古く、訓練内容が実際の製造現場とは一致しておらず、ハイテク産業や海外企業の労働需要には適合していないのが現状である[12]。

　そこで、ベトナムではコア人材育成に向けた産業スキルディベロップメントの観点から、外部と連携した新たな人材育成に取り組み始めた。1つはベトナム・シンガポール技術訓練センターと連携した人材育成である[13]。これは、1997年、ベトナム・シンガポール工業団地内にシンガポール政府の援助によって設立されたもので、電機設備、機械設備、機械加工、電気工学、メカトロニクスの5つの6カ月コースから成り立っている。

　もう1つは日本の国際協力機構（JICA）とハノイ工科短期大学（Hanoi

Industrial College、略称：HIC）との交流を通して実施された「機械技術者養成計画」（通称 HIC-JICA プロジェクト）である[14]。これは 2000 〜 2005 年にかけて実施されたもので、機械加工、金属加工、電気制御の 3 学科からなる 2 年間の長期訓練コース（選抜型）と、短期コースの 2 つから構成されている。2 年間の長期訓練コースは、各学年 240 〜 360 名の生徒を受け入れている。また、同訓練は講義よりも実習に重点が置かれており、実践的技術を習得するために実際に企業からの受注生産活動まで行なっている。

　以上見てきたように、インドネシア、ベトナムの両国とも、急速な工業化により産業の高度化がもたらされ、求められる人材や技能も大きく変化している。こうした求められる人材や技能の変化に対して、インドネシアは技術職業教育マスター計画に基づき、後期中等教育における職業高校の増強を通じて産業スキルディベロップメントの充実を図っている。それに対し、ベトナムでは技能労働者の比率を 40％に上げるべく、政府指導の職業訓練を中心にコア人材育成が図られてきたが、そこには限界が見え、新たな産業スキルディベロップメントの試みとして外部と連携した新たな人材育成が模索されてきた。

5．おわりに

　インドネシア、ベトナムにおける経済・産業構造と教育事情を手がかりに、両国における産業構造の高度化とそれにともない求められる人材や技能が大きく変化しつつある様子を、個別事情に鑑み、概括的に述べてきた。

　前述したように、インドネシア、ベトナムとも、海外からの直接投資が増加し、BRICs に続き、今後成長が期待される VISTA に位置づけられている。これまでの考察を通じて、両国のさらなる成長の鍵は、単に海外企業からの技術移転を受け入れたり、生産ラインにおける低賃金のオペレーターを輩出するのではなく、持続的でかつ自立的な工業化の実現に向けた優秀な工業人

材や、新たな知や付加価値を生み出せるコア人材の育成に積極的に取り組むかどうかにかかっていることがわかった。

　本書では、こうした認識を前提に、現地企業に加え、両国に進出している日系企業、台湾系企業、韓国系企業における人材育成の現状を、アンケート調査とヒアリング調査によって把握し、それらの比較を通して両国の人材育成の望ましいあり方や方法を提言したいと考えている。

　ところで、本書におけるコア人材の定義（概念）に関して若干の解説をしておきたい。これまで述べてきたように、インドネシア、ベトナムにおいては急速な工業化にともない産業の高度化が進み、生産部門のラインリーダーや技術移転を可能ならしめる優秀な技術者、さらにはそれぞれの職能部門におけるファンクショナル・スペシャリストが必要である。本書では、こうした人材をコア人材と位置づけ、議論を展開している。

　しかし、その一方で、インドネシア、ベトナムの両国が、将来訪れるであろう情報化社会、知識社会において国際競争に打ち勝っていくためには、新しい知を生み出せるナレッジワーカーや経営のプロフェッショナルが必要不可欠となってくる。本書ではインドネシア、ベトナム両国の5〜10年後の望ましい姿を先取りする形で、こうした人材もコア人材と位置づけ、アンケート調査を実施した。したがって、アンケート調査におけるコア人材は、急速な工業化に必要とされるコア人材よりも一歩先んじた"早期に選抜された将来の経営幹部"と位置づけられている。

　このようなアンケート調査とヒアリング調査におけるコア人材の微妙な概念の違いを念頭にお入れいただき、本書をお読みいただくことを願ってやまない。

〈注〉
（1）宮本謙介「現代の国家建設と社会経済開発」『概説インドネシア経済史』有斐閣、2003年、第Ⅳ部を参考にした。
（2）尾村敬二『インドネシア経済―野心的な再建計画―』東京図書出版会、2006年、179-185頁。

（3）福谷正信編『アジア企業の人材開発』学文社、2008年、215-218頁。
（4）坪井善明『ヴェトナム新時代』岩波書店、2008年、42-46頁。
（5）ベトナム経済研究所編、窪田光純著『早わかりベトナムビジネス』（第2版）日刊工業新聞社、2008年、110-124頁。
（6）関満博・長崎利幸編『ベトナム―市場経済化と日本企業―』新評論、2004年、78-80頁。
（7）福谷編、前掲書、150-152頁。
（8）岡田亜弥・山田肖子・吉田和浩編『産業スキルディベロプメント』日本評論社、2008年、79頁。
（9）岡田ほか、前掲書、13頁。
（10）岡田ほか、前掲書、77-78頁。
（11）福谷編、前掲書、152頁。
（12）福谷編、前掲書、153-154頁。
（13）2005年時点での同訓練センターの6カ月コースの在学者数は約230人で、その95％は高卒で就職前に入学した者、残りの5％は企業派遣である。同訓練センターに対するベトナム政府の援助は2006年に終了しているが、その後は中等職業訓練校と合併し、将来は職業短大に組織改編する予定である（詳しくは岡田ほか、前掲書、110頁参照）。
（14）詳しくは岡田ほか、前掲書、111頁参照。

〈参考文献〉

会川精司『ベトナム進出完全ガイド』カナリア書房、2008年。
石田正美編『インドネシア再生への挑戦』アジア経済研究所、2005年。
上野隆幸「インドネシア日系企業における人事管理上の問題と対策」『グローバル人づくり』97号、Vol.24、No.3、2006年、22-26頁。
岡田亜弥・山田肖子・吉田和浩編『産業スキルディベロプメント』日本評論社、2008年。
小野五郎『産業構造入門』日本経済新聞社、1996年。
尾村敬二『インドネシア経済―野心的な再建計画―』東京図書出版会、2006年。
木村大樹編『海外・人づくりハンドブック　ベトナム―技術指導から生活・異文化体験まで―』海外職業訓練協会、2004年。
朽木昭文『アジア産業クラスター論―フローチャート・アプローチの可能性―』書籍工房早山、2007年。
坂田正三編『2010年に向けたベトナムの発展戦略』アジア経済研究所・ジェトロ、2007年。
佐藤百合編『インドネシアの経済再編―構造・制度・アクター―』アジア経済研究所、2004年。
白石康信編、泉三郎ほか著『海外・人づくりハンドブック　インドネシア―技術指導から生活・異文化体験まで―』海外職業訓練協会、2005年。

白木三秀『アジアの国際人的資源管理』社会経済生産性本部生産性労働情報センター、1999年。
関満博・長崎利幸編『ベトナム―市場経済化と日本企業―』新評論、2004年。
丹野勲・原田仁文『ベトナム現地化の国際経営比較―日系・欧米系・現地企業の人的資源管理、戦略を中心として―』文眞堂、2005年。
坪井善明『ヴェトナム新時代』岩波書店、2008年。
中川涼司・高久保豊編『現代社会を読む経営学　東アジアの企業経営―多様化するビジネスモデル―』ミネルヴァ書房、2009年。
福谷正信編『アジア企業の人材開発』学文社、2008年。
ベトナム経済研究所編、窪田光純著『早わかりベトナムビジネス』（第2版）日刊工業新聞社、2008年。
宮本謙介『アジア開発最前線の労働市場』北海道大学図書刊行会、2002年。
宮本謙介『概説インドネシア経済史』有斐閣、2003年。
宮本謙介『アジア日系企業と労働格差』北海道大学出版会、2009年。

第1部

インドネシアにおける人材育成

第1章

インドネシアにおける人材育成の現状
―アンケート調査による現地・日系・
台湾系・韓国系企業の比較を中心に―

1．はじめに

　将来経済発展が期待されるインドネシア、ベトナム両国では、企業でコア人材（将来企業で中核を担うと目され、早期に選抜・登用される人材）が非常に必要とされると考えられる。そこで、本調査ではコア人材が各国企業でどのように育成（選抜・活用・定着を含む）されているかを比較・検証することを目的とした。今回のインドネシアの現地・日系・台湾系・韓国系企業に対する調査は、ベトナムでの調査と同様にアンケート用紙を送付する形で行なった。日系企業へは2006年12月、インドネシア企業・台湾系・韓国系企業へは07年6月に、アンケート用紙を送付し、インドネシア企業15社、日系企業15社、台湾系企業5社、韓国系企業13社から回答を得た。

2．回答企業の現状について

　アンケートに回答した企業の現状を①本社の業種（図表1-1）、②従業員数から見た本社の規模（図表1-2）、③現地（子）会社の設立年数（図表1-3）、④現地（子）会社の企業形態（図表1-4）、⑤インドネシアへの進出目的（図表1-5）、⑥従業員数から見た現地（子）会社の規模（図表1-6）、⑦現地子会社としての権限（図表1-7）、⑧3年前と比べての変化（売上高・生産高、正規従業員数、図表1-8）について見る。

図表1-1 本社の業種（％）

	現地	日系	台湾系	韓国系
1. 消費関連製造業	13.3	26.7	40.0	50.0
2. 素材関連製造業	0	0	40.0	16.7
3. 機械関連製造業	0	33.3	20.0	8.3
4. 卸売・小売業	13.3	20.0	0	0
5. 金融・保険業	0	0	0	0
6. 建設・不動産業	6.7	6.7	0	0
7. 情報・メディア業	13.3	0	0	0
8. サービス・飲食店業	6.7	13.3	0	0
9. 運輸・通信業	0	0	0	0
10. エネルギー関連業	0	0	0	0
11. その他	46.7	0	0	25.0

図表1-2 本社の従業員数（％）

	日系	台湾系	韓国系
300人未満	20.0	100	75.0
300〜999人	6.7	0	8.3
1000人以上	73.3	0	16.7

図表1-3 現地（子）会社の設立年（％）

	現地	日系	台湾系	韓国系
15年以上前	53.9	53.9	40.0	33.3
10年〜15年前	23.1	7.7	40.0	8.3
5年〜10年前	7.7	23.1	20.0	41.7
5年以内	15.4	15.4	0	16.7

図表1-4 現地（子）会社の企業形態（％）

	現地		日系	台湾系	韓国系
国営企業	14.3	単独出資	26.7	80.0	69.2
私営企業	64.3	多数合弁	73.3	20.0	30.8
集団企業	14.3	少数合弁	0	0	0
その他	7.1	その他	0	0	0

図表1-5 インドネシアへの進出目的（％）

	日系	台湾系	韓国系
1. 安価な労働力	18.9	34.3	43.9
2. 現地市場	44.6	25.7	28.1
3. 第三国への輸出	9.5	28.6	14.0
4. 逆輸入	4.1	0	0
5. 本社等関連企業との関係	17.6	8.6	14.0
6. 法的・税制等の優遇措置	2.7	0	0
7. 情報収集	2.7	2.9	0

第1章　インドネシアにおける人材育成の現状

図表1-6　現地（子）会社の従業員数（%）

	現地	日系	台湾系	韓国系
300人未満	80.0	42.8	80.0	46.2
300人以上	20.0	57.2	20.0	53.8

図表1-7　現地子会社としての権限

（単位：point）

	日系	台湾系	韓国系
1．人件費総額の決定	2.80	2.40	2.72
2．固定資産の購入・処分	2.67	2.20	2.00
3．生産販売量の決定	2.80	2.80	2.36
4．利益処分・再投資	1.93	2.00	1.91
5．貸付・借入・債務保証	2.00	1.80	1.92
6．現地法人の役員人事	1.93	2.40	1.83
7．新事業の企業化	1.36	2.40	1.82
8．現地広報活動	2.53	2.20	1.89

注：まったくないを0p、あまりないを1p、どちらかというと多いを2p、非常に多いを3pとし、回答企業の平均をとった。

図表1-8　3年前と比べての変化

(1) 売上高・生産高について（%）

	現地	日系	台湾系	韓国系
1．3割以上の増加	25.0	——	0	8.3
2．1割以上3割未満の増加	50.0	——	20.0	33.3
3．ほぼ横ばい（1割未満の増減）	16.7	——	60.0	50.0
4．1割以上3割未満の減少	0	——	20.0	8.3
5．3割以上の減少	8.3	——	0	0

(2) 正規従業員数について（%）

	現地	日系	台湾系	韓国系
1．3割以上の増加	25.0	——	0	8.3
2．1割以上3割未満の増加	41.7	——	0	25.0
3．ほぼ横ばい（1割未満の増減）	33.3	——	80.0	41.7
4．1割以上3割未満の減少	0	——	20.0	25.0
5．3割以上の減少	0	——	0	0

●インドネシア企業

　回答企業の業種はその他（46.7％）に含まれるコンサルティング業が最も多い（26.7％）。2位は消費関連製造業、卸売・小売業、情報・メディア業である（ともに13.3％）。②企業規模は⑥の日台韓の現地子会社と比較した。③企業が設立されてからの年数は、10年以上のものが圧倒的に多い（77.0％）。④企業形態は私営企業が過半数である（64.3％）。⑤は現地企業のため設問なし。⑥の回答企業は300人未満の小規模な企業が圧倒的に多い（80.0％）。⑦は現地企業のため設問なし。⑧3年前と比較すると、売上高・生産高は75.0％の企業で増加した一方、3割以上減少した企業が8.3％ある。正規従業員数は増加した企業が66.7％あるが、1割以上減少した企業はない。

●日系企業

　本社の業種は機械関連製造業が最も多く（33.3％）、次いで消費関連製造業（26.7％）であり、製造業が全体の60.0％を占める。②本社の規模は300人以上の大規模な企業が80.0％を占める。③企業が設立されてからの年数は、10年以上のものが61.6％を占める。④企業形態は多数合弁が圧倒的多数を占めている（73.3％）。⑤進出目的は1位が現地市場、2位が安価な労働力、3位が本社等関連企業との関係である。⑥現地子会社は300人以上の大規模な企業が過半数を占めている（57.2％）。⑦現地子会社としての権限の委譲は新事業の企業化以外は2p近いか超えている。⑧日系企業は売上高・生産高および正規従業員数の3年前との比較を行なっていない。

●台湾系企業

　本社の業種は消費関連製造業と素材関連製造業がともに最も多く（40.0％）、次いで機械関連製造業（20.0％）である。②本社の規模は300人未満の小規模な企業が100％を占める。③企業が設立されてからの年数は、10年以上のものが80.0％を占める。④企業形態は単独出資が大半である（80.0％）。⑤進出目的は1位が安価な労働力、2位が第三国への輸出、3位が現地市場である。⑥現地子会社は300人未満の小規模企業の比率が大半を占めている（80.0％）。⑦現地子会社としての権限が3カ国のなかで最も委譲されており、

貸付・借入・債務保証以外の7項目で2pを超えている。⑧3年前と比較すると、売上高・生産高はほぼ横ばいが60.0％である。正規従業員数は増加がなく、ほぼ横ばいが大半の80.0％である。

●韓国系企業

　本社の業種は消費関連製造業が最も多く（50.0％）、次いで素材関連製造業（16.7％）であり、製造業が全体の75.0％を占める。②本社の規模は300人未満の小規模な企業が75.0％を占める。③企業が設立されてからの年数は、10年未満のものが58.4％を占め、4カ国企業のなかで最も新しい企業が多い。④企業形態は単独出資が大半を占めている（69.2％）。⑤進出目的は1位が安価な労働力、2位が現地市場、3位は同率で第三国への輸出と本社等関連企業との関係である。⑥現地子会社は300人以上の大規模企業の比率が過半数を占めている（53.8％）。⑦現地子会社としての権限の委譲が2p以上のものは3項目であるが、残りの5項目で2p近い。⑧3年前と比較すると、売上高・生産高は41.6％の企業で増加し、ほぼ横ばいが50.0％である。正規従業員数は増加した企業が33.3％、ほぼ横ばいが41.7％、1割以上3割未満減少した企業が25.0％である。

3．コア人材の育成について

　ここからは回答企業がコア人材の育成にどのように取り組んでいるかを以下の3つの視点で見る。
・どのようにしてコア人材を選抜しているか。
・選抜したコア人材をどのように育成しているか。
・育成したコア人材をどのように活用・定着させようとしているか。

（1） コア人材の選抜方法について

　コア人材の選抜方法について見るうえで、まずコア人材が充足しているかどうかを見たい。

1）**コア人材の充足度について**（図表1-9：「かなり不足」を－2p、「やや不足」を－1p、「十分である」を0p、「やや余剰」を1p、「かなり余剰」を2pとし、回答企業の平均をとった）

　調査方法が異なる日系企業を除く3カ国企業のうち、韓国系の一般職員クラスを除いた6つの全職務で「十分である」の0以下で不足傾向である。台湾系は部長と課長クラスで－1.5を下回り特に不足感が強い。インドネシア企業と韓国系は－1.0を下回るのはスペシャリストだけであり不足感はともに弱いが、韓国系の方がより不足感は弱い。日系は職務別に調査をせず、全般的に尋ねたが不足感がかなり強い（－1.73）。

　次にコア人材に望む要件は何かを聞いた。

2）**コア人材の選抜要件**（図表1-10：選択肢11、うち3つ回答、1位を3点、2位を2点、3位を1点として合計点を計算し、各項目の合計点に占める割合を算出した。参考として図表1-11にコア人材の採用方法を示す）

　インドネシア企業の選抜要件の上位は、1位専門性（18.1％）、2位学歴と社内での実績（14.3％）である。日系企業の選抜要件の上位は、1位リーダー

図表1-9　現地コア人材の充足度

	現地	日系	台湾系	韓国系
1. 役員クラス	－0.56		－1.00	－0.60
2. 部長クラス	－0.44		－1.60	－0.50
3. 課長クラス	－0.69	－1.73	－1.60	－0.36
4. 一般職員クラス	－0.64		－0.40	0.1
5. 管理部門のスタッフ	－0.91		－1.00	－0.45
6. スペシャリスト	－1.18		－1.40	－1.42

図表 1 - 10　コア人材の選抜要件（％）

	現地	日系	台湾系	韓国系
1. 語学力	9.5	3.2	8.1	15.6
2. 学歴（含資格、学位）	14.3	3.2	13.5	15.6
3. 社内での実績	14.3	0	21.6	1.2
4. 社内外での過去の実績	6.7	14.7	0	3.9
5. 将来性	2.9	3.2	0	6.5
6. 人柄	10.5	4.2	27.0	10.4
7. リーダーシップ	13.3	23.2	16.5	10.4
8. 実行力	0	17.9	5.4	7.8
9. 専門性	18.1	7.4	0	24.7
10. 問題解決力	7.4	20.0	8.1	3.9
11. 洞察力	2.9	3.2	0	0

図表 1 - 11　現地コア人材の採用方法

	現地	日系	台湾系	韓国系
1. 新規学卒者の定期採用	0.64	1.07	0.40	1.11
2. 新聞、求人雑誌等による採用	0.54	1.80	2.00	1.50
3. 職業紹介機構を通じて採用	0.23	1.80	0.80	0.78
4. 他社からヘッドハントで採用	0.23	1.07	1.20	0.44
5. 本社からの派遣、出向	──	1.20	1.20	0.67
6. 関連企業等からの出向、転籍	0.92	0.73	1.00	1.22
7. 社員による紹介	1.71	0.86	2.00	1.67
8. インターネットによる採用	0.46	0.67	1.00	0.67
9. その他	0	0	0	0

シップ（23.2％）、2位問題解決力（20.0％）、3位実行力（17.9％）であり、3位以下に20％を超えるものはない。台湾系は1位人柄（27.0％）、2位は社内での実績（21.6％）、3位リーダーシップ（16.5％）である。韓国系は1位専門性（24.7％）、2位語学力および学歴（15.6％）である。

3）コア人材選抜の決定時期（図表1 - 12：選択肢5、うち1つ回答。参考としてコア人材の対象者を最終的に決定するものを図表1 - 13に示す）

　コア人材選抜の決定時期について、4カ国企業のなかで最も早いのは、韓国系で入社1年以内に66.6％が決定される。次に早いのは、インドネシア企業で入社1年以内が56.3％を占める。次いで台湾系で入社後3年以内が

図表1-12　コア人材の対象者を最終的に決定する時期（%）

	現地	日系	台湾系	韓国系
1. 入社時	12.5	14.3	0	8.3
2. 入社後1年以内	43.8	7.1	20.0	58.3
3. 入社後1～3年	31.1	14.3	40.0	16.7
4. 入社後3～5年	12.5	21.4	40.0	8.3
5. 入社後5年以上	0	42.9	0	8.3

図表1-13　コア人材の対象者を最終的に決定するもの（%）

	現地	日系	台湾系	韓国系
1. 現地子会社の直属上司	7.1	0	20.0	8.3
2. 現地子会社の人事部門	7.1	12.5	20.0	8.3
3. 現地子会社の特別委員会	0	0	0	0
4. 現地子会社の社長・役員	85.7	87.5	60.0	66.7
5. 本社人事部	——	0	0	16.7

60.0％であり、最も遅いのは日系で入社後5年以上が42.9％である。

（2）　選抜したコア人材をどのように育成しているか

まず、コア人材を育成する施策はどのようなものが、どれくらい実施されているかを見る。

1）コア人材の育成施策（図表1-14：4項目、「まったく実施していない」を0p、「あまり実施していない」を1p、「どちらかというと実施している」を2p、「大いに実施している」を3pとし、回答企業の平均をとった）

　インドネシア企業は1位の社外の研修機関（大学を含む）への派遣（1.60）を除き中位数を超えるものはない。日系企業も1位のコア人材を意識したキャリア形成（1.69）を除き中位数を超えるものはない。台湾系も1位がコア人材を意識したキャリア形成（1.60）で、2位以下は中位数を超えない。韓国系は1位のコア人材を意識した能力開発プログラム（1.38）でも中位数を超えない。したがって、4カ国企業ともコア人材育成策の実施率は高いとは言えないが、韓国系が最も低い。

第1章　インドネシアにおける人材育成の現状

図表1-14　コア人材の育成施策

	現地	日系	台湾系	韓国系
1. 社外の研修機関（含大学）への派遣	1.60	1.00	0.80	0.89
2. 本社へ出向させ上位の職務を経験させる	0.54	1.07	1.00	0.86
3. コア人材を意識した能力開発プログラム	1.38	1.33	1.40	1.38
4. コア人材を意識したキャリア形成	1.00	1.69	1.60	1.25

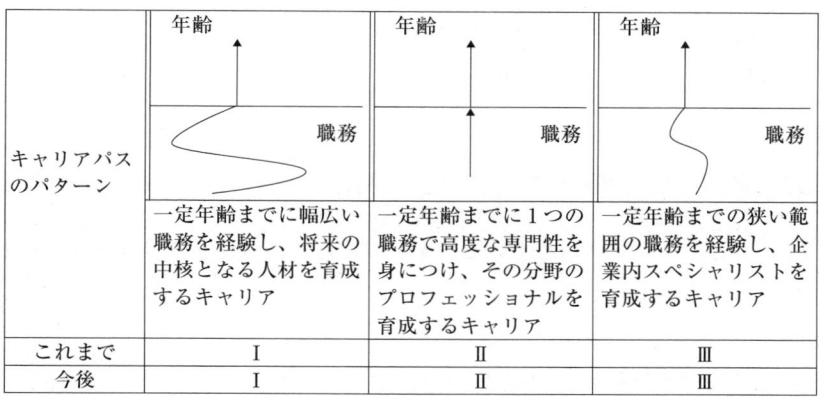

図表1-15　キャリアパスのパターン

キャリアパスのパターン	一定年齢までに幅広い職務を経験し、将来の中核となる人材を育成するキャリア	一定年齢までに1つの職務で高度な専門性を身につけ、その分野のプロフェッショナルを育成するキャリア	一定年齢までの狭い範囲の職務を経験し、企業内スペシャリストを育成するキャリア
これまで	Ⅰ	Ⅱ	Ⅲ
今後	Ⅰ	Ⅱ	Ⅲ

図表1-16　コア人材のキャリアパスのパターン（％）

パターン	現地			日系			台湾系			韓国系		
	Ⅰ	Ⅱ	Ⅲ	Ⅰ	Ⅱ	Ⅲ	Ⅰ	Ⅱ	Ⅲ	Ⅰ	Ⅱ	Ⅲ
今まで	60.0	20.0	20.0	20.0	33.3	46.7	0	100	0	45.5	54.5	0
今後	41.7	33.3	25.0	26.7	13.3	60.0	0	100	0	41.7	25.0	33.3

次に、どのようなキャリアパスで育成しようとしているのかを見る。

2）コア人材の今までと今後のキャリアパス（図表1-15、1-16：選択肢はパターンⅠ：一定年齢までに幅広い職務を経験し、将来の中核となる人材を育成するキャリア〔以下幅広いキャリアと略す〕、パターンⅡ：一定年齢までに1つの職務で専門性を身につけ、その分野のプロフェッショナルを育成するキャリア〔以下プロフェッショナルと略す〕、パターンⅢ：一定年齢まで狭い範囲の職務を経験し、企業

27

内スペシャリストを育成するキャリア〔以下スペシャリストと略す〕の3つ、うち1つ回答）

インドネシア企業は今までパターンⅠの幅広いキャリアが60.0％と過半数である（今後は大幅に減らそうと考えている企業が多い）。日系はパターンⅢのスペシャリストが46.7％と半数近くを占めている（今後は大幅に増やそうと考えている企業が多い）。台湾系はパターンⅡのプロフェッショナルが100％であり（今後も変わらない）、韓国系もパターンⅡが半数近くを占める（今後はパターンⅠが微減し、パターンⅢが激増する）。

（3） 育成したコア人材をどのように活用・定着させようとしているか

まず、どのように活用しているかをどのくらいの職位まで昇進させようとしているのかによって見たい。

1）コア人材を昇進させる職位（図表1-17：4項目、「まったくない」を0p、「あまりない」を1p、「どちらかというと多い」を2p、「非常に多い」を3pとし、回

図表1-17　コア人材を昇進させる職位

	現地	日系	台湾系	韓国系
1. 現地（子）会社部長クラス	1.93	2.33	2.00	1.72
2. 現地（子）会社役員クラス	1.07	1.07	0.67	1.55
3. 現地（子）会社社長	0.69	0.07	1.00	0.56
4. 本社役員クラス	──	0	0.67	0.67

図表1-18　コア人材を必要とする職種

	現地	日系	台湾系	韓国系
1. 営業	1.50	2.23	2.50	2.90
2. 総務・人事	1.77	2.27	1.50	2.10
3. 財務・経理	1.92	2.40	1.75	2.22
4. 開発・設計	2.17	1.85	2.00	2.63
5. 生産・技術	2.00	2.40	2.00	2.63
6. 法務・特許	1.20	1.71	0.67	1.44

第1章　インドネシアにおける人材育成の現状

答企業の平均をとった。参考としてコア人材を必要とする職種を図表1-18に示す)

　昇進させる職位は、インドネシア企業は部長クラス（1.93）が多く、それ以上で中位数の1.5ｐを超えるものはない。日系は子会社部長クラスが2ｐを超えるが、子会社役員クラスは1ｐをわずかに超える程度で、子会社社長と本社役員クラスはほぼ0である。台湾系は子会社部長クラスが2ｐを超えるが、それ以上で中位数を超えるものはない。韓国系は子会社部長クラスだけでなく、子会社役員クラスでも1.5ｐを上回る。

　次に、どのようにして定着させようとしているのかを見る。

２）コア人材を定着させるための施策（図表1-19：9項目、「まったく有効でない」を0ｐ、「あまり有効でない」を1ｐ、「どちらかというと有効である」を2ｐ、「非常に有効である」を3ｐとし、回答企業の平均をとった）

　インドネシア企業の上位は、1位福利厚生の充実（2.20）、2位給与・賞与の反映幅の拡大（1.93）、3位報奨金・奨励金制度（1.86）である。日系の上位は、1位給与・賞与の反映幅の拡大（2.67）、2位昇進・昇格のスピード（2.43）、3位裁量権の拡大（2.00）である。台湾系の上位は、1位給与・賞与の反映幅の拡大（2.50）、2位昇進・昇格のスピードと福利厚生の充実（2.00）である。韓国系の上位は、1位昇進・昇格のスピード（2.42）、2位給与・賞与の反映幅の拡大（2.33）、3位裁量権の拡大（2.17）である。インドネシア企業は福利

図表1-19　コア人材を定着させるための施策

	現地	日系	台湾系	韓国系
1．給与・賞与の反映幅の拡大	1.93	2.67	2.50	2.33
2．昇進・昇格のスピード	1.80	2.43	2.00	2.42
3．能力開発の機会の拡充	1.73	1.93	1.67	2.00
4．裁量権の拡大	1.79	2.00	1.50	2.17
5．報奨金・奨励金制度	1.86	1.87	1.67	2.08
6．ストックオプション制度	1.57	0.50	1.50	1.30
7．社内公募制	1.83	0.85	0.50	1.36
8．図表彰制度	1.73	1.53	0.50	1.92
9．福利厚生の充実	2.20	1.93	2.00	1.83
10．その他	0	0	0	0

厚生の充実をかなり有効と考えている。日台韓3カ国企業は、給与・賞与の反映幅の拡大か昇進・昇格のスピードのどちらかを1位または2位とし、有効と判断している項目の相違が少ない。

最後に、各国企業はコア人材制度はインドネシアでどの程度受け入れられると考えているかを聞いた。

3）**コア人材制度の受け入れについて**（図表1-20:「まったく受け入れられない」を0p、「あまり受け入れられない」を1p、「どちらかというと受け入れられる」を2p、「大いに受け入れられる」を3pとし、回答企業の平均をとった。参考として、コア人材に対する考え方を図表1-21に示す）

コア人材制度という考え方は、相対的に台湾系と韓国系で受け入れ度が高く（2.00）、インドネシア企業（1.85）と日系（1.61）で低い。

図表1-20　コア人材という考え方の受け入れ度

現地	日系	台湾系	韓国系
1.85	1.80	2.00	2.00

図表1-21　コア人材に対する考え方

プラス要因	現地	日系	台湾系	韓国系
1. 世の中の変化に対応できるシステムである	2.38	2.36	1.75	1.73
2. 限られた資源を有効に活用するシステムである	2.54	2.31	2.20	2.00
3. 人材が流動化するなかで有効な人材育成のシステムである	2.15	2.43	1.80	1.91
4. ホワイトカラーの選抜に有効なシステムである	2.46	1.86	2.00	1.45
5. 能力がある者を魅きつけるシステムである	2.23	2.47	1.80	2.00
マイナス要因	現地	日系	台湾系	韓国系
6. 選抜のための基準作りや評価が難しい	1.85	1.92	1.75	2.00
7. コア人材として選抜されたものへの負担が大きい	1.25	1.50	1.25	1.70
8. コア人材の育成に費用や時間がかかる	2.50	2.35	2.00	1.73
9. コア人材の要件を満たす人材が少ない	2.52	2.70	2.00	1.82
10. コア人材以外の社員のモチベーションが失われる	1.92	1.45	0.80	1.45
11. 人間関係がギクシャクする	0.83	1.36	1.75	1.30

（4） コア人材育成に関する各国の対応

　コア人材に関する各国の対応をまとめると以下のとおりである。

　インドネシア企業では、コア人材の不足度はあまり高くない。専門性、学歴、社内での実績等を重視して選抜している。コア人材として入社1年以内に56.3％が決定され、4カ国企業のなかで韓国系に次いで決定が早い。コア人材の育成施策の実施率は社外の研修機関（含む大学）への派遣以外は高くない。現在までのキャリアパスはパターンⅠの幅広いキャリアが60％を占めている。コア人材を昇進させる職位は、部長クラスが多い（1.93）。コア人材を定着させるための施策として福利厚生の充実、給与・賞与の反映幅の拡大、報奨金・奨励金制度等を重視している。コア人材制度という考え方の受け入れ度は高くない。

　日系企業はコア人材の充足度が4カ国企業のなかで最も低い。リーダーシップ、問題解決力、実行力等を重視して選抜している。コア人材選抜の決定時期は、入社後5年以上が多く4カ国で最も遅い。コア人材の育成施策の実施は、コア人材を意識したキャリア形成以外は高くない。現在までのキャリアパスはパターンⅢのスペシャリストが半数近くを占めている。コア人材を昇進させる職位は、子会社部長クラスが2pを超えるが、子会社役員クラス以上は少ない。コア人材を定着させるための施策として給与・賞与の反映幅の拡大、昇進・昇格のスピード、裁量権の拡大等を重視している。コア人材制度という考え方をインドネシアで受け入れられると考える企業が4カ国のなかで最も少ない。

　台湾系企業は、コア人材はやや不足しており、部課長やスペシャリストで不足感が強い。人柄、社内での実績、リーダーシップ等を重視して選抜している。コア人材選抜の決定時期は入社後3年以内で約60％が決定される。コア人材の育成施策の実施はコア人材を意識したキャリア形成以外は高くない。現在までのキャリアパスはパターンⅡのプロフェッショナルが100％である。コア人材を昇進させる職位は、子会社部長クラス（2.00）が多い。コ

ア人材を定着させるための施策として給与・賞与の反映幅の拡大、昇進・昇格のスピード、福利厚生の充実等を重視している。コア人材制度という考え方は、インドネシアでどちらかというと受け入れられると考えられている。

　韓国系企業はコア人材の不足度はスペシャリストを除いてあまり高くない。充足度が４カ国企業のなかでインドネシア企業に次いで高い。専門性、語学力、学歴等を重視して選抜している。コア人材選抜の決定時期は最も早く、入社１年以内で 66.6％が決定される。コア人材の育成施策の実施は１位のコア人材を意識した能力開発プログラムでも中位数を超えず、４カ国企業のなかで最もコア人材育成策の実施率は低い。現在までのキャリアパスはパターンⅡのプロフェッショナルが過半数を占める。コア人材を昇進させる職位は、子会社部長クラスだけでなく、子会社役員クラスでも 1.5ｐを上回る。コア人材を定着させるための施策として昇進・昇格のスピード、給与・賞与の反映幅の拡大、裁量権の拡大等を重視している。コア人材制度という考え方は、受け入れられると考える企業が台湾と並んで多い。

〈参考文献〉
井草邦雄「インドネシアにおける人材活用と『知識人材』」福谷正信編『アジア企業の人材開発』学文社、2008 年。
鈴木岩行「ベトナム・フィリピン・インドネシアにおける日系企業のコア人材育成―在中国日系企業との比較を中心に―」『和光経済』第 40 巻第 2・3 号、2008 年。

第2章

インドネシア現地企業における人材育成

1. はじめに

　本章では、インドネシアにおける優良企業を対象にしたヒアリング調査に基づき、現地の優良企業の人材育成や人材マネジメントの実態を明らかにしていきたい。ヒアリング調査はその対象が民間、公社を含めてインドネシアの超優良企業であるため、特にコア人材に焦点をあて、その人材マネジメントのあり方に対して分析・考察を展開していきたいと考えている。

　本書におけるコア人材とは、将来中核を担うと目され、早期に選抜、登用される人材を意味しており、コア人材に対する人材育成や人材マネジメントの実際を第1章の現地企業に対するアンケート調査結果と比較して見ていただきたい。

　本ヒアリング調査の目的は以下のとおりである。

　第1は、インドネシアの先進的優良企業におけるコア人材に対する取り組み状況とその人材育成および人材マネジメントのあり方を解明する。

　第2は、ヒアリング調査より導き出された知見をインドネシア現地企業のコア人材に対するマネジメントに適用できるかどうかの可否を明らかにする。

　なお、本ヒアリング調査のフレームワークを示すと次のようになる。

　①コア人材の定義と選抜方法
　②コア人材の採用と求められる能力
　③コア人材の育成とキャリアパス
　④コア人材の評価とリワードシステム

⑤コア人材の定着策と今後の課題

次節以降では、ヒアリング対象企業の概要を明らかにすることから始め、上記ヒアリング調査のフレームワークに基づき、各項目ごとに調査結果を明らかにしていく。

なお、ヒアリング調査結果の記述は、本調査のプロジェクトメンバーでもある和光大学の Dr. Bambang Rudyanto 氏の多大な尽力により、企業名を公表して行なうこととする。

2．ヒアリング企業の企業属性と事業内容

本ヒアリング調査は2つの民間企業と2つの公社（ただし、うち1社は株式会社に転換）に対して実施をした。それぞれの調査対象企業の特性は以下のとおりである。

● MEDCO ENERGI

同社には、石油、ガスの開発、掘削を中心とするエネルギー部門と、ホテル、工場、食品製造などのホールディングス部門の大きく2つの部門がある。その他に、財団法人として Education Training Center を擁している。

同社の人材育成の基本方針は、原則、内部育成型を基本としているが、必要に応じて外部調達を実施している。いったん、入社した後は内部育成、外部調達の差はなく、両者の融合化が図られている。

人材マネジメントの重点は、競争とパフォーマンスに置かれており、内部育成と外部調達の融合化の大きな促進要因となっている。

● PT. PLN P3B

同社は、ジャワ、バリを中心に電力を供給する公社で、傘下に6つの子会社と1つのジョイントベンチャー企業、37支社を有しており、インドネシアの電力需要の約80％をカバーしている。同社の経営理念は、発展的で(progressive) 信頼される (reliable) 評判のいい (reputable) 会社として世界的

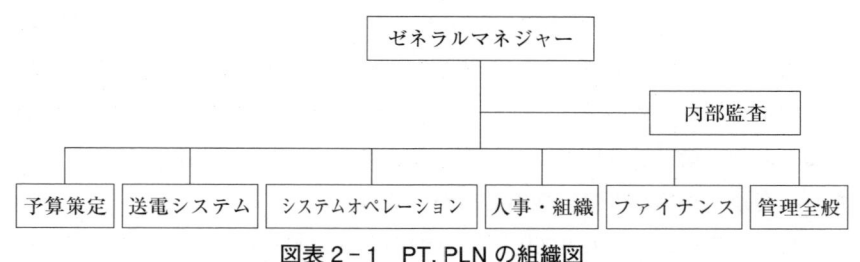

第 2 章　インドネシア現地企業における人材育成

```
                    ┌─────────────────┐
                    │ ゼネラルマネジャー │
                    └────────┬────────┘
                             ├──────────────┐
                             │        ┌─────┴─────┐
                             │        │ 内部監査 │
                             │        └───────────┘
   ┌──────┬──────┬───────────┼───────────┬──────┬──────┐
┌──┴──┐┌──┴──┐┌──┴─────────┐┌┴───────┐┌──┴───┐┌─┴────┐
│予算 ││送電 ││システム    ││人事・  ││ファイ││管理  │
│策定 ││システム││オペレーション││組織    ││ナンス││全般  │
└─────┘└─────┘└────────────┘└────────┘└──────┘└──────┘
```
図表 2-1　PT. PLN の組織図

に認められることであり、こうした理念は同社の人的資源（人材）の能力により達成できるとしている。

同社の従業員数は4,197人で、内訳はhead office 338人、JAKARTA & BANTEN 1,186人、JAWA BARAT 849人、JAWA TENGAH & DIY 819人、JAWA TIMUR & BALI 1,005人である。

また、学歴的に見た従業員の内訳は、母集団として大きいのが高卒、語学学校卒で約2,600人を占めており、以下中学校卒が555人、小学校卒221人である。一方、高学歴集団は学部卒エンジニアが313人、学士199人、技術系修士24人、MBA 20人となっており、博士号の学位取得者は存在しない。今後、日本や欧米を含め、博士号の学位取得者を輩出していきたいとしている。

年齢構成としては、50歳以上が1,086人、46～50歳が1,163人、41～45歳が966人となっており、社員の高齢化が進みつつある。2007年から2011年までの5年間の退職者は、オペレーター部門201人、メンテナンス部門259人、管理部門495人、計955人と予想されている。

なお、同社の組織を図で示すと図表2-1のようになり、典型的な職能別組織の形態をとっている。

● PT. PERTAMINA

同社は、1957年に合弁で設立された石油公社で、1981年に現社名に変更された。2003年に株式会社化され、大臣命令で現在は上場企業を目指している。

事業内容は石油製品・プレミアム・ガスの製造、アスファルト・化学肥料・プラスティックなどの製造などを行なっており、石油関連製品の川上から川下までをカバーしている。石油の生産能力は1日当たり100万バーレルにおよんでおり、輸送手段は船、飛行機、パイプラインなどを活用している。ただし、奥地への輸送は飛行機の活用が主である。

同社の従業員数は1万8,000人で、6つの石油精製工場、23カ所のオペレーションセンターを擁している。なお、本社の従業員数は3,000人である。

● PT. INDOMARCO

同社は1988年に設立されたINDOMARETブランドのコンビニエンス・ストア（以下ではコンビニと表記）で、1997年よりFC（フランチャイズ・チェーン）展開を始め、現在では直営方式1,300店、FC方式900店、計2,200店を擁するまでに成長している。同社のコンビニへの取り組みは、インドネシアにおいては初めての試みであり、政府のアドバイスにより地方への展開を含め、コンビニに対する需要が高まっている。営業時間は朝7時から夜12時までで、安全に対する警察の支援を受けて事業を展開している。こうした同社の取り組みが評価され、2003年に優秀なFCとして表彰されている。

同社の従業員数は2万3,600人と多く、売上高は日本円に換算すると625億円にもおよんでいる。

なお、同社の組織を図で示すと図表2-2のようになり、典型的な職能別組織の形態をとっている。

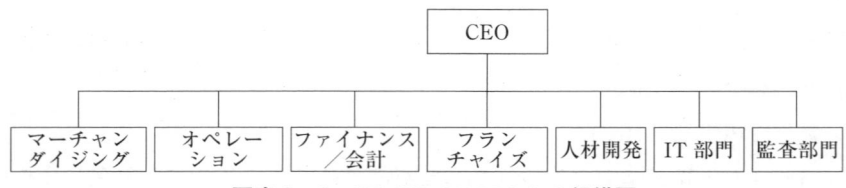

図表2-2　PT. INDOMARCOの組織図

3．コア人材の定義と選抜方法

　コア人材の定義に関しては、4社ともマネジャー以上を基本としている点では共通しているが、MEDCO ではスーパーバイザー、PT.PLN では副マネジャークラス、INDOMARCO ではジュニア・マネジャーもコア人材に入れており、若干の違いが見られる。

　そこで、各社の従業員の階層（ヒエラルキー）やコア人材の数などについて見ていく。MEDCO では従業員の階層には、一般社員 → スーパーバイザー → マネジャー → シニア・マネジャー → ボードメンバー（取締役）という大きく5階層があり、コア人材は下から2つ目のスーパーバイザー以上となっている。MEDCO のコア人材の人数はエネルギー部門 2,400 人のうち、約 200～300 人である。エンジニアリングやリーガル分野でややコア人材が不足気味である。

　PT.PLN では、学歴的には大卒が前提となっており、コア人材の人数は約 100 人程度で、全従業員比 2.4％となっている。

　PERTAMINA の従業員の階層は、スタッフ → アシスタント・マネジャー → マネジャー → 責任者の4階層あり、コア人材はマネジャー以上で、全従業員1万 8,000 人のうち、約 20％の 3,800 人が該当する。しかし、実際の業務の執行は、3,800 人のうちの約 700 人のコア人材で行なわれている。

　最後の INDOMARCO は、以下のように大きく7階層あり、ジュニア・マネジャー以上をコア人材と考えており、人数的には約 400 人である。400 人のうち、華人系は 85％、女性は 15％を占めている。

〈INDOMARCO の従業員の階層〉
　・A：クラーク（3階層に区分）
　・B：シニア・クラーク（3階層に区分）
　・C：スーパーバイザー（3階層に区分）
　・D：ジュニア・マネジャー（3階層に区分）

・E：マネジャー（3階層に区分）
・F：ゼネラル・マネジャー
・G：ボードメンバー

　コア人材は、主に図表2-2におけるマーチャンダイジングとオペレーション部門に配属される。特に、オペレーション部門は地方へのエリア拡大にともない、エリア・マネジャーが不足している。

　次に、コア人材の選抜方法について見ていきたい。コア人材の選抜に関しては、4社共通の選抜方法は見られず、各社それぞれの状況に応じた方法が採用されている。MEDCOでは、コア人材の選抜にあたっては経験、資格、職歴を重視する。経験はスキルの熟練度、資格は専門性や学歴を見て判定されている。職歴は前に勤めていた会社での評価や評判などが面接を通じて評価される。しかし、同社で最も重視されているのは態度（attitude）で、personality profileを活用したアセスメントを導入し、コア人材としての適性、会社や仕事に対するスタンス（取り組み姿勢）が面接を通して評価されている。

　PT. PLNでは、コア人材の選抜は何か特別なスクリーニング方法や選抜方法を導入するというよりはむしろ時間をかけた内部育成のなかで行なっている。その背景には、同社の事業主体の電力事業は専売事業であるため、キャリア採用が実質的に困難であり、新卒採用を中心に内部育成でコア人材を育成せざるを得ないという事業特性に起因する固有の事情がある。しかし、同社は経済危機の時にスタッフの採用を中断したため、ある階層のコア人材が不足気味となっている。そうした現状から、同社では早い時期にコア人材として選抜することも視野に入れていきたいとしている。

　一方、PERTAMINAでは客観的な方式でコア人材の選抜が実施されている。同社のコア人材の選抜は、外部の人材を活用して、職位のイメージに近い人材をセレクションする「フィット適性検査」を導入して合理的かつ客観的に行なわれている。具体的には、1つの職位に3～7つのコンピテンシーが設定されており、たとえばマーケティングの場合はビジネス・オリエンテーション、技術・エンジニアリングの場合は分析・解析といったコンピテン

シーが重視されており、その視点からコア人材としての適性が判定される。リーダーシップはすべての職位や職種に必要とされるコンピテンシーであるが、それぞれの職位によって若干の違いが見られ、管理職に関してはリーダーシップは最も重要なコンピテンシーと位置づけられている。

最後のINDOMARCOでは、コア人材の選抜に際して、資質的にはリーダーシップ、性格、態度が重視されるとともに、能力としては問題解決能力が重視されている。これはコンビニの地方展開で成長が著しい同社の事情が大きく反映されており、コア人材としてバイヤーやマーチャンダイザー、さらにはエリア・マネジャーの育成・輩出が急務となっている。コア人材の選抜方法や選抜にあたって重視される点もこうした同社の事業展開上の制約条件が大きく反映されている。

4．コア人材の採用と求められる能力

コア人材の採用は4社とも大卒採用を原則としている点は共通しているが、採用方法や採用ステップ、求められる能力などに関しては各社の個別の事情を反映して独自の方法がとられている。

そこでまず、MEDCOにおけるコア人材に求められる能力と実際の採用のあり方を見ていきたい。MEDCOでは、採用にあたってのスクリーニングの方法としてはバンドン工科大学などの有名大学と提携し、専門分野、GPA（Grade Point Averageの略、以下ではGPAと表記）を重視している。専門分野、GPAの選考基準をクリアした学生に、英語の試験を課し、面接、健康診断を経て採用の合否が判定される。面接では、態度が重視されている。同社への応募者は15大学で約1万人にもおよび、エンジニアや技術者を中心に約100人前後を採用している。採用を認められた者は1年間は契約社員の身分として研修を受ける。

PT.PLNにおけるコア人材は、前述したように、専売事業である電力ビ

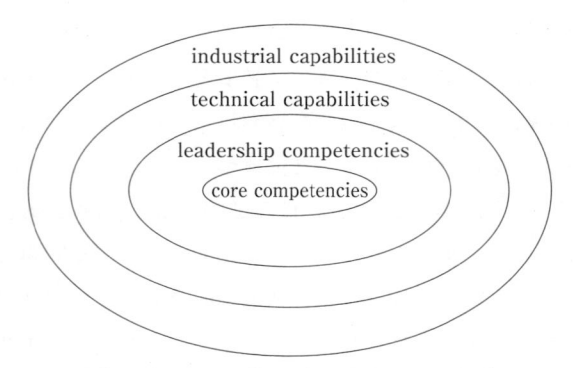

```
         industrial capabilities
          technical capabilities
         leadership competencies
            core competencies
```

図表 2-3　PLN 社のコンピテンシーモデル
出所：同社に対するヒアリング時に配布された社内資料より作成。

ジネスを中心としているため、キャリア採用や外部調達が難しく、新卒採用をベースに内部で育成されている。コア人材の採用は、電気工学、金融・ファイナンスといった2つの分野を中心に筆記試験と面接により採用の合否が決定されている。面接では、時間をかけて内部育成する観点から、態度が重視されている。態度の見極めは外部の専門家を巻き込んで実施される。コア人材に求められる能力としては、コアコンピテンシーとリーダーシップがあげられている（図表2-3）。

　重視されるコアコンピテンシーの内容は、誠実さ、顧客サービス志向、PLN におけるプロフェッショナルスタイル、継続的な学習意欲、変化に対する適応能力などから成り立っている。

　PERTAMINA のコア人材の採用は、大卒採用を原則として、メディア・新聞での公募方式とインドネシアにおける有名大学への求人方式（pick up）の2つの方式を併用し行なっている。採用にあたっては、GPA、心理テスト、英語テスト、面接などが実施され、最後に健康診断を受けて合否判定がなされる。心理テストは態度の診断を含んでおり、外部の専門家に依頼し判定を行なっている。ヒアリング対象の4社いずれにおいても、うち2社が公社であることが影響しているのか、コア人材の採用にあたっては態度がかなり重

視されているのが特徴的である。

　INDOMARCO では、新聞広告・インターネット、内部推薦、ジョブフェアへの参加、大学の就職説明会への参加などを通してコア人材の採用を行なっている。採用人数は 50 名規模で、採用にあたっては、GPA（ポイント 3 以上）、心理テストを共通条件として、その他に各部門単位でペーパーテストを実施し、最後に面接により採用の合否が判定される。なお、英語テストは実施していない。コア人材に求められる能力は、リーダーシップ、性格（character）、問題解決能力である。ここでいう性格とは、態度を指しており、面接でかなり重視されている。

5．コア人材の育成とキャリアパス

　ヒアリング企業 4 社では、管理職研修やリーダーシップ開発プログラムなどそれぞれの企業でコア人材育成に向けたトレーニングプログラムを有しており、独自の教育展開がなされている。また、コア人材育成に向けたキャリア形成のパターンに関しては、各社の状況や事業特性により若干の違いが見られ、パターン I（一定年齢まで幅広い職務を経験し、将来の中核となる人材を育成するキャリア形成）ないしはパターン III（一定年齢まで狭い範囲の職務を経験し、企業内スペシャリストを育成するキャリア形成）が中心となっている。

　以下では、ヒアリング対象企業個々のコア人材の育成とそのキャリアパス、キャリア形成のあり方を詳細に見ていきたい。

　まず MEDCO であるが、コア人材であるスーパーバイザーには大卒で 2〜5 年、マネジャーにはさらに 3〜5 年程度の経験年数が必要である。つまり、マネジャー以上のコア人材になるには、少なくとも 5〜10 年程度の経験年数が必要である。同社のコア人材の育成は、人件費予算の 5％を研修予算として計上し、育成に向けた MDP（Management Development Program）を参加者の人数が 10 人以上の場合はインハウス型（自前）、3 人未満の場合は

外部派遣型で実施している。MDPの実施にあたっては、必要とされる専門性や能力を公表し、参加者を募集する。同社においては、自律的キャリア形成が志向されており、キャリアオプションは自らが選べるよう配慮されている。コア人材とは、本章の冒頭でも定義したように、将来会社の中核を担える人材であるので、当然キャリア形成においても自律的なキャリア形成が望まれる。同社はコア人材のこのような自律的キャリア形成を支援する観点からMDPを設けている。

　PT. PLNにおけるコア人材の育成は、リーダーシップ開発プログラムであるTalent Managementを基本としており、早ければ6年でfast track、すなわち昇進が可能となる。しかし、現実的には10年以上の年数を要する。こうしたリーダーシップ開発プログラムは、同社がコア人材に求められる能力としてコンピテンシーとリーダーシップを重視していることの証であり、コア人材育成に対する同社の積極的姿勢が見て取れる。実際のTalent Development Programは、心理テストとこれまでの訓練と仕事の履歴により、コア人材のリーダーシップ能力の現状を分析・診断し、それに基づきメンターによるメンタリングやコーチング、さらにはカウンセリングなどによりリーダーシップ開発が実施される。同社では、このようなリーダーシップ開発プログラム以外にも、コア人材の育成に向け、マネジメントレベルに応じた4段階（基礎・中級・上級・ゼネラルマネジメント）のトレーニングメニューが用意されている。

　ここで、同社のあるマネジャーのコア人材として登用されるまでのキャリアパスを見てみたい。その人物は93年に入社し、3年間本社スタッフとして働き、その後4年間にわたり早稲田大学へ留学をしている。留学終了後の99年から2000年まで本社スタッフとしてキャリアを積み、2001年にブランチマネジャー（いわゆる支店長）に昇進している。さらに、その後2004年に送電コントロールセンターのマネジャーに昇進し、2006年に現ポジションである事業部長（ディビジョンマネジャー）に昇進している。こうしたキャリアパスから、同社のキャリア形成のパターンはパターンⅠが志向されているこ

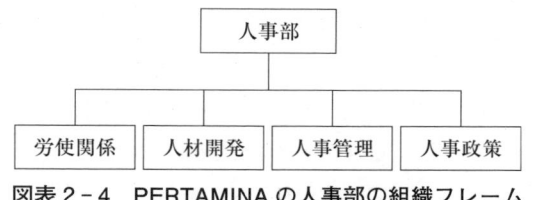

```
         ┌─────────┐
         │  人事部  │
         └────┬────┘
    ┌────────┼────────┬────────┐
┌───┴───┐┌───┴───┐┌───┴───┐┌───┴───┐
│労使関係││人材開発││人事管理││人事政策│
└───────┘└───────┘└───────┘└───────┘
```

図表 2-4　PERTAMINA の人事部の組織フレーム

とがわかる。

　それに対し、PERTAMINA ではコア人材は新卒の場合は内部育成型で15年ほどかけて育成される。その場合のキャリア形成のパターンは、PT. PLN と同様、パターンⅠ、すなわち将来のゼネラリストとして育成するキャリア形成が中心となっている。しかし、人事部門のような管理部門では、スペシャリスト育成に向けたキャリア形成が展開されている。そこで、人事部におけるキャリア形成を見ていくこととする。PERTAMINA の人事部の組織フレームを図で示すと図表2-4のようになる。人事部におけるコア人材育成に向けたキャリア形成は、図表2-4における複数のセクションを経験し、人事のスペシャリストとして育成される。

　また、コア人材の育成は、国内に2カ所ある研修センターで Talent Management Program をベースに展開されている。コア人材の研修メニューとしては、同社の経営理念、ファイナンス、グローバルマーケットに関する情報などが習得すべき基礎的情報として提供されている。

　INDOMARCO では、大卒はスーパーバイザーに初任格付けされ、2～3年かけてジュニア・マネジャーに昇格し、15～20年程度でマネジャークラスに昇格する。たとえば、代表的なコア人材であるバイヤーの典型的なキャリアパスは、キャリア形成パターンⅠで展開され、幅広くファイナンス・会計部門、人材開発部門を経験し、最後は店舗での実践的な教育が展開される。ところで、こうしたキャリア形成パターンⅠでのコア人材育成は、コンビニ事業にとっての生命線ともいうべきバイヤーやオペレーション部門のエリアマネジャーに適用されるが、他の部門のコア人材の育成はキャリア形成パ

ターンⅢ、すなわち狭い範囲の職務を経験し、社内でのスペシャリストを目指したキャリア形成が展開されている。

また、同社におけるコア人材の育成システムは、内部研修と外部研修の2本立てで構成されており、それぞれ内容が異なっている。内部研修は、新システム導入やマーケティング研修が中心となっているのに対し、外部研修はリーダーシップ研修や7 habit 研修[1]が中心となっている。外部研修は外部の教育機関への派遣ないしは内部への講師の招聘といった形で実施されている。

6．コア人材の評価とリワードシステム

コア人材の評価は、4社において共通した部分があり、原則、performance appraisal（業績評価）と能力評価（会社によってはコンピテンシー評価となっている）の2本立てとなっている。ただし、能力評価に代わるものとして態度を評価項目にあげている会社が1社ある。それから特徴的なのは、performance appraisal（業績評価）のサブシステムとして目標管理制度（Management By Objectives：MBO、以下ではMBOと表記）を導入している企業がヒアリング企業4社中、2社あることである。

このように、コア人材の評価に関しては共通する部分が多いものの、実際の評価制度の運用にあたっては各社での違いもあるため、以下では各社のコア人材に対する評価の詳細を見ていきたい。

MEDCO のコア人材に対する評価は、performance（業績）と attitude（態度）の2面から実施されている。極めて特徴的なのは、コア人材の選抜のところでも述べたように、同社ではコア人材の選抜、評価いずれにおいても attitude が重視されている点である。attitude の評価項目としては、リーダーシップ、対人関係、規律性、誠実さ（integrity）があげられている。また、業績を評価する performance appraisal system においては、MBO が導入されて

おり、業績評価の客観性が担保されると同時に、会社目標を個人にブレークダウンすることにより配分思想までが注入されている。

PT. PLNのコア人材に対する評価は、performance appraisal management systemと能力評価、attitude評価の3本立てで実施されている。performance appraisalは、四半期ごとに実施され、その評価項目は地位や現場によってtarget管理が重視されたり、key performanceが重視されたり、若干の違いが見られる。それに対し、能力評価は上司による評価だけでなく、本人による自己評価も実施されており、評価段階は3段階となっている。能力評価の項目としては、ケイパビリティ、マネジメント力、計画・組織力、コミュニケーション、リーダーシップ、指導力、仕事の伝達力などがあげられている。attitudeに関しては、誠実さ（integrity）、イニシアチブ、顧客志向、チームワークといった4つの視点から評価される。

PERTAMINAにおけるコア人材の評価は、MBOシステムとコンピテンシー評価の2本立てとなっており、両者のウエイトはMBOが60％、コンピテンシーが40％となっている。しかし、今後はより成果主義を強める観点から、MBOのみでの評価にしていくことが検討されている。特徴的なのは、コンピテンシー評価において、上司や周囲の評価を含む360度評価が実施されている点である。なお、一般スタッフの評価は、コア人材の評価と同様に、MBOとコンピテンシーの2面から評価され、そのウエイトは現状ではMBOが60％、コンピテンシーが40％となっているが、今後はMBO80％、コンピテンシー20％にしていきたいとしている。

最後のINDOMARCOでは、コア人材は目標達成度と能力の両面から評価される。特に、コンビニを運営するオペレーション部門のコア人材の評価は、目標達成度が最も重視されている。能力の評価は、理解力、時間厳守、問題解決能力、指導力など18項目の視点から評価が実施されるが、なかでも特に重視されているのが理解力で、業務内容を理解しているかどうかが能力評価の重要なポイントになっている。

一方、コア人材に対するリワードシステム（報酬制度）においても4社で

共通する部分が見られ、原則、basic salary（基本給）とボーナスを中心に、各社でアローワンスやベネフィットなどが付加的賃金として支給されている。そこで、以下では各社のコア人材に対するリワードシステムの詳細を見ていくこととする。

MEDCOのコア人材の報酬は、basic salary（基本給）、アローワンス、ベネフィット、ボーナス（年1回支給）から構成されている。basicの部分は職位が上がるほどそのウエイトが高くなる。ベネフィットには、車の手当、クラブメンバーへの加入、家族の入院保障などが含まれる。ちなみに、同社の大卒の初任給は、1年間の研修終了後、日本で10万円程度となり、ジャカルタにおける月当たりの世帯収入6万円、地方の世帯収入3万円をはるかに上回る高い水準となっている。

PT. PLNのコア人材に対するリワードシステムは、basic salary（基本給）とincentive bonus（賞与）から構成されており、月例賃金に占めるそれぞれのウエイトは7：3の割合になっている。basic salaryには、アローワンス、地域手当、職位手当、交代勤務手当などが含まれている。昇給は事業ユニットごとで実施される評価によって決定されるが、昇給の反映幅は評価結果によって0.8（bad）〜1.2（very good）と最大で1.5倍の開きがある。3年連続して評価段階がvery goodの場合はfast track、すなわち早期抜擢による昇進の可能性がある。なお、著しい改革やイノベーションで会社や部門の業績に貢献した場合は、別のインセンティブが与えられる。

上記の2社と同様に、PERTAMINAのコア人材に対するリワードシステムは、basic salary（基本給）とアローワンス、ボーナスから構成されている。ボーナスは利益配分（profit sharing）の考え方から会社の利益によって分配される。月例賃金に占める割合は、basic salaryが75％、アローワンスが25％となっている。なお、アローワンスには、地域手当、職位手当、キャッシュ、税金手当、保険、定年（56歳）に備えての貯金、健康保険（3人の子どもまで100％支給）などが含まれる。

これまでの3社と違ってINDOMARCOにおけるコア人材のリワードシス

テムは、ほとんどが basic salary（基本給）で占められており、ボーナスは期末に3カ月程度支給される。これ以外には、ジュニア・マネジャーに車の手当が支給されたり、別立てで医療手当が支給されている。ところで、車の手当とは、会社が車を買い与え、本人が会社にその代金を返済することを意味している。なお、ジュニア・マネジャー以下の従業員、つまりコア人材以下の従業員には車手当に代わるものとして交通費が支給されている。

7．コア人材の定着策と今後の課題

　ヒアリング対象企業の4社はいずれもインドネシアにおける超優良企業であるためか、各社における離職率は極めて低く、コア人材の社外流出を阻止する定着策はそれほど強くは認識されていない。しかし、一部のヒアリング企業において事業の特殊性や職種の専門性などからヘッドハンティングの可能性が危惧されており、以下においてはヒアリング各社におけるコア人材のリテンションの必要性やその具体策、さらにはコア人材に対する人材マネジメントの今後の課題などについて見ていきたい。
　まずは MEDCO であるが、コア人材の離職率は2％以下と低いものの、同社の主力事業のエンジニアリングやエクスプロレーション（開発・掘削）の分野は横断的な労働市場が形成されており、その分野の専門家のヘッドハンティングが多発している。現実的には、同社においてヘッドハンティングによる被害は発生していないものの、今後はその定着対策の必要性が認識されつつある。また、同社はグローバル競争への本格的な取り組みに向けて、コア人材の海外駐在を進めており、アメリカ、オマーン、リビア、カンボジア、イエメンなど、8カ国に駐在員を派遣している。さらに同社では、エンジニアリングやリーガル分野でのコア人材不足の対策として、再雇用制度を導入している。同社の定年は56歳であるが、専門性の高い人材であるならば60歳までの再雇用が可能である。現在、国の法改正の動きに合わせ、60歳定

年制が検討されている。

　PT. PLN は、第1節のヒアリング企業の企業属性と事業内容の部分でも触れたように、50歳以上の従業員が全体の約4分の1を占め、高齢化が進みつつある。同社は公社であるため、従業員の解雇が実質的に困難で、今後は従業員の高齢化対策が大きな課題となっている。同社ではオペレーション、メンテナンス、管理部門の人材の定年退職を契機に、欠員補充をしないで、人員の合理化を図っていきたいとしている。一方、予算策定、送電システム、オペレーションシステムなどのコア人材が不足している部門については、コア人材の採用を強化することが模索されている。なお、同社ではインドネシアにおいても、コア人材の考え方は受け入れられるだけでなく、むしろ今後はその育成に積極的に取り組んでいくことが望ましいとしている。

　一方、PERTAMINA においては離職率はそれほど高くないものの、コア人材の定着策は認識されている。同社によれば、石油関連を主力事業としているため、外資系企業との人材の争奪が起こる可能性があり、その際の決め手は給与となる。そこで、同社では外資系企業の給与システムや給与水準をリサーチし、コア人材の定着策に反映している。給与水準で対応が困難な場合はさまざまなベネフィットを提供し、リテンションに結び付けている。

　ところで、同社においては地域ごとの労働組合と職種別の労働組合（craft uinon に近い）の2つの形態の組合が存在している。大半が地域ごとの労働組合で、22カ所のオペレーションセンターで労働組合が存在し、うち13カ所では連合が結成されている。

　最後は INDOMARCO であるが、コンビニを展開する同社においては、会社の成長が著しく、従業員にとって昇進の可能性が高いため、離職率は極めて低い。したがって、コア人材に対する定着策の必要性はあまり認識されていないが、人間関係を含めた職場環境の整備は今後必要となってくると考えられている。地方にコンビニの店舗展開を進めている同社においては、オペレーション部門でコア人材が不足をしており、今後は IT 部門のコア人材をオペレーション部門に異動させることで、コア人材不足をカバーしていきた

いとしている。なお、同社においても労働法により労働組合は設定されているが、組織率は5％未満で、協調的な労使関係が維持されている。

8．おわりに

インドネシアにおける有意に抽出した超優良企業4社のコア人材に対する取り組み状況のヒアリング結果をまとめると、図表2-5のようになる。これに基づき、これまでの考察結果を要約すると、次のようにまとめることができる。

第1に、コア人材の定義と選抜方法であるが、4社でジュニア・マネジャーやスーパーバイザーを含むなど若干の違いは見られるものの、マネジャー以上を基本としている点では共通している。コア人材の選抜方法は、事業特性や会社の個別事情を反映してか、4社共通の選抜方法は見られない。

第2に、コア人材の採用と求められる能力に関してであるが、コア人材の採用や求められる能力は各社の事業特性により違いが見られるものの、大卒採用を原則としている点、採用にあたっては大学との提携、GPA・心理テストが重視されている点、面接においてはattitude（態度）が重視されている点など、4社での共通部分も見られる。

第3に、コア人材の育成とキャリアパスであるが、各社でコア人材育成に向けたトレーニングプログラムを有しており、内容や人数によってインハウス（自前）型ないしは外部派遣型が状況によって選択されている。キャリア形成のパターンも4社で若干の違いが見られるが、事業特性が強い場合や高い専門性が必要とされる管理部門の場合は、スペシャリスト育成に向け、狭い範囲の職務を経験するパターンⅢがとられている。一方、事業部運営や店舗運営などにかかわる場合は、ゼネラリスト育成に向け、幅広い職務を経験するパターンⅠが展開されている。

第4は、コア人材の評価とリワードシステムであるが、評価に関しては4

図表2-5　インドネシアヒアリング調査結果の概要

質問項目	MEDCO ENERGI	PT.PLN（電力公社）
企業概要 ・経営理念 ・事業内容 ・売上高 ・従業員数	○会社には2つの部門が存在 ○エネルギー部門：石油／ガスの開発、掘削 ○ホールディングス部門：ホテル／工場／食品製造など その他、財団法人 Education Training Center を所有 ○人材育成理念 ○基本は内部育成型人材育成 ただし、必要に応じ外部調達を併用 ○競争とパフォーマンスを重視 ○賃金の最低保障の観点から労働市場の sur-vey を定期的に実施	○ジャワ、バリを中心に電力を供給する公社で傘下に6つの子会社と1つのジョイントベンチャー企業、37支社を擁する ○経営理念：世界中に通用するシステム、人材育成・従業員数：head office 338人、JAKARTA & BANTEN 1,186人、JAWA BARAT 849人、JAWA TENGAH & DIY 819人、JAWA TIMUR & BALI 1,005人、合計4,197人 ○学歴別人材構成高卒・語学学校卒2,600人、小・中卒776人、学部エンジニア313人、学士エンジニア199人、修士エンジニア24人、MBA20人
コア人材の定義とコア人材の選抜方法	○コア人材：スーパーバイザー／マネジャー以上が対象・コア人材の数：エネルギー部門2,400人のうち、200〜300人がコア人材、エンジニアリング、リーガル分野でコア人材が不足している（全体的には充足） ○コア人材の選抜：skill/attitude/knowledge を重視。特に、attitude を重視、面接、推薦の場面で personality profile などを活用	○コア人材：マネジャー＋副マネジャークラス ○コア人材の人数：100人程度、学歴的には大卒が前提、ただし必ずしも大卒である必要はない ○コア人材の選抜方法 →専売事業の電力ビジネスのため、キャリア採用が困難。したがって、内部育成型で選抜を実施
コア人材の採用と求められる能力	コア人材の採用は、有名大学、GPA、専門分野を重視して行なわれる。採用のステップは、英語の試験 → 面接 → 健康診断の順番で展開。エンジニア部門の要員として、15大学1万人のなかから100人前後を採用。採用で重視するのは attitude。国立の工科大学（バンドン工科大学など）との連携を重視	コア人材の採用は電気工学、金融・ファイナンスなどの専門分野を重視して実施。採用ステップは、筆記試験 → 面接で展開。採用の際に重視するのは attitude で、外部の専門家を巻き込むこともある コア人材に求められる能力は、コアコンピテンシーとリーダーシップである
コア人材の育成とキャリアパス	○スーパーバイザーには大卒で2〜5年、マネジャーには3〜5年、大まかに5〜10年前後でコア人材に昇進 ○employment budget×5%を研修予算化。コア人材育成プログラムとして Management Development Program をインハウス型（自前）と外部派遣型を併用して実施。トレーニングには必要とされる専門性を公表。インハウス型の方が参加者は多い	コア人材の育成は、リーダーシップ開発プログラムである Talent Management を基本としている。このプログラムによれば、6年程度で昇進、すなわちコア人材に登用される可能性があるが、現実的には10年前後を要する。ある Div. マネジャーのケースによれば、ブランチマネジャーに9年目で昇進、コントロールセンターのマネジャーを経て、16年目で Div. マネジャーに昇進
コア人材の評価とリワードシステム	コア人材の評価は performance/attitude の2面から実施。MBO をサブシステムとして導入。評価項目として、リーダーシップ、対人関係、規律性、誠実さを重視。給与は basic salary（基本給）、アローワンス、ベネフィット、ボーナス（年1回支給）から成り立っている。職位が上がるほど basic のウエイトが増加。ベネフィットには、車、クラブメンバー、家族の入院保障など含まれる。大卒初任給は1年の研修終了後10万円	コア人材の評価は、performance appraisal と能力評価で実施されている。performance appraisal は、四半期ごとに実施され、評価項目は地位／現場により異なる。能力評価項目は capability、マネジメント力、計画・組織力、コミュニケーション、リーダーシップなどが中心で、attitude 評価は integrity、イニシアチブ、顧客志向、チームワークが中心 給与は basic salary（70%）＋ incentive bonus（30%）で構成されており、個人単位の評価結果で昇給額が異なる。3年 very good は fast track の可能性有り
コア人材の定着策と今後の課題	離職率は少なく、2%程度 engineering/exploration 部門の専門家をヘッドハンティングされるのを阻止することが課題。グローバル競争に向け、アメリカ、オマーン、リビア、カンボジア、イエメンなど8カ国に海外駐在員を派遣	コア人材はインドネシア企業でも受け入れられるし、積極的に取り組む必要有り。planning、transmission、operation でコア人材が不足。社員の年齢構成が高いため、オペレーター、管理部門の人材を減少させ、コアビジネス部門の人材の増強を図っていく必要がある

第 2 章　インドネシア現地企業における人材育成

質問項目	PT.PERTAMINA	PT.INDOMARCO
企業概要 ・経営理念 ・事業内容 ・売上高 ・従業員数	○設立：1957 年に合弁企業として設立、1981 年に現社名 PERTAMINA に変更、2003 年に株式会社化、現在、大臣命令で上場企業を目指している ○事業内容：石油製品、プレミアム・ガスの製造、アスファルト、化学肥料、プラスチックなどの製造販売（石油関連の川上～川下までをカバー）。生産能力：100 万バーレル（1 日当たり） 石油の輸送は船、飛行機、パイプライン。奥地には飛行機で輸送 ○従業員数：1 万 8,000 人、オペレーションセンター23 カ所に存在、6 つの精製工場	○設立：1988 年に設立、FC 展開は 97 年より実施。2003 年に優秀な FC として表彰されている ○店舗数：FC 方式 900 店舗、直営方式 1,300 店舗 ○売上高：円換算で 625 億 ○営業時間：午前 7 時～午後 12 時（地域の警察に謝金を支払い、警備・安全を依頼） ○従業員数：2 万 3,600 人 ○同社がインドネシアにおけるコンビニビジネスの草分けとなる。政府との共同組合は上手くいかないものの、政府のアドバイスにより地方展開がスムーズ
コア人材の定義とコア人材の選抜方法	○コア人材：責任者・マネジャー、アシスタントマネジャー、スタッフの 4 階層のうち、マネジャー以上がコア人材 ○コア人材の数：18,000 人の 20％で、約 3,800 人、ただし、実際の実行責任者は 700 人程度 ○コア人材の選抜方法 → Human Assessment 方式のフィット適性検査により選抜。職位のイメージに近い人材をセレクション。なお、適性検査は外部人材を活用して実施	○コア人材：社員区分ジュニア・マネジャー以上 ○コア人材の数：400 人程度（華人系 85％、うち女性は 15％） ○コア人材の選抜：リーダーシップ、性格、態度（attitude）、問題解決能力を重視して選抜 ○コア人材の過不足：マーチャンダイジング（MD）と店舗オペレーション（OP）部門でコア人材が不足。特に、OP 部門は店舗拡大によりエリア・マネジャーが不足気味
コア人材の採用と求められる能力	コア人材の採用は、大卒の新卒採用が原則。採用はメディア・新聞での公募と有名大学からの pick up 方式を併用。採用は GPA、心理テスト、英語テスト、面接、健康診断により決定。コア人材に求められる能力は、competency を重視。たとえばマーケティング、ビジネスオリエンテーションなど。技術・エンジニアの場合は分析・解析を重視。リーダーシップはレベルによって内容が異なる	コア人材の採用は、新聞広告・インターネット、内部推薦、ジョブ・フェアへの参加、大学の就職説明会への参加などにより実施。採用人数は 50 人程度。GPA、心理テスト、ペーパーテスト（部門に一任）、面接で決定。コア人材に求められる能力は、リーダーシップ、態度（attitude）、問題解決能力である
コア人材の育成とキャリアパス	コア人材の育成は、新卒は内部育成型で、キャリア形成パターン I（幅広い職務を経験）により育成。Director（政府が決定）まではスペシャリストとして育成、それ以降はゼネラリストとしての育成はありうる たとえば、人事部門におけるキャリアパスは、労使関係、人材開発、人事管理、人事政策の 4 つの部門をローテーションして育成。研修センターは 2 カ所に存在。Talent Management Program を実施	コア人材の育成は、大卒はスーパーバイザーに格付され、2～3 年かけてジュニア・マネジャーに昇格、15 年程度マネジャークラスに昇格する。バイヤー、オペレーションはパターン I、他の Div. はパターン III で基本は内部育成型で人材を育成。人材育成はマーケティング研修、新システム導入を中心とする内部研修と、リーダーシップ研修、7 habit 研修を中心とする外部研修（派遣／講師招聘）の 2 本立てで実施
コア人材の評価とリワードシステム	コア人材の評価は目標管理（MBO）システム（60％）と competency（40％）で実施。competency 評価は 360 度評価を実施。将来はMBO の部分を 100％にしていきたい。給与は、basic salary（75％）＋アローワンス（25％）で構成されており、ボーナスは利益によって配分。アローワンスの内容は、地域手当、職位手当、キャッシュ、税金手当、保険、定年の貯金、健康保険（3 人の子どもまで支給）などから構成されている	コア人材の評価は、目標達成度と能力を中心に実施される。オペレーションは目標達成度が最も重視される。能力の項目は、理解力、時間厳守、問題解決能力、指導力など 18 項目から成り立っており、業務内容の理解力の評価が重視される。給与は基本給がほとんどで、期末にボーナス（3 カ月）が支給される。ジュニア・マネジャー以上のコア人材には車の手当（会社が車を買い与え、本人が返済）が支給される。それ以下の社員には交通費を支給
コア人材の定着策と今後の課題	定着策の最大のポイントは給与。外資系の給与システムを入手し、それに合わせている。組合は地域ごとの組合と専門の組合（craft union に近い）の 2 つの形態があり。22 カ所のオペレーションセンターで労働組合が存在し、うち 13 カ所は連合を結成	コア人材の離職率は極めて低い。その理由はFC 展開で会社は急成長をしており、昇進の可能性が高い点があげられる。コア人材の定着策としては、職場の環境整備があげられる 労働組合は労働法に従い、設置されているが、組織率は 5％未満で、協調的な労使関係で運営されている

51

社で共通の部分が多く、業績評価と能力評価の2本立てとなっている。また、業績評価のサブシステムとして目標管理制度（MBO）が導入されている。同様に、リワードシステムにおいても4社で共通の部分が見られ、基本給とボーナスを中心に、各社でアローワンスやベネフィットが付加的賃金として支給されている。ただし、アローワンスやベネフィットの内容は各社により違いが見られる。

　最後は、コア人材の定着策と今後の課題であるが、現状では4社において離職率が低く、定着策の必要性はあまり認識されていない。しかし、今後は横断的な労働市場をベースにヘッドハンティングによるコア人材の社外流出の危険性があり、何らかの定着策が必要であることが認識されつつある。

　ところで、4社のヒアリングより導き出されたコア人材に対する人材マネジメントの知見は、果たしてインドネシア現地企業に適用できるのであろうか。今回のヒアリング対象企業はいずれも規模が大きく、事業内容もインドネシアにおいてはほぼ独占的状況にあり、強者の戦略を展開している。つまり、コア人材に対する必要性が認識されているだけでなく、コア人材の育成やマネジメントに対する資金的、時間的ゆとりがあると思われる。それに対し、第1章で見てきたアンケート調査のインドネシアの現地企業は、100人未満の企業が約70％を占めており規模も小さく、業種的にも消費関連、素材関連の製造業、卸売・小売業、その他の業種の企業が多い。こうした企業においては、コア人材の必要性は認識されても、時間的、資金的ゆとりがないだけでなく、コア人材に対する人材マネジメントのノウハウもないのが実情である。したがって、ヒアリング企業4社におけるコア人材に対する人材マネジメントを直ちに現地企業に適用することは極めて困難で、適用までに多くの時間を要することを指摘しておきたい。

〈注〉
（1）7 habit 研修とは、スティーブ・R・コヴィーが著した『7つの習慣』をベースとした自己リーダーシップ習得研修で、自立型人間を育成するための研修

プログラムである。その特徴は、個人変革を通して組織変革を目指すインサイドアウト型研修である点にある。

〈参考文献〉
白石康信編、泉三郎ほか著『海外・人づくりハンドブック　インドネシア―技術指導から生活・異文化体験まで―』（改訂版）海外職業訓練協会編、2005年。
加藤秀樹編『アジア各国の経済・社会システム―インド・インドネシア・韓国・タイ・中国―』東洋経済新報社、1996年。
スティーブ・R・コヴィー著（ジェームス・スキナー、川西茂訳）『7つの習慣―成功には原則があった！―』、キングベアー出版、1996年。
福谷正信編『アジア企業の人材開発』学文社、2008年。

第3章

インドネシア日系企業における人材育成

1. はじめに

　本章では、以前から日本との貿易・投資が活発に行なわれ、潜在力がかねてから注目されているインドネシアに進出した、日系企業におけるコア人材の育成や人材マネジメントの現状と課題を、ヒアリング調査に基づいて明らかにする。ヒアリング調査の対象企業はアンケート調査に応じてくれた15社から無作為に抽出した5社である。以下、Iは在インドネシア、Jは日系企業を表わし、IJA社からIJE社と呼ぶ。ヒアリングは2006年12月に行なった。ヒアリング対象企業5社の所在地はすべてジャカルタである。

　本章の目的は、調査実施企業5社に対するヒアリング調査に基づく縦断的研究・分析を主としながら、5社の全体的比較、すなわち横断的研究・分析を通じて在インドネシア日系企業の人材育成の類似性や相異を抽出することである。第1章のインドネシアにおけるアンケート調査結果と比較して見てもらいたい。

　本章における分析のフレームワークは次のとおりである。このフレームワークに基づき、ヒアリング調査の結果を分析・考察していく。

①コア人材の定義と充足度
②コア人材の採用と選抜
③コア人材の育成とキャリアパス
④コア人材を必要とする職種と評価・活用
⑤コア人材の定着策と早期に選抜・登用するコア人材育成制度に対する考

え方

2．ヒアリング企業の属性と事業内容

●IJA社

　IJA社は消費関連製造業で、業種は繊維製品（製糸）製造業である。1974年に設立され、進出目的は1位が安価な労働力で、2位が現地市場で現在は製品の70％は現地で販売されている。糸の原料は現地日系企業から調達している。3位が本社等関連企業との関係である。企業形態は日本側が95％を出資する多数合弁である。従業員数は現地従業員1,030人（うちホワイトカラー300人）、管理職200人（うち日本人30人）、役員5人（うち日本人4人）である。インドネシア人管理職170人の内訳は、部長が15人、課長が40～50人、残りがセクションのチーフである係長である。日本人管理職30人のうちラインに入っているものは6～7人で、ほかは短期で日本から出向している。現地法人としての権限は、人件費総額の決定、固定資産の購入・処分、生産・販売量の決定、現地法人の役員人事、現地広報活動について有しているが、貸付・借入・債務保証と新事業の企業化については権限を持っていない。

●IJB社

　IJB社も消費関連製造業であり、業種は殺虫剤製造業である。1990年11月に設立され、進出目的は1位が現地市場、2位が安価な労働力、3位が第三国への輸出である。同社はインドネシア市場で欧米メーカーに次ぐ3位である。10年前は輸出が8割を占めていた。現在も68カ国に輸出しているが、国内市場が70％になった。インドネシアの蚊は殺虫剤への抵抗力が日本の蚊の10倍強く、日本の殺虫剤では効かないといったことから、同国の市場潜在力は日本の8倍はあると考えている。同社の売上は過去3年間で2倍になった。企業形態は以前は現地企業も出資していたが、現在は日本側単独出資（殺虫剤メーカー77％、商社23％）である。従業員数は現地従業員290人（うちホワイトカラー180人）、管理職（部長に相当）12人（うち日本人4人）、役員の1

人にインドネシア人がいたが、2年前に定年退職した。現在は5人全員日本人である。現地法人として人件費総額の決定、固定資産の購入・処分、生産・販売量の決定、現地広報活動についての権限は有しており、さらにIJB社社長が日本本社の役員を兼ねていることもあり、現地法人の役員人事についての権限もある程度有している。貸付・借入・債務保証に関しては枠があり、その枠以上は本社の承認が必要である。新商品の開発・販売には権限を持つが、新事業の企業化については権限を持っていない。

● IJC社

IJC社は機械関連製造業であり、業種はオートバイ製造業である。設立は1974年6月で、進出目的は1位が現地市場、2位が法的・税制等の優遇措置、3位が安価な労働力である。インドネシアでは上位4社が日系メーカーで、90％のシェアを占めている。同社は2位でシェア30％以上である。同国では一時中国製オートバイの輸入が激増したが、部品の供給に問題があり、日系メーカー製品がシェアを挽回した。企業形態は90年に現地資本を吸収し、現在は日本側単独出資（オートバイメーカー85％、商社15％）である。従業員数は現地従業員6,500人（うちホワイトカラー500人）、管理職90人（うち日本人34人）、役員9人（うち日本人7人）である。現地法人としての権限は、現地広報活動以外はほぼすべて有している。

● IJD社

IJD社も機械関連製造業であり、業種は電力機器の設計・製造業（エンジニアリング業）である。設立は1991年6月である。進出目的の1位は得意先企業との関係、2位は現地市場、3位は安価な労働力である。インドネシアに進出した得意先企業に繊維製品を作るモーターを納めていたことから、駐在員事務所を1962年に開設した。企業形態は日本側が出資額の88％を持つ多数合弁である。日本企業の本社が75％、シンガポール支社が13％、現地企業が12％出資している。従業員数は現地従業員42人（うちホワイトカラー36人）、管理職5人（うち日本人1人、後述のように日本人を除く管理職は課長クラス）、役員2人（うち1人は日本人で社長、もう1人は副社長で出資先の現地企業の社長でも

あり、週2回出社する)。社長と管理職の日本人は同一人物で、社長がセールスマネジャーを兼務している。現地法人としての権限は役員人事を含めほぼすべて有している。かつて日本人役員は複数いたが、現社長が就任した時帰国させた。

● IJE社

IJE社は金融・保険業であり、業種はオートバイのローン会社である。2005年1月に既存の商社系自動車ローン会社とオートバイメーカー系ファイナンス会社が合併して設立された。進出目的の1位が現地市場、2位が本社等関連企業との関係（日本のオートバイメーカーとの関係）、3位が安価な労働力である。企業形態は商社が70％、オートバイメーカー系ファイナンス会社が30％出資する日本側単独出資である。従業員数は現地従業員2,000人、全員ホワイトカラーである。旧オートバイメーカー系ファイナンス会社出身が1,800人、旧商社系自動車ローン会社出身が200人である。管理職は同社の部長4人と支店長54人の計58人で、日本人は0である。役員は7人（うち日本人5人）である。役員は株主である親会社から出資比率に応じて、商社から5人、オートバイメーカー系ファイナンス会社から2人選出されている。常勤役員は4人で全員商社から選出されている。役員人事は株主総会マターのため現地法人に権限はないが、それ以外はほぼすべて権限を有している。

3．コア人材の定義・充足度

IJA社ではコア人材は部長クラスをイメージしている。コア人材は後述のように日本人が務めてきたこともあり、かなり不足していると感じている。

IJB社のコア人材の定義は、向上心があり自分の部門の課題を前向きに解決できる人で、部下を育てられる人と考えている。コア人材はかなり不足している。マネジャー（部長に相当）に2人、アシスタントマネジャーに2人コア人材になれると期待できるものがいる。

IJC 社ではコア人材は自分の考えをもって提案できる人で、まわりを巻き込める人である。コア人材はかなり不足していると感じている。

IJD 社のコア人材の定義はキーパーソンになれる人である。シンガポールとマレーシアでの駐在経験から、同社社長は現地法人を経営するにはキーパーソンが重要だと考えている。充足度についてはやや不足していると感じている。それは 5 つのセクションのうち実質的部長であるキーパーソンには現地人が 2 人しかおらず、（セールス部門は同社長が担当するので）2 人足りないためである。

IJE 社ではコア人材は幹部候補生と定義している。コア人材の充足度については、会社設立にあたり社員を大量採用しなければならなかったため、かなり不足していると感じている。

4．コア人材の採用・選抜

IJA 社では主要な決定を日本人だけで行なっていたため、現在までコア人材（にあたる人）は、日本本社から日本人を 4 年周期で派遣していた。部署を引っ張るような人が少ないので、コア人材の選抜要件としては、1 番にリーダーシップ、2 番目に問題解決力、3 番目に実行力が必要と考えている。コア人材を最終的に決定するのは、現地子会社の日本人社長と役員である。決定する時期は、年功序列的になっているので入社後 5 年以上であるが、優秀な人なら入社後 1 年以内でもコア人材として認められる可能性がある。

IJB 社はコア人材については、事務系職員は契約している人材紹介会社から採用し、開発スタッフはインドネシアの大学教員から紹介してもらっている。コア人材の選抜要件は、1 番目に将来性、2 番目に問題解決力、3 番目に語学力である。ディストリビューターにはインドネシア語が必要なため、社内言語はインドネシア語で社内文書や会議もインドネシア語である。しかし開発スタッフには英語も必要であり、半年単位で日本へ研修に行くことも

あるため、語学力も選抜要件となるのである。コア人材を最終的に決定する者は、現地子会社の社長・役員である。コア人材を決定する時期は2段階ある。第1段階は入社後1〜3年で管理職予備軍（日本の課長〜係長に相当）に昇進する時で、年1回行なわれ部長の推薦が必要である。第2段階は管理職（前述のように部長に相当）に昇進する時である。

　IJC社ではコア人材の採用に関しては、新聞・求人雑誌と職業紹介機構を通じて採用している。コア人材の選抜要件は、1位社内外での過去の実績、2位専門性、3位問題解決力である。コア人材として最終的に決定するのは、各部署が人事権を持っているため基本的に現地子会社の人事部門であるが、子会社の社長や役員が行なう場合もある。最終的に決定する時期は、入社後3〜5年である。同社は製造がメインなので、製造技術を覚えるには3〜5年かかるためである。

　IJD社のコア人材の採用は基本的に新卒採用であるが、ジョブホップされ空いた部署は職業紹介機構を通じて採用している。選抜要件は、1位専門性、2位問題解決力、3位人柄である。現社長が就任した当時（05年初め）社内で諍いが絶えなかったため、人柄が重要だと考えている。コア人材の決定は現地子会社の日本人社長・役員が行なっている。コア人材としてやれるかを見極めるには入社後5年は必要と考えている。

　IJE社は前述のように短期間で大量採用したため、新聞・求人雑誌等を用いた。仲介業者を使い、他社からヘッドハントすることもある。選抜要件の1位は社内外での過去の実績（部下のマネジメントの経験も含む）、2位は実行力、3位はリーダーシップである。コア人材として最終的に決定するのは、現地子会社の日本人社長・役員である。コア人材にふさわしい人は経営陣の会話のなかに自然と出てくるものである。決定する時期は入社後1〜3年である。

5．コア人材の育成・キャリアパス

　IJA社はコア人材の育成施策として、社外の研修機関へ派遣する方法をとっている。以前は日本へ派遣していたが、日本本社は繊維部門の縮小傾向にあり、受け入れ体制に余裕がないため、現在はシンガポールのビジネススクールへ1カ月派遣している。キャリアパスに関しては、これまでは一定年齢まで幅広い職務を経験させる方法をとってきたが、企業間の競争が厳しくなりじっくり育てる時間的な余裕がなくなってきたので、今後は狭い範囲の職務を経験させるスペシャリストのキャリアパターンにする予定である。

　IJB社のコア人材育成施策は、コア人材を意識した能力開発プログラムである。その方法は月3回土曜日に、部長になる前の管理職予備軍を集め、ジュニア・ボードを開いて、部長の仕事の説明やマネジメント全般の訓練をするというものである。コア人材のキャリアパスは、製造部門のなかでローテーションさせ、狭い職務を経験させて企業内スペシャリストを育成する方法をとっている。インドネシア人は自分のキャリアを重視するため、部門をまたがる異動は難しいと考えるからである。

　IJC社は現地コア人材を育成したいが、インドネシアでは工業化社会に相応しい教育が行なわれていないため、コア人材の育成施策として特別なことは行なっていない。OJTを主とした従業員教育となっており、現地人材に任せられないため、日本からの駐在員が多くなってしまう。キャリアパスに関しては、製造業でも1つの専門分野を身につけるだけでなく関係する分野を学ぶ必要があるので、狭い範囲の職務を経験させ、企業内スペシャリストを育成する方法をとっている。

　IJD社は現地コア人材の育成施策として、シンガポールの東南アジア統括拠点に派遣したり、AOTS制度を利用して日本へ派遣し、技術を学ばせるほか、日本からの技術者派遣により支援してもらっている。エンジニアリング業はマルチに仕事ができる必要があると考え、総務を除く営業、メンテナ

ンス、設計、工事の職場をローテーションさせている。これは負荷の標準化にもなると考えている。したがって、キャリアパスは、幅広い職務を経験させ、将来の中核となる人材を育成する方法である。

IJE社はコア人材になるにはさまざまな経験が必要であると考えているので、育成施策として、コア人材を意識したキャリア形成の方法をとっている。ファイナンス会社の仕事は、貸付、審査、営業、回収と部門が分かれているが、専門化し過ぎるとほかが見えなくなると考え、各部門をローテーションさせている。そこで、キャリアパスのパターンは1つの部門内の狭い範囲の職務を経験させ、スペシャリストを育成する方法をとっている。

6．コア人材の職種と評価・活用

IJA社ではコア人材が必要な職種として、現地の人でないと難しい総務・人事、財務・経理職のほかに、生産・技術職でも非常に必要としている。納入先の求める品質が厳しくなっているが、設備が老朽化していることもあり追いついていないため、生産・技術職でもコアとなる人材が必要となっている。昇進可能性は、前述のように現地コア人材が育っていないため、現在は子会社の部長クラスまでで、子会社の役員クラス以上は難しいと考えている。

IJB社では3年前までは日本で開発した製品を製造していたが、インドネシアに合った製品にアレンジする必要があるので、コア人材の職種として開発・設計、生産・技術職で必要としている。また、同社はマーケティング力の強化が必要で、営業職には部長クラスの給与を出しているが、3カ月の試用期間で半分が辞めてしまうため営業職も必要である。3年前に同社長が赴任した時、前任の社長と考えが異なったため、現地人材のNo.1とNo.2を辞めさせた。そのため現地コア人材は現在子会社の部長までしかいないが、役員に昇進可能な候補者がいる。3年間同社長は営業部長を兼務してきたが、営業費の管理を任せても大丈夫な者が育ち、決済権限を与えている。彼はま

だ41歳で、このままいけば5年以内に役員になるだろうと考えている。

　IJC 社は現地コア人材の職種として、インドネシア人でなければ理解できない部門である総務・人事と、製造業であるので生産・技術職で必要としている。開発・設計は日本で行なっているので、開発・設計職はあまり必要としていない。現地コア人材の昇進の可能性としては、現在は実質的に現地子会社の部長クラスまでであるが、現地人材をもう少し上まで登用したい考えはある。

　IJD 社では現地コア人材を営業職と財務・経理職で非常に必要としている。営業職が必要なのは現地企業からの受注が多いためである。また、財務・経理職は、支払いがルピア、ドル、円の3種類あるため、為替レートを見て支払いができる必要があるからである。現地コア人材の昇進の可能性は、現在は現地子会社の課長クラスしかいないため、同社長がいる間に部長クラスまで昇進させたいと考えている。

　IJE 社はコア人材の職種としては、営業、総務・人事職で必要としているが、その他に同社の業務の性格上審査、回収の職で非常に必要である。インドネシアでは、情報がデータベース化されていないため、審査が重要である。また、銀行引き落としになっていなかったり、顧客のなかには銀行口座を持たない人もいるので、回収が人海戦術にならざるを得ないからである。昇進について、現在インドネシア人役員はいるが、親会社からの出向であるため、現地コア人材の昇進は実質的には現地子会社の部長クラスまでであるので、将来的には生え抜きを現地子会社の役員に昇進させたいと考えている。

7．コア人材の定着策と早期に選抜・登用するコア人材育成制度に対する考え方

　IJA 社では給与・賞与の反映幅の拡大と裁量権の拡大がコア人材の定着策として非常に有効と考えている。前述のように同社は日本人中心に運営されてきたので、インドネシア人のモチベーションを下げてしまったのでないか

という今までのやり方の反省を込めて、裁量権を拡大することによりコア人材の定着に活用したいとしている。コア人材を早期に選抜・登用する制度は限られた人的資源を有効に活用するシステムであるが、インドネシアではミスをかばい合うなど、競争する風土がなく、飛び抜けると和を乱すと見られるため、あまり受け入れられないと考えられる。

　IJB社はコア人材の定着策として給与・賞与の反映幅の拡大、昇進・昇格のスピードが非常に有効であるとしている。裁量権の拡大も有効であるが、本人の能力を見極める必要があると考えている。コア人材を早期に選抜・登用する制度は、コア人材の要件を満たす人材は少ないが、世の中の変化に対応できるシステムであり、どちらかというと受け入れられるとしている。

　IJC社ではコア人材の定着策としては、給与・賞与の反映幅の拡大が非常に有効であり、能力開発の拡充や裁量権の拡大も有効だと考えられるので行ないたいとしている。コア人材を早期に選抜・登用する制度は、コア人材の育成に費用や時間がかかり、また要件を満たす人材も少ないが、限られた資源を有効に活用するシステムであり、能力があるものを魅きつけるシステムでもあるため、どちらかというと受け入れられると考えている。インドネシア人にはゴトン・ロヨン（助け合い）の考え方があり、突出を避ける傾向があるが、個性を認める雰囲気はあるためである。

　IJD社では毎年2人はジョブホップする人がいるため、シンガポールやマレーシアと同様にコア人材の定着策として、給与・賞与の反映幅の拡大と報奨金・奨励金制度などの金銭的なインセンティブが非常に有効であるとしている（前述のように同社長はインドネシアの前にシンガポールとマレーシアで駐在経験がある）。コア人材を早期に選抜・登用する制度は人材が流動化するなかで有効な人材育成システムであるが、選抜のための基準作りや評価が難しい。インドネシアの国民性はフェアにやることを求める一方、トラブルに巻き込まれるのを嫌う。コア人材に選ばれた人へのジェラシーもあるので、現在のところはあまり受け入れられないと考える。しかし、現在の課長クラスが部長になれば変わるかもしれないとも思われる。

IJE 社はコア人材の定着策としては、インドネシア人は上昇志向が強く、昇進とともに給料も増えるので、昇進・昇格のスピードが非常に有効であると考えている。また、金銭だけでなく、自己実現や信頼されているという精神的満足感も重要なので、能力開発の機会の拡充と裁量権の拡大もかなり有効である。コア人材を早期に選抜・登用する制度は、要件を満たす優秀な人材が少ないが、インドネシアのように人材の流動性が高い社会では有効な人材育成システムである。コア人材となったことがわかる状態になれば、本人のモチベーションになるので、どちらかというと受け入れられるとしている。

8．おわりに

　在インドネシア日系企業5社のコア人材に対する取り組み状況のヒアリング結果をまとめると、図表3-1のようになる。これをもとにこれまでの考察結果を要約すると、次のとおりである。
　第1に、コア人材の定義とコア人材の充足度で、コア人材の定義は部長やキーパーソン（実質的部長）と地位をイメージする人と、部下を育成できる人・自分の考えをもって提案できる人・幹部候補生など地位にかかわりなくイメージする人に分かれた。コア人材の充足度はかなり不足が4社、やや不足が1社で、アンケートと同様に計算すると5社の平均は－1.8pであり、不足感がかなり強い。その理由はヒアリングによると、1社を除き現地法人設立から15～30年経つが、人材が育っていないからだと思われる。
　第2に、コア人材の採用と選抜要件で、採用方法は職業紹介機構を通じた採用と新聞・雑誌等による採用が各2社、新規学卒者の定期採用、日本本社からの派遣・出向、他社からのヘッドハントが各1社（複数回答）であった。選抜要件はアンケートと同様に計算すると、問題解決力が7pでトップ、次が社内外の過去の実績（6p）、以下専門性（5p）、リーダーシップ（4p）と続く。問題解決力の必要度が高い理由は、実際はそういう人材に乏しいからと

図表3-1　インドネシア日系企業ヒアリング調査結果の概要

質問事項	IJA社（消費関連製造業）	IJB社（消費関連製造業）
企業概要 　事業内容	進出時期　1974年 繊維製品製造	進出時期　1990年11月 殺虫剤製造
進出目的	安価な労働力、現地市場、本社等関連企業との関係	現地市場、安価な労働力、第三国への輸出
企業形態	多数合弁（日本側95％保有）	日本側単独出資（殺虫剤メーカー77％、商社23％）
従業員数	現地従業員数1,030人（うちホワイトカラー300人） 管理職200人（うち日本人30人）、役員5人（日本人4人）、インドネシア人管理職は、部長15人、課長40～50人、残りが係長（セクション・チーフ）	現地従業員数290人（うちホワイトカラー180人） 管理職12人（うち日本人4人）、役員5人は全員日本人。2年前までインドネシア人役員がいたが定年退職
現地法人の権限	人件費総額の決定、固定資産の購入・処分、生産・販売量の決定、現地法人の役員人事、現地広報活動	人件費総額の決定、固定資産の購入・処分、生産・販売量の決定、現地広報活動。現地法人の役員人事についてもある程度有する
コア人材の定義・充足度	部長クラスをコア人材と考える。今まで日本人が務めてきたのでかなり不足	向上心があり、部下を育てられる人、かなり不足。現在コア人材になれそうな人が4人いる
コア人材の採用方法 ・ 選抜要件	今までは日本人を4年周期で派遣、インドネシア人コア人材を育成してこなかった リーダーシップ、問題解決力、実行力。現地で育成してこなかったので部署を引っ張れる人が少ない	事務系は人材紹介会社から採用 開発スタッフは大学からの紹介 将来性、問題解決力、語学力（開発スタッフには英語必要、研修で日本へ行くこともあるため日本語も必要）
コア人材の最終決定者	現地子会社の日本人社長・役員	現地子会社の日本人社長・役員
コア人材の決定時期	入社後5年以上必要だが、優秀なら1年でも可能	第1段階：入社後1～3年（管理職予備軍への昇進時）、第2段階：管理職昇進時
コア人材の育成 と キャリアパス	社外の研修機関へ派遣（現在はシンガポールへ）。日本では受け入れる余裕がなくなった キャリアパスは幅広い職務を経験させる方法だったが、今後は狭い職務を経験させ、スペシャリストを育成する方法へ変更予定	コア人材を意識した能力開発プログラム。管理職予備軍を集めてジュニア・ボードで訓練する キャリアパスはスペシャリストを育成する方法をとる。製造部門のなかでローテーションさせる

第3章　インドネシア日系企業における人材育成

IJC社（機械関連製造業）	IJD社（機械関連製造業）	IJE社（金融・保険業）
進出時期　1974年6月 オートバイ製造	進出時期　1991年6月 電力機器の設計・製造、エンジニアリング	進出時期　2005年1月 オートバイ・ローン
現地市場、（現地市場で2位、30％のシェア持つ）法的・税制等の優遇措置、安価な労働力 日本側単独出資（オートバイメーカー85％、商社15％）	得意先企業との関係、現地市場、安価な労働力 駐在員事務所は1962年に開設 多数合弁（日本側88％、現地企業12％）	現地市場、本社（オートバイメーカー）との関係、安価な労働力 日本側単独出資（商社70％、オートバイメーカー系ファイナンス会社30％）
現地従業員数6,500人（うちホワイトカラー500人）管理職90人（うち日本人34人）、役員9人（うち日本人7人）	現地従業員数42人（うちホワイトカラー36人）、管理職5人（うち日本人1人）、役員2人（うち日本人1人）。日本人社長がセールスマネジャー兼務	現地従業員数2,000人（全員ホワイトカラー）、管理職58人（うち日本人0）、役員7人（うち日本人5人）。役員は親会社の出資比率に応じて選出
現地広報活動以外ほぼすべての権限を有している。	現地法人の役員人事を含めすべての権限を持つ	現地法人の役員人事以外はすべての権限を持つ
自分の考えを持って提案できる人。 かなり不足	キーパーソンになれる人 キーパーソンが2人いないためやや不足	コア人材は幹部候補生 会社設立にあたり大量採用しなければならなかったのでかなり不足
新聞・求人雑誌や職業紹介機構を通じて採用	基本的に新卒を定期採用、空いた部署は職業紹介機構を通じて採用	短期間で大量採用したため新聞・求人雑誌を用いた。ヘッドハントすることもある
社内外での過去の実績、専門性、問題解決力	専門性、問題解決力、人柄（現社長が就任した当時諍いが絶えなかったため、人柄も重要だとしている）	社内外での過去の実績、実行力、リーダーシップ
現地子会社の人事部門（各部署が人事権持つ）	現地子会社の日本人社長・役員	現地子会社の日本人社長・役員（コア人材に相応しい人の名前が経営陣の会話のなかに出てくる）
製造技術を覚えるには入社後3～5年必要	コア人材としてやっていけるか見極めるには入社後5年は必要	入社後1～3年
コア人材の育成策として、特別なことは行なわない。当地は工業化社会に相応しい教育が行なわれていない 製造業でも関係する分野を学ぶ必要があるため、キャリアパスはスペシャリストを育成する方法をとる	シンガポールの東南アジア統括拠点に派遣したり、日本で技術を学ばせたりしている エンジニアリング業はマルチに仕事ができる必要がある。部署をローテーションさせている。キャリアパスは、幅広い職務を経験させる方法である	コア人材を意識したキャリア形成策をとっている 専門化し過ぎるとほかが見えなくなるので、キャリアパスは狭い職務を経験させ、スペシャリストを育成する方法をとっている

67

質問事項	IJA社（消費関連製造業）	IJB社（消費関連製造業）
コア人材の職種	現地の人でないと難しい総務・人事、財務・経理。品質要求に設備が追いつかないため、生産・技術でも必要になった	マーケティング力を強化するため営業職必要、生産・技術職だけでなく、現地向け製品開発のため開発・設計も必要
評価・活用	昇進の可能性は、コア人材が育っていないため子会社の部長クラスまでで、現在役員は難しいと考えている	コア人材の昇進は、現在は子会社の部長クラスまでだが、近い将来役員になれそうな人がいる
コア人材の定着策	コア人材の定着策として給与・賞与の反映幅の拡大が非常に有効。また日本人中心に運営してきたため裁量権の拡大で定着に活用したいと考えている	コア人材の定着策として給与・賞与の反映幅の拡大、昇進・昇格のスピードが非常に有効。裁量権の拡大は本人の能力を見極める必要がある
コア人材を早期に選抜・登用する人事制度に対する考え方	コア人材という考え方は、限られた資源を有効に活用するシステムであるが、競争する風土がないためあまり受け入れられない	コア人材という考え方は要件を満たす人材が少ないが、世の中の変化に対応できるシステムであり、受け入れられる

考えられる。社内外の過去の実績は会社設立時に社内外の過去の実績で大量採用した会社があったためであろう。専門性はヒアリング対象企業の5社中4社が製造業であることと関係すると考えられる。リーダーシップは日系企業でコア人材となるのに必要とされることが多い要件である。

第3に、コア人材の育成とキャリアパスで、コア人材の育成策はコア人材を意識したキャリア形成が2社、社外の研修機関へ派遣するが2社、特別なことはしないが1社である。キャリアパスは、狭い職務を経験させ企業内スペシャリストを育成する方法が3社、幅広い職務を経験させる方法が2社である。インドネシア人はキャリアを重視するが、専門化し過ぎるとほかが見えなくなるので、スペシャリストを育成する方法を主とし、職務範囲を広げようとしている。

第4に、コア人材を必要とする職種と評価・活用で、必要とする職種はアンケートと同様に計算すると、最も必要とされる職務は営業職で2.4p、次いで財務・経理職と総務・人事職2.2p、生産・技術職2.0pと続く。営業職

IJC 社（機械関連製造業）	IJD 社（機械関連製造業）	IJE 社（金融・保険業）
現地の人でないと難しい総務・人事の他に製造業なので生産・技術も必要。開発・設計は日本で行なうためコア人材は不要	コア人材の職種は、営業と財務・経理で必要 営業は現地企業からの受注が多いためで、財務・経理は為替レートを見て支払う必要があるからである	コア人材の職種は営業、総務・人事のほかに業務の性格上審査、回収で非常に必要である。審査は重要で、回収も人海戦術にならざるを得ないからである
現在子会社の部長クラスまでであるが、現地人材をもう少し上まで登用したい	昇進の可能性は、現在は子会社課長クラスまでしかいないため、部長クラスまで昇進させたい	現在のインドネシア人役員は親会社からの出向なので、将来は生え抜きを子会社の役員に昇進させたい
コア人材の定着策として給与・賞与の反映幅の拡大が有効。能力開発の拡充、裁量権の拡大も有効なので行ないたいと考えている	コア人材の定着策として給与・賞与の反映幅の拡大と報奨金・奨励金などの金銭的インセンティブが非常に有効	コア人材の定着策としてインドネシア人は上昇志向が強いので、昇進・昇格のスピード、また信頼感も重要なので能力開発機会の拡充、裁量権の拡大が有効
コア人材という考え方は育成に費用や時間がかかり、コア人材としての要件を満たす人材が少ないが、能力があるものを魅きつけるシステムで受け入れられる	コア人材という考え方は人材が流動化するなかで有効な人材育成システムであるが、選抜のための基準作りや評価が難しい。選ばれた人へのジェラシーもあるため受け入れられない	コア人材という考え方はコア人材としての要件を満たす人材が少ないが、人材の流動性が高い社会では有効な人材育成システムである。本人のモチベーションにもなるので受け入れられる

が最も高い理由は、進出目的の1位が現地市場であることと関係すると考えられる。財務・経理と総務・人事はインドネシア人が担当した方が良いと考えられている。アンケート調査よりも生産・技術職が相対的に低い理由は、非製造業が1社含まれているからだと思われる。評価・活用で昇進させる職位は、子会社の役員クラス2社、子会社の部長クラス3社である。部長までという企業は、現地法人設立から15〜30年経つが、コア人材が育っていない企業である。

　第5に、コア人材の定着策と人材育成制度に対する考え方で、コア人材の定着策はこれもアンケートと同様に計算すると、最も有効な施策は給与・賞与の反映幅の拡大 2.6 p、次いで昇進・昇格のスピード 2.4 p、裁量権の拡大 2.2 p である。給与・賞与の反映幅の拡大はどこの国の日系企業でも有効度が高い。コア人材を早期に選抜・登用する人材育成制度に対しては、どちらかというと受け入れられるが3社、あまり受け入れられないが2社である。これもアンケートと同様に計算すると 1.6 p で、調査した日系企業のなかで

最も低い[1]。この理由として、コア人材の要件を満たす人材が育っていないこととインドネシア人の間で競争する風土があまりないことが指摘されている。

〈注〉
(1) 筆者はアジア11カ国・地域（中国、韓国、台湾、香港、ベトナム、タイ、マレーシア、シンガポール、インドネシア、フィリピン、インド）の日系企業でコア人材の育成について調査した。

〈参考文献〉
海外職業訓練協会『インドネシアの日系企業が直面した問題と対処事例』海外職業訓練協会、2006年。
白石康信編、泉三郎ほか著『海外・人づくりハンドブック　インドネシア―技術指導から生活・異文化体験まで―』（改訂版）海外職業訓練協会、2005年。
鈴木岩行「ベトナム・フィリピン・インドネシアにおける日系企業のコア人材育成―在中国日系企業との比較を中心に―」『和光経済』第40巻第2・3号、2008年。

第4章

インドネシア台湾系企業における人材育成

1．はじめに

　本章では、在インドネシア台湾系企業の人材育成について検討し、その現状、問題点および今後の課題を明らかにしていきたい。本章は2007年8月に実施したインドネシア台湾系企業3社（無作為抽出）に対するヒアリング調査に基づいて、調査内容を整理・類別し、検証を加えたものである。ヒアリング調査対象企業はいずれも典型的な台湾の小規模企業であり、本書第2章で検討されているインドネシアの現地大手企業に比べ、中小企業ゆえのさまざまな制約から、必ずしも体系的、計画的な人材育成システムの構築までには至っていないように思われる。しかし、インドネシア（および東南アジア）進出の台湾企業の主力が中小製造業企業であることを考えれば、今回のヒアリング調査は一定の現実性を帯びると考える。本章の目的は在インドネシア台湾系企業の人材育成の現状を確認し把握したうえで、台湾系企業の人材マネジメントの考え方やそれが経営活動に与える影響を浮き彫りにし、調査から得られた結論を示すことにある。

　なお、ヒアリング調査のフレームワークは次のとおりである。本章ではこのフレームワークに基づいて各項目の調査結果を検証していきたい。
　①コア人材の定義と過不足感
　②コア人材の採用、選抜と求められる能力
　③コア人材の育成とキャリアパス
　④コア人材の評価とインセンティブ・ポリシー

⑤コア人材の定着策と今後の課題

2．調査対象企業の事業内容、会社概要

　今回のヒアリング調査対象企業は在インドネシア台湾系企業 ITF 社、ITG 社、ITH 社の3社であり、調査場所はいずれもジャカルタ市内である。まずは3社の事業内容、企業属性、進出目的および現地法人の権限等について記しておこう。

　●ITF 社

　ITF 社は素材関連製造業で、繊維染色用染料の製造・販売（卸売・小売）を行なっている。台湾本社従業員数は約80人、現地法人従業員数は約60人（このうちホワイトカラー12人）、管理者3人（うち台湾人2人、中国系インドネシア人〔以下華人〕1人）となっており、役員は台湾人の1人のみである。安価な労働力の利用と現地市場への販売を目的にインドネシアに進出し、1990年現地法人を設立した。しかし、同社によれば、20年前の進出当時では人件費が低廉であったが、現在は毎年のように最低賃金の引き上げが続いているので、低賃金のメリットが少なくなったうえ、賃上げや労働条件の改善を要求するデモも頻発し、労働問題は大きな課題となっている。現在事業を始めるのであれば、むしろ中国の方が有利と考えているようだ。同社の事業所はジャカルタにあるが、工場は気候が紡績業に適合しているバンドンにある。製品の販売は最終製品を生産し、自社ブランドで販売している。販売先はインドネシア現地販売80％、タイなど第三国への輸出は20％となっている。同社の企業形態は単独出資である。現地法人の権限は極めて大きく、事業計画、資金、人事などほぼすべての権限を親会社から委譲されている。

　インドネシアには複雑な民族問題があり、大企業は各地域から従業員を募集しているので、さまざまな問題が起きたが、ITF 社では地域を限定して募集しているため、社内では異種族従業員間のトラブルが発生していないと

第 4 章　インドネシア台湾系企業における人材育成

いう。

●ITG 社

ITG 社は原材料製造業で、ケミカル・プラスチック素材の製造、販売を行なう会社である。1992 年 1 月インドネシア現地法人を設立し、多数合弁（台湾本社 60％、インドネシア現地企業 28％、シンガポール系企業 12％）の企業形態をとっているが、当然ながら台湾本社がマジョリティを占めている。本社従業員数 200 人、現地法人従業員数 171 人（うちホワイトカラー 18 人）。管理職は台湾人 2 人で、1 人は社長（インドネシア駐在 8 年目）、もう 1 人は工場長（同 1 年目）である。役員数は 5 人（うち台湾人 4 人）。生産・営業タイプは自社の仕様で材料や部品を加工・生産し、不特定のユーザーに販売している。当社の製品はメラミン樹脂、プラスチックおよび紙塗料が中心だが、製品の 8 割以上を海外（バングラデシュ、中国、中東諸国、韓国など）に輸出し、15〜20％を現地市場で販売している。進出当初はローカル・マーケットに大きく期待していたが、その規模は予想よりはるかに小さいと認識されている。

インドネシアへの進出は、現地でビジネスを成功させた台湾系シンガポール人に共同出資を誘われ、それに応じたのがきっかけだった。当時（1990 年代初頭）、台湾政府の南向政策（東南アジア、南アジアへの進出奨励政策）にも後押しされ、進出を決定し現在の会社を設立した。進出目的は低廉な労働力の利用と現地市場での販売であり、企業形態は共同出資だが、会社経営はすべて台湾本社および現地台湾人経営者に任せられている。現地法人の権限について、人事、生産・販売計画は親会社から委譲されているが、利益配分や再投資、固定資産の購入、新規事業の開発および資金調達、現地法人の幹部人事に関しては決定権がすべて台湾本社にあり、その指示に従わなければならない。

●ITH 社

ITH 社は消費関連製造業に属し、家具の製造・販売を行なう会社である。台湾本社は従業員数約 100 人の小規模企業だが、本社の単独出資で 1995 年 2 月現地法人を設立した。生産・販売タイプは最終製品（家具）を生産し、

他社のブランドで販売するものであり、すべての製品をヨーロッパ市場に輸出している。同社によれば、会社設立してから20年あまり経過した現在、販売先のバイヤーを確保できるようになった。ちなみにインドネシア現地市場での販売は考えていないという。また、新しい市場の開拓についても消極的であり、その理由はエージェントによるマーケット・リサーチや販売ルートの構築を行なわなければならないが、会社の人材状況から見ればかなり困難であること、また、同社の問題はマーケットではなく製造の方にあり、ヨーロッパから大量に注文がきていても、生産量が限定的であるため、需要に追いつかないのが現状である。同社の経営トップは毎月ジャカルタで過ごす時間が20日程度で、残りは台湾、ヨーロッパ、そして家族のいるシンガポールで過ごすという。

現地従業員数はジャカルタ、チルボンなどにある3工場でそれぞれワーカーが約100人、ホワイトカラー・スタッフが20人、合計約360人になるが、男性が大半（80％）を占める。女性は倉庫管理、パッキングなどの部署に配置されている。現地法人の権限は極めて大きく、幹部人事、資金調達、生産・販売計画のすべてにおいて現地の社長が決定権を持つ。社長がインドネシアを離れる時には、社長助理（台湾人の副社長）に任せている。重大事項に関しては、電話、メールを通して社長の指示を仰いだうえで決定するという。中間管理職の権限については、工場長には大きな権限を与えるが、グループ長（課長相当）、工程長（係長）には決定権を与えていない。グループ長や工程長は決定する必要がないと考えるからである。工場長以下の中間管理職の権限はヨーロッパの顧客との連絡、納期の確認、バイヤーへの製品の出来具合の報告に限定され、価格や販売量についての交渉権を与えないことになっているようだ。

同社によれば、23年前（1984年）に海外進出を決定した際、中国、タイ、ベトナム、インドネシアを候補地として見比べた結果、インドネシアが家具用原材料（木材、籐、竹など）が最も豊富で入手しやすいこと、人口が多く労賃が安いことから、この国なら生産コストを低く抑えられようと判断し、イ

ンドネシアへの進出を決断したという。

　上記調査対象企業の事業内容、企業属性から以下の点を確認することができる。第1に、3社はいずれも1990年代前半にインドネシアに進出した典型的な台湾中小製造業企業であり、進出目的はインドネシアの安価な労働力と豊富で低廉な原材料の利用、ローカル・マーケットでの販売であったが、現地の市場規模は当初の予想を下回ったため、製品の大半を第三国へ輸出する展開となっている。第2に、企業形態については、ITF、ITH社は単独出資であり、ITG社は合弁だが、マジョリティを占めているので、台湾系企業3社とも現地での経営権を掌握している。第3に、現地法人の権限については、ITF、ITH社は極めて大きく、経営のすべてを任せられているのに対して、ITG社は現地の人事権を委譲されているものの、利益の分配や新規事業の開発などについては権限が与えられていないなど、3社には違いが見られる。

3．コア人材の定義と過不足感

　ITF社、ITG社ではコア人材とは決定権を持つ管理者と理解されている。具体的にはITF社では総務・人事、財務・経理、マーケティング（営業）のリーダーを指し、マーケティング以外の部署では台湾人でなければ務まらないと考えている。ITG社は会社の財務、人事、渉外関係などの決定権を持つ人材がコア人材としているが、この定義からすれば、同社のコア人材は台湾人である社長と工場長の2人のみとなる。人材の過不足については、ITF社は役員クラス、部・課長クラス、スペシャリストがやや不足としており、ITG社は管理部門のスタッフとスペシャリストはやや不足と感じているが、役員クラス、部・課長クラスの人材は充足していると認識している。

　ITH社では20人の従業員を管理するものをコア人材と見なしている。20人というのはあくまで目安であり、工程によっては27人の場合もあれば、

19人の場合もある。部・課長クラスの管理職、スペシャリストはかなり不足しており、特に設計・デザイン関係の人材は1人しかおらず、その後継者の育成が急務とされている。

4．コア人材の採用、選抜と求められる能力

　ITF社は新聞・求人雑誌および社員の紹介による採用が比較的に多い。コア人材の選抜要件は、経験を重視するので、まず社内での実績が必要となる。その次にリーダーシップ・管理能力および人柄・人望を条件としている。学歴はそれほど重視していないという。人材に求める能力としては、他社との取引能力、仕事につながる社外の人脈作り能力、情報機器を使いこなす能力、コミュニケーション能力、部下を育てる能力などをあげている。人材選抜の最終決定権は現地子会社の社長、役員にあり、基本的には内部昇進である。決定時期は入社後何年という明確な規定はない。その理由はポストが限られているので、上位のポストが空くかどうかが昇進に影響するためである。

　ITG社はコア人材の採用方法として、本社からの派遣、新聞・雑誌広告による募集、社内従業員の紹介、他社からのヘッドハンティングを利用している。同社では人材に最も求めているのは人物の品格であり、誠実かどうかが重要な選抜要件となる。管理能力も必要であるが、専門知識はそれほど重視していない。学歴は大卒以上を条件としているが、必ずしも一流大学やトップレベルの卒業生には限定されていない。語学力について社内用語は英語なので、英語の会話力が求められている。

　ITH社のコア人材採用は中途採用が中心である。離職率が低いので、新卒の定期採用は行なわれていない。退職者から生じた欠員は社員の紹介によって採用されている。この採用方法のメリットは新人が企業組織に溶け込みやすく、周囲とのトラブルが起きにくい点と考えられている。インドネシア政府（労働省）の規定に基づいて、採用後3カ月間は試用期間としており、

この期間中に重大なミスを犯すなど、過失があれば不採用にすることができる。しかし、その後の6カ月契約、1年契約期間中に不採用となった場合は、労働省に対してその理由を説明しなければならない。コア人材の学歴は特に重視されていないが、同社のホワイトカラー・スタッフはほぼ全員大卒である。選抜時期は入社してから3年が経過した時としている。同社の人材選抜方法は次のとおりである。管理者人材が足りないと感じた時に、社長自ら従業員から意見を求め、その意見を参考に条件に適する者を選出する。「条件」とは、第1に、入社してから3年以上経過していること、第2に、人柄が良く、従業員に信頼され尊敬されていることである。インドネシアは多民族国家であり、民族問題は非常に敏感な問題なので、その対応に神経を尖らせているという。ITH社ではかつて異民族（あるいは同民族の異部族）従業員間に衝突が起きた経緯がある。同社によれば、設立3年目に従業員の対立による大規模な紛争が発生し、死傷者まで出したという。こうした苦い経験から、管理者人材の選抜は極めて慎重に行なわなければならないと認識されている。インドネシア人従業員はヨソの地域の人間に管理されたくない意識が強いので、一歩間違えば収拾がつかなくなるとの懸念を持っている。

　コア人材に求める能力は学歴や仕事上の能力ではなく責任感であり、責任感こそ最も重要だと認識されている。同社は23年間オリジナル商品を製造し続け、常にヨーロッパから注文が絶えないなど、順調な経営活動を展開してきたにもかかわらず、より大規模な企業に成長できなかった。その原因は責任感のある管理者人材が育たなかったからであると考えている。たとえば、管理者は週間目標額を決め、スケジュール表にもサインしているものの、目標額を達成しなかった時が非常に多いという。そして、管理者は目標を達成できなかった原因の究明にも無頓着で、言い訳を繰り返して責任を逃れようとし、結局は会社が損失を被ることになる。管理者の目標達成意欲や仕事に対する責任感のなさが、企業成長のボトルネックになっていると強く認識されている。上記の事例と関連して、コア人材に求める能力はまず品格（人柄）や責任感であり、その次に管理能力、対外交渉力、社内での協調的人間関係

を求めたいとしている。

5．コア人材の育成策とキャリアパス

　ITF社ではコア人材の育成を意識した能力開発プログラムを実施している。このプログラムに基づいて、全社的経営管理能力研修と管理職研修が行なわれている。キャリア形成については、一定年齢までに1つの職務で高度な専門性を身につけ、その分野のプロフェッショナルを育成する方法をとっている。
　ITG社のホワイトカラー（中間管理職）人材は現在18名いるが、全員現地人である（図表4-1参照）。このなかから将来、会社経営を担うコア人材を育成しようと考えている。この18人は各セクションの中堅人材であり、全員大卒であるが、仕事を通じて彼らの働きぶりや能力を見極めながら育成していく方針（OJT）である。エンジニア人材は新規採用の1年生社員から縦に育て上げていくが、その他のコア人材は内部育成とヘッドハンティングを併用している。同社のヘッドハンティングについては次の事例がある。財務グループに優秀な女性スタッフがいるが、彼女は入社して6年目に競合他社に

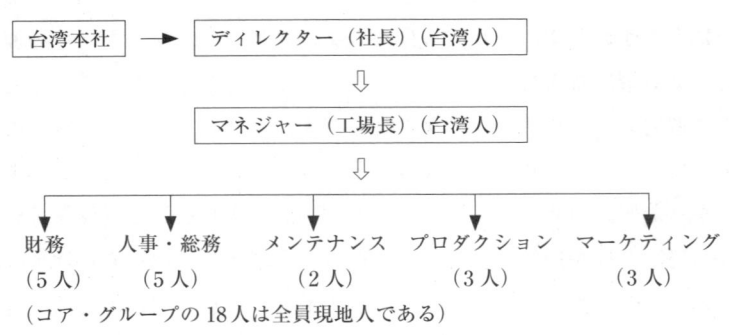

```
台湾本社 → ディレクター（社長）（台湾人）
              ⇩
          マネジャー（工場長）（台湾人）
              ⇩
  ┌────┬─────┬──────┬──────┬──────┐
 財務　　人事・総務　メンテナンス　プロダクション　マーケティング
 (5人)　 (5人)　　 (2人)　　　　(3人)　　　　 (3人)
```
（コア・グループの18人は全員現地人である）

図表4-1　ITG社経営組織図

出所：ITG社資料により作成。

引き抜かれたため、その後の3年間に彼女に代わる人材を探し続けたが、適任者は見つからなかった。同社にとって彼女は必要不可欠な人材であると考えているので、引き抜いた会社より高い報酬を支払って彼女を取り戻したという。このように確実に必要なコア人材、または即戦力となる人材であれば、ヘッドハンティングも辞さない方針をとっている。

ITH社のコア人材育成は基本的にOJT方式をとっている。ホワイトカラーに関しては、まず同社の仕事の手順を示すファイルを読ませることから始め、会社の考え方を頭に叩き込んでからミーティングに参加させ、仕事の内容や流れ、具体的なやり方を理解し覚えさせている。社長自ら教えることもしばしばである。キャリアパスは必要ないと認識されており、この考え方は台湾本社のポリシーとも一致しているという。ワーカーに関しては、仕事のなかで先輩社員、経験者に教わり、体験学習を通じて体で覚えさせている。

6．コア人材の評価とインセンティブ・ポリシー

ITF社では営業、財務・経理、開発・設計、生産・技術についてのコア人材を必要としている。コア人材の昇進の可能性に関しては現地子会社の部長クラスまで可能だが、販売チーフ（部長）だけは現地の華人を昇進させ起用しているのが現状である。それ以上の現地化のネックは技術面にあるとしている。そもそも技術面から商品のよさを顧客に説明できなければ売れないことは自明の理だが、技術を理解できる現地の人材は少ない。そのために台湾人は少なくとも2人が必要であり、これ以上は改善する余地がないと考えている。同社の社内用語はインドネシア語であるが、技術用語のみ中国語を使い、華人に通訳させているという。インセンティブ・ポリシーは給与、賞与など金銭面の刺激策が多用されている。

ITG社はITF社同様、最も有効な刺激策は給与としている。給与の構成は年収でいえば、基本給（固定給）12カ月分、ボーナス4カ月分となっている。

インドネシア政府の規定によれば、最低賃金は13カ月分以上支払わなければならないが、同社はこれに3カ月分上乗せする内容となっている。給与の設定基準について、ホワイトカラーの場合は仕事の性質や個人の能力によって、賞与には最大4倍の差をつけている。エンジニア、技術者の給与は最も高く、その次は財務関係のスタッフである。同社にとって技術部門と財務部門は最も重要なセクションなので、優遇する必要があるとしている。ワーカーの場合は仕事量（出来高）と年功序列を総合して評価している。目標をクリアし、さらにそれを超す仕事をしていれば、ボーナスも割り増しになる仕組みとなっている。

ITH社における報酬の構成は基本給プラスボーナスである。インドネシア政府の規定に基づく地域別最低賃金が設定されているので、それに準拠した基本給が決められている。福利厚生手当には交通費手当、食費手当が含まれ、週単位で支払っている（毎週土曜日に次週分を支払う前払い制）。ボーナスをインセンティブ・ポリシーとして活用し、月単位で支払っている。たとえば、生産量が20コンテナの目標額に達成していれば、副社長から運転手や配送係まで全員にボーナスを支払う「出来高報奨金制度」を実施している。しかし、目標額を達成しなかった場合の罰則は設けられていない。

7．コア人材の定着策と今後の課題

ITF社では経営者として独立しようとする者をあまり引き止めないが、引き止める場合は報奨金制度の活用、能力開発の機会の拡充、福利厚生の充実などを有効に利用し、コア人材の定着に努めている。ITF社は、コア人材制度は選抜のための基準作りや評価が難しいと感じているようだが、概ねコア人材システムを評価しており、この制度は受け入れられると認識している。

ITG社ではコア人材の定着には給与・賞与の反映幅の拡大が最も有効であり、一般従業員から管理職まで退職者は極めて少ないので、社員は給与に

満足していると認識されている。今後の最大の課題は人材の現地化としている。現地人の起用をできるだけ早い時期に実現したいと考えており、台湾本社もその実現に積極的である。人材の現地化を急務とする背景には、現地駐在員を容易に派遣できなくなったことと、駐在員の人件費が高く、経営を圧迫していることがある。近い将来、社長と工場長のどちらか1人だけ台湾人が務め、もう1人は現地人に任せたいと考えている。同社に隣接するアメリカ系企業では、アメリカ人駐在員は皆無で、経営者を含めて全員が現地人であり、人材の現地化を徹底していることを目のあたりにして、当社もできるだけ早く人材の現地化を実現したいと強く感じているという。

　もう1つの課題は今後、いかに信頼できる中間管理者を育成していくかである。現地の文化、歴史、習慣とも関連するが、インドネシア人は信用していない他人に管理されたくないという意識が非常に強いので、トップ（社長、工場長）が安心して仕事を任せられ、かつ従業員に信頼され、管理能力のある中間管理者の育成が極めて重要であり、また緊急性を要する課題であるとしている。こうしたコア人材の育成は短期間では難しいが、トップ経営者と一般従業員との架け橋である中間管理者の育成をぜひとも実現していきたいとしている。

　ITH社は人材の定着率が高く、20年以上勤務している者も少なくないという。定着率が高い理由は2つあるが、1つは、競合他社に比べ給与額が約20％高く、これがインセンティブにつながっているとされている。ようやく一人前になった人材の退職は会社にとって大きな損失なので、彼らが辞めないように意識的に高い報酬を設定している。もう1つの理由は温情的労務管理を実施しており、罰則を設けていないことである。管理者に対する勤務時間についての拘束も緩やかで、1日およそ7時間勤務すればよいとしている。スタッフは一応、タイムカードを持っているが、会社が使用状況をチェックしたことは一度もないという。たとえば、30分遅刻したら、好きな時間に30分仕事をし、その分を取り戻せばいいとしている。このように、コア人材は報酬や労働時間に満足しているので、長く働けるのではないかと判

断している。

　人材の現地化についてであるが、23年前会社を設立した時に台湾人スタッフは9人いた。その9人はほぼ全員技術者で、現地人の技術指導に努めていた。現在台湾人は社長、副社長のみで、工場長以下の管理職は全員現地人である。人材の現地化は実現したと認識されている。台湾人駐在員がそれほど必要でない背景には、台湾政府の積極的な支援があるからとされている。台湾には「生産力中心」（生産技術センター、日本生産性本部〔JPC〕にあたる）という政府機構があり、外国に進出した台湾系企業が要請すれば、いつでも現地工場の技術改良、生産効率化のアドバイスを受けられるという。人材マネジメントの最大の課題は責任感のある中間管理者の育成と認識されている。

8．おわりに

　在インドネシア台湾系企業に対するヒアリング調査結果の概要は図表4-2になる。この調査結果を踏まえて、コア人材の育成における3社の異同点をまとめると同時に、調査対象企業のコア人材育成の特徴、およびそれに関連するいくつかの問題を中心に、本章の結論を記しておきたい。

　第1に、コア人材の定義、過不足感について、2社は「決定権を持つ管理者」とし、1社は「従業員を管理する者」としているので、コア人材とは「一定の権限を持つ管理者である」という認識が各社に共通している。言い換えれば、3社はいずれもコア人材イコール管理者との意識が強く、たとえば、日本で考案された「資格と役職の分離」という考えに基づいた「職能資格制度」、または「複線型資格制度」的な発想がないように思われる[1]。また、ITF社ではマーケティングを除くコア人材は台湾人に限るとし、ITG社ではコア人材の定義に当てはまる管理者は台湾人の2人のみとしていることから、経営者の基準から見た現地のコア人材はかなり不足している可能性が高く、現地従業員を育成し、セクション・リーダーに抜擢するまで、なお

第4章 インドネシア台湾系企業における人材育成

図表4-2 インドネシア台湾系企業ヒアリング調査結果の概要

質問項目	ITF社	ITG社	ITH社
進出時期	○1990年設立	○1992年1月設立	○1995年2月設立
事業内容	○繊維染色用染料の製造・販売	○ケミカル・プラスチック素材の製造・販売	○家具の製造・販売
進出目的	○安価な労働力、現地市場	○現地市場	○安価な労働力、原材料
出資形態	○単独出資	○多数合資（合弁本社が60%出資し、マジョリティを占める）	○単独出資
現地法人権限	○事業計画、資金、人事などすべての権限を持つ	○人事、生産、固定資産購入、利益配分、再投資、新規事業開発、借款などは台湾本社が決定現地法人の幹部人事は台湾本社が決定	○人事、資金、生産・販売のすべては現地社長が決定権を持つ
コア人材の定義・過不足感	○コア人材とは決定権を持つ管理者（総務・人事、財務経理、マーケティングのリーダー）。役員クラス、部長クラス、課長クラス、スペシャリストはやや不足	○コア人材とは決定権を持つ会社の財務、人事、海外関係などについて決定権を持つ者）。管理部門スタッフ、スペシャリストは不足、部・課長クラスはやや不足、役員クラスは不足	○20人以上の従業員を管理する管理者。部・課長クラスの管理職、スペシャリストはかなり不足
コア人材の採用、選抜と求められる能力	○主に新聞・求人雑誌及び社員の紹介を採用する。社内での経験、実績、リーダーシップ、人柄・人望を重視。取引先とのビジネス能力、社内外の人脈作りに能力、情報機器を使いこなす能力、コミュニケーション能力、部下を育てる能力を求める	○本社からの派遣、新聞・雑誌社、他社からのヘッドハンティングを併用する。口コミ、誠実さ、管理能力を求める。専門知識、実績、人柄は比較的重視しない。英語の会話力は要求	○内部推薦による中途採用が中心。新卒の定期採用は行わない。入社後3年間経過した時期に選抜、人材がよく定着・信頼されることが条件。学歴はそれほど重視せず、責任感の有無を重く見る
コア人材の育成とキャリアパス	○能力開発プログラムに基づいて、全社的経営管理能力研修、管理職研修を実施。キャリア形成は一定年齢までに一つの職務から高度な専門性を身につけ、その分野のプロフェッショナルを育成する方法を採用	○仕事を通じて18人の中堅人材（各セクションの中堅人材）のなかから将来会社経営を担うコア人材を育成していく（OJT）。エンジニアとして入社は新入社員から十数年で育てていく。シニアコア人材の内部育成とヘッドハンティングを併用して育てる	○人材育成は基本的にOJT方式を採用。社内文書を読ませ仕事の流れを理解させた後にキャリアパスを活用して仕事のやり方を教える。よく定着・信頼されると、人材が必要ないと考える（台湾本社のポリシーとも一致）
コア人材の評価とインセンティブ・ポリシー	○コア人材は現地子会社の部長クラスまで昇進可能。販売重視として報酬、製品技術の理解度で評価。刺激策として報酬、賞与など金銭的なものが最も有効と考える	○仕事の性質、個人能力により報酬は最大4倍の差がつく。給与の構成（年収）は基本給12ヶ月分、賞与4ヶ月分。目標をクリアすれば賞与を割り増しになる仕組み。技師、財務関係スタッフを厚遇する	○給与構成は基本給＋賞与。賞与を活用することでやる気を引き出す。出来高報奨金制度を実施。罰則は設けない
コア人材の定着策と今後の課題	○奨金・奨励金制度の活用、能力開発の機会の拡充、福利厚生の充実などを有効に利用している。コア人材には選抜のための基準作りや評価が難しいと感じる	○定着策として給与・賞与の反映幅の現地化、①人材の現地化、②信頼できる中間管理職の育成である	○他社より高い給与の設定、温情的な労務管理、管理職の緩やかな勤務時間を実施し高い定着率を実現。今後の最大の課題は責任感のある中間管理者の育成

時間が必要と考えられよう。

　第2に、コア人材の採用、選抜と求められる能力について、採用方法は新聞・雑誌による求人広告（ITF社、ITG社）、本社からの派遣（ITF社、ITG社）、ヘッドハンティング（ITG社）、中途採用（ITH社）、社員の紹介（ITF社、ITG社、ITH社）となっているが、「従業員による紹介」のみが3社に共通する採用方法である。この方法のメリットは紹介者とのつながりを通して、被紹介者が企業組織に溶け込みやすく、周囲とのトラブルを最小限にすることができる点にある。また、この方法は、募集・採用に費やす諸費用を節約できる利点から、台湾企業に限らず、海外進出の中小企業では比較的多用されているが、多民族国家インドネシアの台湾企業において「内部推薦」が特に重要視されていることはヒアリング調査によって明らかになった。すなわち、インドネシア台湾系企業では、個人の能力差から生じる内部競争以前に、同じ企業における民族間、部族間の紛争によって引き起こされる従業員間の対立という、企業組織にとって望ましくない問題が存在していることから、この対立を回避するために、台湾系企業は地域や種族を限定して募集・採用し、この方法によって摩擦を回避しようとしているのである。そして、上述の理由と関連して、コア人材の品格・人柄、人望、誠実さなど、コア人材の素質、性格面を重視することが各社に共通するスタンスとなっている。特にITH社では従業員同士の激しい対立を経験したため、人材の選抜を極めて慎重に行なっており、従業員に信頼され、尊敬されることを選抜する際の最重要条件としている。

　人柄のほかにコア人材に求める能力としては、ITF社では取引先との商談力、人脈作り能力、情報機器の操作や部下を育てる能力など、幅広い能力を求めており、ITG社では管理能力、ITH社では管理者としての責任感を求めている。また、学歴については、ITF社、ITH社ではそれほど重視しておらず、ITG社も一流大学にこだわらないとしていることから、学歴に比べ、入社後の実践力、問題解決力および実績がより重視されていることが窺われる。

第3に、コア人材の育成とキャリアパスについてであるが、3社とも実地訓練を重視し、コア人材の育成は基本的には内部育成方式をとっている。ITG社では必要不可欠な人材のみヘッドハンティングを併用しているが、これは中小企業では稀なケースであろう。また、キャリアパスや資格の取得を重視していない点が各社に共通しており、特にITH社では必要ないと明言している。近年、日本国内では「キャリアパスの多様化」、「中小企業こそキャリアパスが必要」などの論調が強まってきているが、インドネシア台湾系調査対象企業の場合は、人材にキャリアを積ませるだけの資金的、時間的ゆとりがないように筆者は感じている。

第4に、コア人材としての華人の起用についてであるが、在インドネシア台湾企業の多くは、とりわけ重要なポストについて華人を起用する場合が多い[2]。確かに台湾人経営者と華人とは言葉が通じるうえ、文化や考え方も近いことから、華人は経営者にとって好ましい人材と言えよう。また、ITF社のように、製品技術関連の知識や能力を最も重要な評価基準としているにもかかわらず、販売チーフ（部長クラス）の華人を除いて満足できる技術人材が少ないため、これが現地人選抜のネックとなっている事例もある。しかし、インドネシアにはプリブミ（Pribumi：インドネシア現地人）とノン・プリブミ（Non-Pribumi）との厳しい対立の歴史があり[3]、プリブミの一般従業員は「よそもの」（の華人）に管理されたくない意識が根強く存在しているため、工場長、部長クラスなど、管理職ポストへの華人の起用は慎重に行なう必要があろう。華人に偏った人材採用、人材育成は焦眉の急を解決できても、長期的に考えれば得策とは言えない。これは本書第9章で検討しているベトナム台湾系企業の中国大陸出身管理者（陸幹）の採用と、ある意味では通底する問題である。インドネシア現地人をコア人材に育成し、少なくとも中間管理者レベルのポストにつかせ、彼らを架け橋に現地での経営活動を展開していく方法が有効ではないかと考える。

第5に、インセンティブ・ポリシーについてであるが、コア人材を含む従業員のやる気を引き出すために、3社ではいずれも給与・賞与など金銭面の

報酬を活用しており、こうした刺激策が最も有効と認識されている。中国では金銭面での優遇策に比べ、キャリア形成のための自己開発、研修の機会の拡充を求める高学歴人材が増えてきている[4]が、調査対象企業の事例を見る限り、人材のキャリア形成への欲求やそれに応えるインセンティブ・ポリシーがインドネシアでは見受けられない。

最後に、コア人材の定着策と今後の課題であるが、上述のインセンティブ・ポリシーと同じように、3社はいずれも人材定着策の重点を給与、賞与、報奨金に置いている。しかし、たとえば、在インドネシア日系企業の技術系コア人材は現在の5～10倍の給与で中近東大手石油化学会社にヘッドハンティングされ、人材流出が急増しているとの証言もある[5]ので、今後は金銭的な報酬だけでなく、個人のキャリア・アップの可能性や人材が会社のビジョンを共有できるような魅力的な企業にしていく必要があろう。

これからの課題について、ITF社ではコア人材を選抜するための基準作りやそれに基づいた評価方法を早急に取りまとめたいとしているが、ITG社では人材の現地化を最大の課題とし、その早期実現を目指している。また、ITH社ではコア人材の現地化はほぼ実現していると考え、むしろ人材の質に問題があり、これを解決し、責任感のある中間管理者の育成を今後の重要課題としている。

〈注〉
（1）アジアの一部の国・地域、たとえば中国では、ポスト不足を解消し、人材を引き止めるために、「管理職」と「専門職」の2つの昇進コースを用意する事例が見られる。鈴木康司『中国・アジア進出企業のための人材マネジメント』日本経済新聞社、2005年、および張英莉「在中国日系企業の人材マネジメントの課題——いかに人材を獲得し、定着させるか」、三浦庸男・張英莉編『現代社会の課題と経営学のアプローチ』八千代出版、2009年、128-130頁を参照。
（2）在インドネシア日系企業においても、特に販売、財務・経理関係では華人を多く起用するケースが見られる。白石康信編、泉三郎ほか著『海外・人づくりハンドブック　インドネシア—技術指導から生活・異文化体験まで—』（改訂版）海外職業訓練協会、2005年を参照。

（3）たとえば、1974 年 8 月バンドンに反華人暴動が起きたが、この暴動は貧富格差の拡大、民族派の軍人と大手華人ビジネス・グループの結合、特権的な軍人、官僚への富の集中に対する大衆の不満が、直接的な体制批判を避けて、反華人などの形をとって爆発したものであった、と指摘されている。詳細は宮本謙介『概説インドネシア経済史』有斐閣選書、2003 年、242-243 頁を参照。
（4）中国最大の人材採用ポータルサイト「中華英才網」は 2003 年より、毎年インターネット上で中国人大学生に対して希望就職先および企業を選ぶ理由についてアンケート調査を行ない、企業人気度ランキングを発表しているのだが、第 5 回目の調査（2007 年）結果を見ると、選択理由のトップ 3 は①キャリア研修の機会（61.6％）、②企業の知名度と影響力（55.1％）、③他企業と競争できる報酬（53.8％）となっており、キャリア形成が最大の選択理由となっていることがわかる。ただし第 6 回目（2008 年）の調査結果では、①他企業と競争できる報酬（16.6％）、②企業の知名度と影響力（15.7％）、③仕事の条件と環境（12.2％）、④キャリア研修の機会（12.1％）となっており、僅差ではあるが、「報酬」は再びトップを占め、キャリア研修は 4 位となった（2007 年調査では 5 つまで選択可、2008 年は 1 つしか選択できないとの違いがあった）。2007 年と 08 年の変化は大卒の就職難や失業率の増大に関係すると考えられるが、今後の調査結果に注目していきたい。
（5）近年、中近東では多くの石油化学プラントへ投資を始めているが、これを運営していく人材が極端に不足しているため、即戦力となる外国人人材が求められているのだが、インドネシアには外国系企業で教育された安価な人材が多数存在しているため、常に標的にされている。ある日系企業の事例では、2007 年の 1 年だけでヘッドハンティングされた技術系社員は 13 名に達したという。平野義尚「インドネシアの労働事情」、労働政策研究・研修機構『労働と経済』（8）、（11）（2007 年）を参照。

〈引用・参考文献〉

石田正美編『インドネシア再生への挑戦』アジア経済研究所・ジェトロ、2005 年。
ジェトロ編『アジアの投資環境比較（労働力）―タイ・マレーシア・インドネシア・フィリピン・ベトナム・中国・インド―』（海外調査シリーズ No.366）2006 年。
白石康信編、泉三郎ほか著『海外・人材づくりハンドブック　インドネシア―技術指導から生活・異文化体験まで―』（改訂版）海外職業訓練協会、2005 年。
鈴木康司『中国・アジア進出企業のための人材マネジメント―現地スタッフの採用から評価・処遇まで―』日本経済新聞社、2005 年。
白木三秀『国際人的資源管理の比較分析―「多国籍内部労働市場」の視点から―』有斐閣、2006 年。
福谷正信編『アジア企業の人材開発』学文社、2008 年。
三浦庸男・張英莉編『現代社会の課題と経営学のアプローチ』八千代出版、

2009年。
宮本謙介『概説インドネシア経済史』有斐閣選書、2003年。
宮本謙介『アジア日系企業と労働格差』北海道大学出版会、2009年。

第5章

インドネシア韓国系企業における人材育成

1. はじめに

　韓国とインドネシア間の経済交流の拡大による韓国企業の関心の高まりや対中国投資環境の変化などで、韓国の対インドネシア投資は増加傾向にある。2007年の韓国の対インドネシア投資は164件、6.3億USドルであり、インドネシアへの外国投資では、シンガポール、英国に次いで3番目の規模である。

　また、インドネシアは韓国の第10番目の貿易相手国であり、2007年度の韓国の対インドネシア輸出は57.7億USドルである。現地進出の韓国系家電企業・縫製関連企業への電子部品・衣類関連の原資材・副資材や金属製錬製品が主要輸出品である。一方、2007年度のインドネシアからの輸入は91.1億USドルであり、天然ガス、有煙炭、原油、銅鉱などの資源および原資材が全体の約80％を占めている。

　韓国系企業は2008年4月現在で約1,200社がインドネシアに進出し、活動していると推計される。インドネシアには約3万5,000人の韓国人が居住しており、同国内最大の外国人コミュニティーを形成している。韓国企業は製造業、資源・エネルギー、縫製などの労働集約的産業やその他のサービス産業などさまざまな分野で活動しており、約50万人の現地人を雇用しているといわれる。

　本章では、韓国系企業におけるコア人材の育成および人材マネジメントの現状と課題について、ヒアリング調査に基づく縦断的研究・分析を通じて、

その類似性や特徴などを見出すことにする。第1章のインドネシアにおけるアンケート調査結果と比較していただきたい。

ヒアリングは2007年6月、大韓貿易投資振興公社（KOTRA）のジャカルタ貿易館に会員登録されている企業から150社を選んでアンケート用紙を送付し、回答を得た13社のうち5社を対象に実施された。以下、Iは在インドネシア、Kは韓国系企業を表し、IKI社からIKM社と呼ぶ。

本章における分析のフレームワークは次のとおりである。
①コア人材の定義と過不足感
②コア人材の採用・選抜要件と求められる能力
③コア人材の育成とキャリア形成
④コア人材を必要とする職種と評価・活用
⑤コア人材の定着策とコア人材育成制度に対する考え方など

以上のフレームワークに基づいてヒアリング調査の結果を分析・考察していく。

2．ヒアリング企業の属性と事業内容

● IKI社

IKI社は1999年9月設立の消費関連製品のメーカーであり、スニーカー用の各種製品などを製造している。進出の第1の動機・目的は現地市場、第2に安価な労働力、そして第3に本社との関係である。すでに進出している親会社や他のスニーカー製造企業への製品供給が背景にある。企業形態は単独出資である。従業員は約1,000人（うちホワイトカラー50人）、管理職は30人（うち韓国人8人）、役員は3人（うち韓国人2人）である。現地法人では、人件費総額の決定、固定資産の購入・処分、生産販売量の決定、現地広報活動などで大きな権限を有している。生産・営業形態は最終製品を生産して他社ブランドで販売している。売上高・生産高は3年前と比較して10～30％増加

している。

●IKJ 社

IKJ 社は 2000 年 8 月設立の機械関連製品のメーカーであり、電子部品および自動車部品などを製造している。進出の第 1 の動機・目的は安価な労働力、第 2 に周囲に大手企業の工場が多い点などの現地市場、第 3 にオーストラリアなど第三国への輸出である。現在企業形態は多数合弁（韓国側 95％）である。以前、単独出資の時期もあったが、インドネシア政府・自治体との関係など業務のうえで、ある程度の現地人の出資が有効であると判断した。従業員は 180 人（うちホワイトカラー 15 人）で、管理職は 35 人（うち韓国人 1 人）である。管理職は課長クラス以下でも各部門の長を含む。役員は 4 人（うち韓国人 2 人）である。現地法人の権限は、韓国に本社がないためすべて現地法人が有する。生産・営業形態は受注先の図面に従い材料や部品を加工生産している。売上高・生産高は 3 年前に比較し 10〜30％増加している。

●IKK 社

IKK 社は 1990 年 7 月設立の消費関連製品のメーカーであり、スポンジ類を製造している。進出の第 1 の動機・目的は安価な労働力、第 2 に現地市場、第 3 に本社との関係であるが、現地にスニーカー製造企業が多く進出していることとも関係がある。企業形態は多数合弁（韓国側 51％、香港側 49％）である。従業員は 165 人（うちホワイトカラー 32 人）、管理職は 39 人（うち韓国人 7 人）、役員は 2 人（すべて韓国人）である。現地法人における利益処分・再投資については大きな権限を有しているが、役員人事や新規事業の企業化などに関しては、大きな権限は有していない。生産・営業形態は自社の仕様で材料や部品を加工生産し、特定のユーザーに販売している。売上高・生産高は 3 年前と比較して大きな変化はない。

●IKL 社

IKL 社は 1997 年 11 月設立の木材の加工販売業者である。進出の第 1 の動機・目的は原資材の確保、第 2 に安価な労働力、そして 3 番目には第三国への輸出および韓国への逆輸入である。労働集約的な産業であり、また、原資

材確保が有利な点が大きな進出要因である。企業形態は単独出資である。従業員は約500人（うちホワイトカラー60人）、管理職は12人（すべて現地人）、役員は3人（うち韓国人2人）である。現地法人の権限は全体的に委譲されている。従来、現地での広報活動はなかったが、現在、計画中である。生産・営業形態は最終製品を生産し、他社と自社ブランド（8対2）で販売している。売上高・生産高は3年前に比較して10〜30％増加している。

● IKM社

IKM社は2003年4月設立の素材関連製品のメーカーであり、UV Coating、射出などを行なっている。進出の第1の動機・目的は本社との関係、第2に安価な労働力、第3に現地市場である。韓国の大手電子企業の現地進出にともなう部品の供給が主な目的である。企業形態は単独出資である。従業員は約300人（うちホワイトカラー20人）、管理職は30人（うち韓国人2人）、役員は1人（韓国人）である。現地法人の権限はすべてにわたり非常に強い。生産・営業形態は最終製品を生産し、他社ブランドで販売している。売上高・生産高は3年前と比較して大きな変化はない。

3．コア人材の定義と過不足感

IKI社では、コア人材を会社の幹部として成長していく資質を持ち、会社への忠誠心がある人と定義している。3年前に比べ正規従業員数は10〜30％増加しているものの、人材の過不足感といった観点では役員クラスや専門人材が非常に不足している。インドネシアは1980年代後半から産業化が進み、製造現場レベルでは成長したが、マネジメント能力を備えた人材は育っていないのが現状であると見ている。

IKJ社は製造業者であるため、技術と営業部門の優れた人材をコア人材と考えている。3年前に比べ正規従業員数に大きな変化はないが、課長クラスと専門人材が非常に不足している。会社の規模が小さく、中間管理職の職務

能力向上のための教育・育成の余裕がないことも1つの要因であると見ている。

IKK社では、コア人材を新しいスタンダードやシステムに挑戦・順応できる人材と考えている。3年前に比べ正規従業員数に大きな変化はないが、専門人材がやや不足している。一方で、課長クラス以上の幹部クラスは充足している。

IKL社では、3年前に比べ正規従業員数は10～30％増加しているものの、専門人材が非常に不足している。約10年間の経過を見ると、技術部門における熟練度や業務遂行能力が不十分である。また、責任感も不足していると感じている。

IKM社では3年前と比べ正規従業員数に大きな変化はないが、部長・課長クラスや専門人材がやや不足していると感じている。

4．コア人材の採用・選抜要件と求められる能力

IKI社はジャカルタから1時間ほど離れた立地条件であり、都心地域と比較して待遇がさほど良くない状況であるため、コア人材の確保や養成が困難である。英語の駆使能力、品質管理やマーケティング能力などが求められるため、英字新聞への広告やインターネットによる採用が非常に多い。2007年に初めて大卒の定期採用を実施したが、すでに離職者が出てきている。関連企業などからの出向・転籍、社員による紹介も比較的多い。選抜要件として最も重視するのは、バイヤーとの関係で品質管理や生産管理について円滑なコミュニケーションが可能な語学力（英語）である。次いで第2に学歴、第3に社内の実績を重視している。また現地の文化的な要因であると思われるが、一般的に低いと言われるリーダーシップも重視している。コア人材を最終的に決定するのは現地子会社の人事部門である。コア人材の対象を決めるのは、その資質や忠誠心を判断するために要する入社後1～3年の間であ

る。コア人材に強く求められる能力は、リーダーシップ、取引先とうまく付き合える能力、仕事に結び付く社外人脈を作る能力、他人にアピールする能力、専門に関する深い知識、幅広い視野、コミュニケーション能力、交渉能力、部下に仕事を任せる能力、利益志向、部下を育成する能力など幅広い。

　IKJ社では社員の紹介による採用が比較的多い。選抜要件として重視するのは、リーダーシップ、専門性、問題解決能力、将来性の順である。コア人材を最終的に決定するのは現地子会社の社長・役員である。人の能力などを判断するには1年以上かかるため、コア人材の対象を決めるのは入社後1～3年の間である。コア人材に強く求められる能力は、リーダーシップ、専門に関する深い知識、幅広い視野、交渉能力、部下に仕事を任せる能力、ビジョンを作成する能力、利益志向、部下を育成する能力、国際感覚など幅広い。

　IKK社の韓国人スタッフは韓国本社からの派遣が比較的多い。現地人のコア人材は業界関係者の紹介によるものが多い。韓国人スタッフの場合、コア人材の対象を決めるのは入社時であり、本社人事部が行なう。現地人の場合は、韓国人スタッフ全員が参加する人事委員会で決定する。コア人材を決定する時期は入社時である。選抜要件として重視するのは、専門性、社内外の実績（開発や販路開拓など）、実行力の順である。コア人材に強く求められる能力は、取引先とうまく付き合える能力、仕事に結び付く社外人脈を作る能力、情報機器を使いこなす能力、部下に仕事を任せる能力、ビジョンを作成する能力、部下を育成する能力などである。

　IKL社では、管理職は新聞や求人雑誌、技術職は社員による紹介が中心である。単純労働者については、工場がある地域の新聞などを利用している。コア人材を最終的に決定するのは現地子会社の社長・役員である。コア人材の対象を決める時期は入社後3～5年の間である。この期間は、教育プログラム実施の成果や業務上の誠実性の確認、また、外部からの人材については技術の検証などに要する時間である。選抜要件として重視するのは、人柄（誠実さ、正直さ）、実行力、社内での実績の順である。技術力以前に、人柄が重要であると考えている。コア人材に強く求められる能力は、リーダーシップ、

専門に関する深い知識、コミュニケーション能力、部下に仕事を任せる能力、ビジョンを作成する能力、利益志向、部下を育成する能力などである。

IKM社では、コア人材は職業紹介機関を通じた採用や関連企業からの転入・転籍が非常に多い。コア人材を最終的に決定するのは現地子会社の社長・役員である。コア人材の対象を決める時期は入社後1～3年の間である。専門的な能力や人柄などを総合的に判断するにはそれくらいの時間が必要であると考えている。選抜要件として重視するのは、学歴、専門性、問題解決能力の順である。コア人材に強く求められる能力は、リーダーシップ、取引先との良好な関係維持の能力、情報機器を使いこなす能力、幅広い視野、コミュニケーション能力、交渉能力、部下に仕事を任せる能力、利益志向などである。

5．コア人材の育成とキャリアパス

IKI社では、人材を育成するため、自社の能力開発プログラムとバイヤーが提供するプログラムを活用している。コア人材育成のための問題解決能力やコミュニケーション能力向上のための研修が有効であったと判断し、今後、全社的に経営管理能力に関する研修、語学やコンピュータ関連の研修を実施する必要があると考えている。キャリア形成パターンとしては、従来は一定年齢までに1つの職務で高度な専門性を身につけさせ、その分野のプロフェッショナルを育成するパターンであったが、今後は一定年齢までに幅広い職務を経験させ、企業内スペシャリストを育成するパターンを考えている。

IKJ社では人材育成のための施策はあまり実施していない。管理職研修やリーダーシップ研修は実施しているものの、今後は全社的に、経営管理能力に関する研修、問題解決や語学研修を実施する必要があると考えている。キャリア形成パターンとしては、一定年齢までに狭い範囲の職務を経験させ、企業内スペシャリストを育成するという従来のパターンはあまり効果が上が

らなかったため、今後は一定年齢までに1つの職務で高度な専門性を身につけさせ、その分野のプロフェッショナルを育成するパターンを考えている。

IKK社では、現在の製品製造において体系的な教育は特に必要ないと考え、積極的には実施していない。しかし、今後は動機付けなどのため、全般的な分野の研修を実施する必要があると考えている。キャリア形成のパターンとしては、従来は、一定年齢までに1つの職務で高度な専門性を身につけさせ、その分野のプロフェッショナルを育成するというパターンであったが、今後は一定年齢までに狭い範囲の職務を経験させ、企業内スペシャリストを育成するパターンを考えている。

IKL社ではコア人材育成のため、韓国本社への派遣や社内技術競技大会の開催などを実施している。コア人材の約30％は外部からのスカウト、70％は内部で育成している。10年ほどで管理者としての資質が身につかなければ淘汰するしかないと考えている。人材育成のための問題解決能力の研修や動機付け・自己啓発に関する研修が有効であったと判断し、今後は全社的に、経営管理能力に関する研修、リーダーシップ研修、コミュニケーション能力向上のための研修、語学研修を実施する必要があると考えている。キャリア形成パターンは、管理者として育てる意味で、従来どおり、今後も一定年齢までに幅広い職務を経験させ、将来の中核となる人材を育成するパターンを考えている。

IKM社では、コア人材を意識した能力開発プログラム、品質管理や品質向上のための外部への委託研修、外部講師を招いた研修などを実施している。今後は経営管理能力に関する全社的な研修が必要であると考えている。キャリア形成パターンは、従来どおり、一定年齢までにさまざまな職務を経験させ、幅広い経験から専門性を高めていき、将来の中核となる人材を育成するパターンを今後も継続したいと考えている。

6．コア人材を必要とする職種と評価・活用

　IKI 社では、外部の専門家を活用している法務・特許部門を除き、全体的にコア人材を必要としている。開発・設計部門は韓国人が担っているが、営業部門の人材はかなり不足している。総務・人事、財務・経理や生産・技術部門においては特に問題はないものの、より効率的で高いレベルの業務を遂行できる人材を必要としている。工場稼動から 7 年になるが、現地スタッフに任せるにはやや不安を感じている。

　IKJ 社は、製造業では生産・営業が基本的に重要であるが、それらの業績をまとめる経理も重要であると認識している。総務・人事・法務・特許を除き、全体的にコア人材が必要であり、特に工場を総括運営できる部長クラスの人材を必要としている。人件費の面から現地化を進めるべきであり、昇進を役員クラスにまで高めている。製品は、環境意識の高いヨーロッパ向けのものも多いため、これらの問題に取り組める人材も必要としている。

　IKK 社では、営業部門における現在の人員は不十分であると感じている。また、周辺の中国語使用圏（国・地域）での営業のため、中国語が堪能な人材を必要としている。コア人材の昇進は現地子会社の社長まで可能としている。

　IKL 社では、既存の人員では輸出市場開拓が難しい営業部門や労働組合との関係を含む総務・人事関連の人材を必要としている。生産・技術部門においてはある程度安定しているが、今後は技術開発部門の人材を必要としている。昇進は現在のところ課長クラスまで可能である。同社には部長職がない。

　IKM 社は製造業者であるため、営業や開発・設計部門の人材を特に必要としている。昇進は部長クラスまでを考えている。

7．コア人材の定着策とコア人材育成制度に対する考え方など

　IKI 社ではコア人材の定着策として、昇進・昇格のスピードが非常に有効であり、また、給与・賞与への反映幅の拡大や報奨金・奨励金制度も有効であると判断している。コア人材に対する考え方は積極的に受け入れているものの、インドネシアの教育環境が劣悪であるため、政府の政策なども含め、官民が力を合わせて教育の環境や水準を高める必要があると考えている。

　IKJ 社ではコア人材の定着策として、昇進・昇格のスピード、能力開発機会の拡充、社内公募制、表彰制度が非常に有効であると判断している。コア人材に対する考え方に関しては、会社の規模が大きくなるにつれて受け入れる必要があると考えている。

　IKK 社ではコア人材の定着策として、裁量権の拡大が非常に有効であり、また、給与・賞与への反映幅の拡大、昇進・昇格のスピード、報奨金・奨励金制度、福利厚生の充実なども有効であると判断している。コア人材に対する考え方に関しては、基本的に、有能な人材を獲得できるシステムではあるが、現地の状況から見て積極的に受け入れることは困難であると考えている。

　IKL 社ではコア人材の定着策として、給与・賞与への反映幅の拡大は非常に有効であるが、福利厚生の充実はあまり効果がないと考えている。コア人材に対する考え方に関しては、どういった組織であれ、ある程度のコア人材は必要であるため、コア人材システムは受け入れ可能であると考えている。

　IKM 社ではコア人材の定着策として、給与・賞与への反映幅の拡大、裁量権の拡大、報奨金・奨励金制度、表彰制度、福利厚生の充実などが非常に有効であると見ている。コア人材に対する考え方に関しては、現地化するうえで有効であるため、積極的に受け入れ可能であると考えている。

8. おわりに

　インドネシアにおける韓国系企業5社のヒアリング調査結果を要約したものが図表5-1である。これに基づき、これまでの考察結果を要約すると次のようになる。
　第1に、正規従業員数が3年前と比較して5社のうち3社は大きな変化がなかったが、コア人材の過不足感では「やや不足」と「かなり不足」を合わせ全社が専門人材の不足をあげている。
　第2に、コア人材の採用において、社員による紹介が多い企業は2社あったが、全体的には多様な方法で行なっている。選抜要件として最も重視しているのは、語学力やリーダーシップ、専門性、人柄、学歴と、すべての会社が異なる要素をあげている。選抜要件で重視する要素の第3位までを見ると、専門性と社内の実績が3社、学歴、実行力、問題解決能力がそれぞれ2社である。
　コア人材を最終的に決定するのは現地子会社の社長・役員であるというのが3社で1番多い。コア人材を決める時期については、入社後1～3年が3社で1番多く、次いで入社時と入社後3～5年がそれぞれ1社である。コア人材に強く求められる能力としては、部下に仕事を任せる能力、利益志向、リーダーシップ、専門に関する深い知識、コミュニケーション能力、幅広い視野、交渉能力、部下を育成する能力などをあげている会社が多い。
　第3に、人材育成に関しては、5社のうち2社が積極的に取り組んでいない。現在のキャリア形成パターンは、「一定年齢までに幅広い職務を経験させ、将来の中核となる人材を育成する形（パターンⅠ）」が2社、「一定年齢までに1つの職務で高度な専門性を身につけさせ、その分野のプロフェッショナルを育成する形（パターンⅡ）」が2社、「一定年齢までの狭い範囲の職務を経験し、企業内スペシャリストを育成する形（パターンⅢ）」が1社である。将来においてはパターンⅠをそのまま維持するのが2社、パターンⅡからⅢ

図表 5-1 インドネシアにおける韓国系企業のヒアリング調査結果の概要

質問項目	IKI 社	IKJ 社
企業概要 ○進出時期と出資形態 ○事業内容 ○進出動機・目的 ○従業員数と役員数	○1999 年 9 月、単独出資 ○スニーカー用製品の製造・販売 ○現地市場、安価な労働力 ○約 1,000 人（うちホワイトカラー 50 人）、管理職 30 人（うち韓国人 8 人）、役員 3 人（うち韓国人 2 人）	○2000 年 8 月、多数合弁 ○電子部品及び自動車部品製造 ○安価な労働力、現地市場 ○180 人（うちホワイトカラー 15 人）、管理職 35 人（うち韓国人 1 人）、役員 4 人（うち韓国人 2 人）
○現地法人の権限	○人件費総額の決定、固定資産の購入・処分、生産販売量の決定、現地広報活動などで大きな権限を有している	○韓国に本社がないためすべて現地法人が有する
○コア人材の充足度 ○コア人材の採用方法 ○コア人材の選抜要件 ○コア人材の最終決定者および決定時期	○役員クラスや専門人材が非常に不足している ○英字新聞への広告やインターネットによる採用が非常に多い ○語学力、学歴、社内の実績、リーダーシップを重視 ○現地子会社の人事部門、入社後 1～3 年	○課長クラスと専門人材が非常に不足している ○社員の紹介による採用が比較的多い ○リーダーシップ、専門性、問題解決能力を重視 ○現地子会社の社長・役員、入社後 1～3 年
○コア人材の育成とキャリアパス	○自社能力開発プログラムとバイヤーが提供するプログラムを活用している ○1 つの分野の社内プロフェッショナルを育成する方法であったが、今後は幅広い職務を経験させる方法を考えている	○人材育成のための施策はあまり実施していない ○狭い範囲のスペシャリストを育成する方法であったが、今後は 1 つの分野のプロフェッショナルを育成する方法を考えている
○コア人材の職種と評価および活用	○法務・特許部門を除き、全体的にコア人材を必要としている ○業務を現地スタッフに任せるにはやや不安を感じている	○総務・人事・法務・特許を除き、全体的にコア人材が必要であり、特に工場を総括運営できる部長クラスの人材を必要としている ○昇進は役員クラスまでを考えている
○コア人材の定着策	○昇進・昇格のスピードが非常に有効であり、給与・賞与の反映幅の拡大や報奨金・奨励金制度が有効である	○昇進・昇格のスピード、能力開発機会の拡充、社内公募制、表彰制度が非常に有効である
○コア人材育成制度に対する考え方	○積極的に受け入れているものの、インドネシアの教育環境が劣悪であるため、政府の政策なども含め、官民が力を合わせて教育の環境や水準を高める必要があると考えている。	○会社の規模が大きくなるにつれて受け入れる必要があると考えている。

IKK 社	IKL 社	IKM 社
○1990年7月、多数合弁 ○スポンジ類の生産 ○安価な労働力、現地市場 ○165人（うちホワイトカラー32人）、管理職39人（うち韓国人7人）、役員2人（うち韓国人2人） ○利益処分・再投資について大きな権限を有している	○1997年11月、単独出資 ○木材の加工販売 ○原資材の確保、安価な労働力 ○約500人（うちホワイトカラー60人）、管理職12人（すべて現地人）、役員3人（うち韓国人2人） ○全体的に委譲されている	○2003年4月、単独出資 ○UV Coating、射出など ○本社との関係、安価な労働力 ○約300人（うちホワイトカラー20人）、管理職30人（うち韓国人2人）、役員1人（韓国人） ○すべてにわたり非常に強い
○専門人材がやや不足している ○業界関係者による紹介が多い ○専門性、社内外の実績、実行力を重視 ○韓国人スタッフ全員参加の人事委員会、入社時	○専門人材が非常に不足している ○管理職は新聞や求人雑誌、技術職は社員による紹介に依存している ○人柄、実行力、社内での実績を重視 ○現地子会社の社長・役員、入社後3～5年	○部長・課長クラスや専門人材がやや不足している ○職業紹介機関を通じた採用や関連企業からの転入・転籍が非常に多い ○学歴、専門性、問題解決能力を重視 ○現地子会社の社長・役員、入社後1～3年
○体系的な教育は特に必要ないと考え、積極的には実施していない ○1つの分野の社内プロフェッショナルを育成する方法であったが、今後は狭い職務を経験させる方法を考えている	○韓国本社への派遣や社内技術競技大会の開催などを実施している ○幅広い職務を経験させ、コア人材を育成する方法であり、今後も同じ方法を考えている	○能力開発プログラム、品質管理や品質向上のための外部への委託研修、外部講師を招いた研修などを実施している ○幅広い職務を経験させ、コア人材を育成する方法であり、今後も同じ方法を考えている
○営業部門における現在の人員は不十分であると感じており、周辺の中国語使用圏での営業のため、中国語が堪能な人材を必要としている ○昇進は現地子会社の社長まで可能としている	○現在営業部門や総務・人事関連の人材を必要としており、今後は技術開発部門の人材を必要としている ○現在昇進は課長クラスまで可能である	○営業や開発・設計部門の人材を特に必要としている ○昇進は部長クラスまでを考えている
○裁量権の拡大が非常に有効であり、給与・賞与の反映幅の拡大、昇進・昇格のスピード、報奨金・奨励金制度、福利厚生の充実などが有効である ○有能な人材を獲得できるシステムではあるが、現地の状況から見て積極的に受け入れることは困難であると考えている	○給与・賞与の反映幅の拡大は非常に有効であるが、福利厚生の充実はそれほど効果がない ○受け入れ可能である	○給与・賞与の反映幅の拡大、裁量権の拡大、報奨金・奨励金制度、表彰制度、福利厚生の充実などが非常に有効である ○現地化するうえで有効であるため、積極的に受け入れ可能であると考えている

への転換が2社、パターンⅢからⅡへの転換を考えているのが1社である。

　第4に、コア人材を必要とする職種に関しては、すべての企業が営業部門をあげている。また、開発・設計部門の人材を特に必要としている企業が3社である。

　第5に、コア人材の効果的な定着策に関しては、「昇進・昇格のスピード」と「給与・賞与への反映幅の拡大」と答えた企業がそれぞれ2社、また「裁量権の拡大」と答えた企業が2社である。金銭的なものに加え、昇進や権限に関する方策など多岐におよんでいる。

〈引用・参考文献〉
岡田亜弥・山田肖子・吉田和浩編『産業スキルディベロプメント―グローバル化と途上国の人材育成―』日本評論社、2008年。
韓国輸出入銀行『インドネシア―国家現況及び進出方案―』2008年。

第2部

ベトナムにおける人材育成

第6章

ベトナムにおける人材育成の現状
―アンケート調査による現地・日系・台湾系・韓国系企業の比較を中心に―

1．はじめに

　将来経済発展が期待されるインドネシア、ベトナム両国では、企業でコア人材（将来企業で中核を担うと目され、早期に選抜・登用される人材）が非常に必要とされると考えられる。そこで、本調査ではコア人材が各国企業でどのように育成（選抜・活用・定着を含む）されているかを比較・検証することを目的とした。今回のベトナムの現地・日系・台湾系・韓国系企業に対する調査は、インドネシアでの調査と同様にアンケート用紙を送付する形で行なった。日系企業へは2007年1月、台湾・韓国系企業へは08年6月、ベトナムの現地企業へは09年8月に、アンケート用紙を送付し、ベトナム企業10社[1]、日系企業15社、台湾系企業8社、韓国系企業9社から回答を得た。

2．回答企業の現状について

　アンケートに回答した企業の現状を①本社の業種（図表6-1）、②従業員数から見た本社の規模（図表6-2）、③現地（子）会社の設立年数（図表6-3）、④現地（子）会社の企業形態（図表6-4）、⑤ベトナムへの進出目的（図表6-5）、⑥従業員数から見た現地（子）会社の規模（図表6-6）、⑦現地子会社としての権限（図表6-7）、⑧3年前と比べての変化（売上高・生産高、正規従業員数、図表6-8）について見る。

図表6-1　本社の業種（%）

	現地	日系	台湾系	韓国系
1. 消費関連製造業	30.0	20.0	0	37.5
2. 素材関連製造業	10.0	10.0	22.2	25.0
3. 機械関連製造業	0	45.0	33.3	12.5
4. 卸売・小売業	0	0	11.1	0
5. 金融・保険業	30.0	0	0	0
6. 建設・不動産業	10.0	15.0	11.1	25.0
7. 情報・メディア業	0	5.0	11.1	0
8. サービス・飲食店業	0	5.0	0	0
9. 運輸・通信業	0	0	0	0
10. エネルギー関連業	0	0	0	0
11. その他	20.0	0	11.1	0

図表6-2　本社の従業員数（%）

	日系	台湾系	韓国系
300人未満	13.3	75.0	83.7
300人以上	86.7	25.0	16.7

図表6-3　現地（子）会社の設立年（%）

	現地	日系	台湾系	韓国系
15年以上前	44.0	0	14.3	12.5
10年〜15年前	11.0	31.3	28.6	12.5
5年〜10年前	22.0	37.5	14.3	37.5
5年以内	22.0	31.3	42.9	37.5

図表6-4　現地（子）会社の企業形態（%）

	現地		日系	台湾系	韓国系
国営企業	40.0	単独出資	80.0	44.4	87.5
私営企業	60.0	多数合弁	20.0	11.1	12.5
集団企業	0.0	少数合弁	0	22.2	0
その他	0.0	その他	0	22.2	0

図表6-5　ベトナムへの進出目的（%）

	日系	台湾系	韓国系
1. 安価な労働力	37.3	30.4	34.1
2. 現地市場	21.8	37.5	25.0
3. 第三国への輸出	6.4	10.7	32.7
4. 逆輸入	3.6	0	2.3
5. 本社等関連企業との関係	16.4	10.7	6.8
6. 法的・税制等の優遇措置	10.9	8.9	6.8
7. 情報収集	3.6	1.8	2.3

第6章　ベトナムにおける人材育成の現状

図表6-6　現地（子）会社の従業員数（%）

	現地	日系	台湾系	韓国系
300人未満	40.0	35.0	62.5	62.5
300人以上	60.0	65.0	37.5	37.5

図表6-7　現地子会社としての権限

（単位：point）

	日系	台湾系	韓国系
1. 人件費総額の決定	2.60	2.38	2.50
2. 固定資産の購入・処分	1.70	2.25	2.00
3. 生産販売量の決定	2.05	2.75	2.75
4. 利益処分・再投資	1.40	2.38	1.88
5. 貸付・借入・債務保証	1.00	2.25	1.50
6. 現地法人の役員人事	0.85	2.25	2.25
7. 新事業の企業化	0.89	2.63	1.63
8. 現地広報活動	1.63	2.63	2.38

注：まったくないを0p、あまりないを1p、どちらかというと多いを2p、非常に多いを3pとし、回答企業の平均をとった。

図表6-8　3年前と比べての変化

(1) 売上高・生産高について（%）

	現地	日系	台湾系	韓国系
1. 3割以上の増加	11.1	60.0	37.5	50.0
2. 1割以上3割未満の増加	66.7	20.0	25.0	37.5
3. ほぼ横ばい（1割未満の増減）	22.2	20.0	12.5	12.5
4. 1割以上3割未満の減少	0	0	12.5	0
5. 3割以上の減少	0	0	12.5	0

(2) 正規従業員数について（%）

	現地	日系	台湾系	韓国系
1. 3割以上の増加	25.0	60.0	22.2	50.0
2. 1割以上3割未満の増加	12.5	20.0	55.6	25.0
3. ほぼ横ばい（1割未満の増減）	50.0	20.0	11.1	12.5
4. 1割以上3割未満の減少	12.5	0	0	12.5
5. 3割以上の減少	0	0	11.1	0

●ベトナム企業

　回答企業の①業種は消費関連製造業と金融・保険業が多い（ともに30.0％）。②企業規模は⑥の日台韓の現地子会社と比較した。③企業が設立されてからの年数は、10年以上のものが過半数（55.0％）である。④企業形態は国営企業が40.0％、私営企業が60.0％である。⑤は現地企業のため設問なし。⑥の回答企業は従業員数300人以上の大規模な企業が過半数を占めている（60.0％）。⑦は現地企業のため設問なし。⑧3年前と比較すると、売上高・生産高は77.8％の企業で増加し、1割以上減少した企業はない。正規従業員数は増加した企業が37.5％あるが、最も多いのはほぼ横ばいの50.0％である。売上高・生産高が増加している割りには従業員数は増えていない。

●日系企業

　①本社の業種は機械関連製造業が最も多く（45.0％）、次いで消費関連製造業（20.0％）であり、製造業が全体の75.0％を占める。②本社の規模は300人以上の大規模な企業が86.7％を占める。③企業が設立されてからの年数は、10年未満のものが68.8％を占め、比較的新しい企業が多い。④企業形態は単独出資が圧倒的多数を占めている（80.0％）。⑤進出目的は1位が安価な労働力、2位が現地市場、3位が本社等関連企業との関係である。⑥現地子会社は従業員数300人以上の大規模な企業が過半数を占めている（65.0％）。⑦現地子会社としての権限の委譲が日台韓3カ国のなかで最も低く、2項目しか2pを超えていない。⑧3年前と比較すると、売上高・生産高は80.0％の企業で増加し、1割以上減少した企業はない。正規従業員数も同様で80.0％の企業で増加し、1割以上減少した企業はない。

●台湾系企業

　①本社の業種は機械関連製造業が最も多く（33.3％）、次いで素材関連製造業（22.2％）である。②本社の規模は従業員数300人未満の小規模な企業が75.0％を占める。③企業が設立されてからの年数は、10年未満のものが57.2％を占める。④企業形態を見ると単独出資は半数以下である（44.4％）。⑤進出目的は1位が現地市場、2位が安価な労働力、3位が同率で第三国への輸

出と本社等関連企業との関係である。⑥現地子会社は従業員数300人未満の小規模企業の比率が過半数を占めている（62.5％）。⑦現地子会社としての権限が3カ国企業のなかで最も委譲されており、8項目すべてで2pを超えている。⑧3年前と比較すると、売上高・生産高は62.5％の企業で増加しているが、減少した企業も25.0％ある。正規従業員数は増加した企業が77.8％あるが、3割以上減少した企業も11.1％ある。

●韓国系企業

①本社の業種は消費関連製造業が最も多く（37.5％）、次いで素材関連製造業と建設・不動産業（ともに25.0％）であり、製造業が全体の75.0％を占める。②本社の規模は従業員数300人未満の小規模な企業が83.7％を占める。③企業が設立されてからの年数は、10年未満のものが75.0％を占め、日台韓3カ国企業のなかで新しい企業が最も多い。④企業形態は単独出資が圧倒的多数を占めている（87.5％）。⑤進出目的は1位が安価な労働力、2位が第三国への輸出、3位が現地市場である。⑥現地子会社は従業員数300人未満の小規模企業の比率が過半数を占めている（62.5％）。⑦現地子会社としての権限が台湾系企業に次いで委譲されており、5項目で2pを超えている。⑧3年前と比較すると、売上高・生産高は87.5％の企業で増加し、1割以上減少した企業はない。正規従業員数は増加した企業が75.0％あるが、1割以上3割未満減少した企業も12.5％ある。

3．コア人材の育成について

ここからは回答企業がコア人材の育成にどのように取り組んでいるかを以下の3つの視点で見る。
・どのようにしてコア人材を選抜しているか。
・選抜したコア人材をどのように育成しているか。
・育成したコア人材をどのように活用・定着させようとしているか。

(1) コア人材の選抜方法について

コア人材の選抜方法について見るうえで、まずコア人材が充足しているかどうかを見たい。

1) **コア人材の充足度について**（図表6-9:「かなり不足」を-2p、「やや不足」を-1p、「十分である」を0p、「やや余剰」を1p、「かなり余剰」を2pとし、回答企業の平均をとった）

4カ国企業とも6つの全職務で「十分である」の0以下で不足傾向である。日系は一般職員クラスと管理部門のスタッフを除いて「やや不足」の-1.0を下回り、不足感が強い。役員クラス、部長クラスで-1.5を下回り特に不足感が強い。ベトナム企業と台湾系はスペシャリストで相対的に不足感が強い。韓国系は-1.0を下回るのはスペシャリストだけで、4カ国のなかでは相対的に不足感は弱い。

次にコア人材の選抜要件は何かを聞いた。

2) **コア人材の選抜要件**（図表6-10：選択肢11、日台韓企業はうち3つ回答、1位を3点、2位を2点、3位を1点として合計点を計算し、各項目の合計点に占める割合を算出した。※ベトナム企業は選抜要件と回答した数を全回答企業数で除したものである。参考としてコア人材の採用方法を図表6-11に示す）

ベトナム企業の選抜要件の上位は、1位リーダーシップ（90.0％）、2位学歴（80.0％）、3位問題解決力と洞察力（70.0％）である。日系企業の選抜要件

図表6-9　コア人材の充足度

	現地	日系	台湾系	韓国系
1. 役員クラス	-0.60	-1.79	-0.67	-0.63
2. 部長クラス	-1.00	-1.56	-0.89	-0.50
3. 課長クラス	-1.11	-1.05	-1.00	-0.63
4. 一般職員クラス	-0.11	-0.71	-0.78	-0.88
5. 管理部門スタッフ	0	-0.80	-1.22	-0.63
6. スペシャリスト	-1.44	-1.30	-1.33	-1.25

図表6-10　コア人材の選抜要件（%）

	現地※	日系	台湾系	韓国系
1. 語学力	50.0	12.4	6.9	31.3
2. 学歴（含資格、学位）	80.0	1.8	13.8	8.3
3. 社内での実績	10.0	15.0	0	0
4. 社内外での過去の実績	30.0	7.1	0	0
5. 将来性	30.0	2.7	19.0	8.3
6. 人柄	50.0	10.6	27.6	14.6
7. リーダーシップ	90.0	15.6	8.6	4.2
8. 実行力	50.0	16.8	5.2	6.3
9. 専門性	60.0	13.3	12.1	20.8
10. 問題解決力	70.0	2.7	6.9	8.3
11. 洞察力	70.0	1.8	0	0

※ベトナム現地企業は選抜要件と回答した数を全回答企業数で除したものである。

図表6-11　コア人材の採用方法

	日系	台湾系	韓国系
1. 新規学卒者の定期採用	0.95	1.33	1.13
2. 新聞、求人雑誌等による採用	1.40	1.78	1.38
3. 職業紹介機構を通じて採用	1.05	1.11	1.25
4. 他社からヘッドハントで採用	0.45	0.50	0.88
5. 本社からの派遣、出向	0.55	0.50	0.63
6. 関連企業等からの出向、転籍	0.75	0.63	1.00
7. 社員による紹介	1.05	1.90	1.50
8. インターネットによる採用	1.00	1.29	0.88
9. その他	0	0	0

の上位は、1位実行力（16.8%）、2位リーダーシップ（15.6%）、3位社内での実績（15.0%）であり、20%を超えるものはない（4位は専門性13.3%）。台湾系は1位人柄（27.6%）、2位将来性（19.0%）、3位は学歴（13.8%）である（4位は専門性12.1%）。韓国系は1位語学力（31.3%）、2位専門性（20.8%）、3位人柄（14.6%）である（4位は学歴、将来性、問題解決力で8.3%）。業務に直接関係することを選抜要件としているのは韓国系で、次いで日系、ベトナム企業と続き、台湾系が最も関係しないことを要件としている。

最後にコア人材はどのくらいの期間をかけて選抜されるのであろうか。

第 2 部　ベトナムにおける人材育成

図表 6-12　コア人材の対象者を最終的に決定する時期（％）

	現地	日系	台湾系	韓国系
1. 入社時	80.0	5.3	12.5	0
2. 入社後 1 年以内	20.0	0	12.5	50.0
3. 入社後 1 ～ 3 年	0	21.1	62.5	25.0
4. 入社後 3 ～ 5 年	0	57.9	12.5	25.0
5. 入社後 5 年以上	0	15.8	0	0

図表 6-13　コア人材の対象者を最終的に決定するもの（％）

	現地	日系	台湾系	韓国系
1. 現地子会社の直属上司	25.0	15.0	33.3	0
2. 現地子会社の人事部門	8.3	0	11.1	12.5
3. 現地子会社の特別委員会	0	0	0	0
4. 現地子会社の社長・役員	50.0	85.0	55.6	87.5
5. 本社人事部	16.6	0	0	0

3）コア人材選抜の決定時期（図表 6-12、選択肢 5、うち 1 つ回答。参考としてコア人材の対象者を決定するものを図表 6-13 に示す）

　コア人材選抜の決定時期について、4 カ国企業のなかで最も早いのは、ベトナム企業で入社時が 80％を占め、コア人材全員が入社 1 年以内に決定される。次に早いのは、韓国系で入社 1 年以内が 50％を占める。次いで台湾系で入社後 1 ～ 3 年が 62.5％であり、最も遅いのは日系で入社後 3 ～ 5 年が 57.9％である。

（2）　選抜したコア人材をどのように育成しているか

　まず、コア人材を育成する施策はどのようなものが、どれくらい実施されているかを見る。

1）コア人材の育成施策（図表 6-14：4 項目、「まったく実施していない」を 0 p、「あまり実施していない」を 1 p、「どちらかというと実施している」を 2 p、「大いに実施している」を 3 p とし、回答企業の平均をとった）

図表6−14　コア人材の育成施策

	現地	日系	台湾系	韓国系
1. 社外の研修機関（含大学）への派遣	1.90	1.55	1.00	0.57
2. 本社へ出向させ上位の職務を経験させる	1.80	1.30	0.88	0.33
3. コア人材を意識した能力開発プログラム	2.20	1.05	1.44	0.83
4. コア人材を意識したキャリア形成	2.20	1.90	2.00	1.38

　ベトナム企業が最も実施率が高い。1位のコア人材を意識した能力開発プログラムとコア人材を意識したキャリア形成は2pを超え、4位でも1.80である。日系企業は1位がコア人材を意識したキャリア形成（1.90）、2位が社外の研修機関（大学を含む）への派遣（1.55）、3位が本社へ出向させ上位の職務を経験させる（1.30）、4位がコア人材を意識した能力開発プログラム（1.05）となり、1位のコア人材を意識したキャリア形成を除き、コア人材育成策の実施率は高いとは言えない。台湾系も1位がコア人材を意識したキャリア形成（2.00）で、2位以下は中位数を超えない。したがって、台湾系もコア人材を意識したキャリア形成を除き、コア人材育成策の実施率は高いとは言えない。韓国系も1位がコア人材を意識したキャリア形成（1.38）で、2位以下は1pを超えず、4カ国企業のなかで最もコア人材育成策の実施率は低い。

　次に、どのようなキャリアパスで育成しようとしているのかを見る。

2）**コア人材の今までと今後のキャリアパス**（図表6-15、図表6-16：選択肢は3つ、パターンⅠ：一定年齢までに幅広い職務を経験し、将来の中核となる人材を育成するキャリア〔以下幅広いキャリアと略す〕、パターンⅡ：一定年齢までに1つの職務で専門性を身につけ、その分野のプロフェッショナルを育成するキャリア〔以下プロフェッショナルと略す〕、パターンⅢ：一定年齢まで狭い範囲の職務を経験し、企業内スペシャリストを育成するキャリア〔以下スペシャリストと略す〕のうち1つ回答）

　ベトナム企業は現在まではパターンⅡのプロフェッショナルが81.8％と圧倒的である（今後は大幅に減らそうと考えている企業が多い）。日系もパターンⅡ

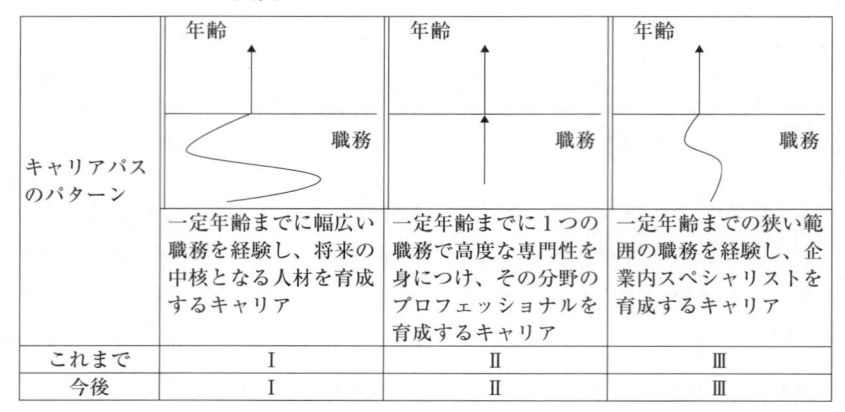

図表 6-15　キャリアパスのパターン

キャリアパスのパターン	一定年齢までに幅広い職務を経験し、将来の中核となる人材を育成するキャリア	一定年齢までに1つの職務で高度な専門性を身につけ、その分野のプロフェッショナルを育成するキャリア	一定年齢までの狭い範囲の職務を経験し、企業内スペシャリストを育成するキャリア
これまで	I	II	III
今後	I	II	III

図表 6-16　コア人材のキャリアパスのパターン

パターン	現地			日系			台湾系			韓国系		
	I	II	III	I	II	III	I	II	III	I	II	III
今まで	18.2	81.8	0	11.1	66.7	22.2	66.7	33.3	0	37.5	50.0	12.5
今後	22.2	55.6	22.2	38.9	27.8	33.3	44.4	22.2	33.3	42.9	57.1	0

が66.7％と3分の2を占めている（今後は大幅に減らし、パターンIの幅広いキャリアやパターンIIIのスペシャリストを増やそうと考えている企業が多い）。台湾系はパターンIの幅広いキャリアが3分の2を占めている（今後はパターンIIIのスペシャリストを激増させようと考えている企業が多い）。韓国系はパターンIIが半数を占める（今後はパターンIが微増する）。今までは台湾系企業を除き、パターンIIのプロフェッショナル型のキャリアパスをとる企業が多い。

（3）　育成したコア人材をどのように活用・定着させようとしているか

まず、どのように活用しているかをどのくらいの職位まで昇進させようとしているのかによって見たい。

第6章　ベトナムにおける人材育成の現状

図表6-17　コア人材を昇進させる職位

	現地	日系	台湾系	韓国系
1.　現地（子）会社部長クラス	1.56	2.05	1.38	1.71
2.　現地（子）会社役員クラス	1.00	1.06	0.33	1.63
3.　現地（子）会社社長	1.43	0.18	0.75	0.60
4.　本社役員クラス	──	0	0.22	0.20

図表6-18　コア人材を必要とする職種

	現地（%）※	日系	台湾系	韓国系
1.　営業	70.0	1.29	2.00	2.43
2.　総務・人事	30.0	2.26	2.00	2.13
3.　財務・経理	60.0	2.58	2.78	2.88
4.　開発・設計	30.0	1.95	1.56	2.25
5.　生産・技術	30.0	2.84	2.22	2.29
6.　法務・特許	40.0	1.47	1.00	1.63

※ベトナム企業は必要と回答した職種を回答企業数で除したものである。

1）**コア人材を昇進させる職位**（図表6-17：4項目、「まったくない」を0p、「あまりない」を1p、「どちらかというと多い」を2p、「非常に多い」を3pとし、回答企業の平均をとった。参考として、コア人材を必要とする職種を図表6-18に示す）

　昇進させる職位は、ベトナム企業は部長クラス（1.56）と社長クラス（1.43）にほぼ分かれた。日系は子会社部長クラスが2pを超えるが、子会社役員クラスは1pをわずかに超える程度で、子会社社長と本社役員クラスはほぼ0である。台湾系は子会社部長クラスでも1.5pを下回り、子会社役員クラス以上はすべて1p以下である。韓国系は子会社部長クラスだけでなく、子会社役員クラスでも1.5pを上回り、日台より昇進率は高い。

　次に、どのようにして定着させようとしているのかを見る。

2）**コア人材を定着させるための施策**（図表6-19：9項目、「まったく有効でない」を0p、「あまり有効でない」を1p、「どちらかというと有効である」を2p、「非常に有効である」を3pとし、回答企業の平均をとった）

　ベトナム企業の上位は、1位給与・賞与の反映幅の拡大（2.80）、2位表彰

図表6-19　コア人材を定着させるための施策

	現地	日系	台湾系	韓国系
1. 給与・賞与の反映幅の拡大	2.80	2.68	2.44	2.50
2. 昇進・昇格のスピード	2.57	2.44	1.44	2.50
3. 能力開発の機会の拡充	2.60	2.11	1.38	2.29
4. 裁量権の拡大	1.67	1.83	1.67	2.00
5. 報奨金・奨励金制度	2.22	2.11	2.50	2.50
6. ストックオプション制度	1.78	1.29	0.83	1.29
7. 社内公募制	1.00	1.33	2.00	1.71
8. 表彰制度	2.67	1.89	2.25	2.13
9. 福利厚生の充実	2.22	2.16	2.38	2.38
10. その他	0	0	0	0

制度（2.67）、3位能力開発の機会の拡充（2.60）である。日系の上位は、1位給与・賞与の反映幅の拡大（2.68）、2位昇進・昇格のスピード（2.44）、3位福利厚生の充実（2.16）である。台湾系の上位は、1位報奨金・奨励金制度（2.50）、2位給与・賞与の反映幅の拡大（2.44）、3位福利厚生の充実（2.38）である。韓国系の上位は、同率1位で給与・賞与の反映幅の拡大、昇進・昇格のスピード、報奨金・奨励金制度（2.50）である。金銭的インセンティブの割合が最も高いのは台湾系で、韓国系が次ぐ。

最後に、各国企業はコア人材制度はベトナムでどの程度受け入れられると考えているかを聞いた。

3）コア人材制度の受け入れについて（図表6-20：「まったく受け入れられない」を0p、「あまり受け入れられない」を1p、「どちらかというと受け入れられる」を2p、「大いに受け入れられる」を3pとし、回答企業の平均をとった。参考として、コア人材に対する考え方を図表6-21に示す）

コア人材制度という考え方は、韓国系で受け入れ度が最も高く（2.38）、次いでベトナム企業（2.13）、台湾系（2.00）と続き、日系が最も低い（1.61）。

図表6-20　コア人材という考え方の受け入れ度

現地	日系	台湾系	韓国系
2.13	1.61	2.00	2.38

図表6-21　コア人材に対する考え方

プラス要因	現地	日系	台湾系	韓国系
1. 世の中の変化に対応できるシステムである	1.38	1.94	1.60	2.00
2. 限られた資源を有効に活用するシステムである	1.44	2.37	2.00	1.88
3. 人材が流動化するなかで有効な人材育成のシステムである	1.44	2.26	2.00	2.25
4. ホワイトカラーの選抜に有効なシステムである	0.71	1.89	1.60	1.88
5. 能力があるものを魅きつけるシステムである	2.22	2.21	2.00	2.13
マイナス要因	現地	日系	台湾系	韓国系
6. 選抜のための基準作りや評価が難しい	1.88	2.37	2.20	1.29
7. コア人材として選抜されたものへの負担が大きい	2.33	1.71	2.50	2.00
8. コア人材の育成に費用や時間がかかる	2.22	2.39	2.50	1.88
9. コア人材の要件を満たす人材が少ない	2.22	2.72	2.20	2.73
10. コア人材以外の社員のモチベーションが失われる	1.29	1.28	1.80	1.13
11. 人間関係がギクシャクする	2.13	1.32	1.25	1.71

（4）　コア人材育成に関する各国の対応

　コア人材育成に関する各国の対応をまとめると以下のとおりである。

　ベトナム企業では、コア人材はやや不足しており、リーダーシップ、学歴、問題解決力、洞察力等を重視して選抜している。コア人材として入社時に80％が、入社1年以内に全員が決定され、4カ国企業のなかで最も決定されるのが早い。コア人材の育成施策の実施率はベトナム企業が最も高く、4つすべてで1.8以上である。現在までのキャリアパスはベトナム企業はパターンⅡのプロフェッショナルが81.8％と圧倒的である。コア人材を昇進させる職位は、部長クラス（1.56）と社長クラス（1.43）にほぼ分かれる。コア人材を定着させるための施策として給与・賞与の反映幅の拡大、表彰制度、能力開発の機会の拡充等を重視している。コア人材制度という考え方は、ベトナムで受け入れられると考えられている。

　日系企業はコア人材の充足度が4カ国企業のなかで最も低い。実行力、リー

ダーシップ、社内での実績等を重視して選抜している。コア人材選抜の決定時期は、大半が入社後3～5年で最も遅い。コア人材の育成施策の実施はコア人材を意識したキャリア形成以外は高くない。現在までのキャリアパスはパターンⅡのプロフェッショナルが66.7％と3分の2を占めている。コア人材を昇進させる職位は、子会社部長クラスが2pを超えるが、子会社役員クラス以上は少ない。コア人材を定着させるための施策として給与・賞与の反映幅の拡大、昇進・昇格のスピード、福利厚生の充実等を重視している。コア人材制度という考え方がベトナムで受け入れられると考える企業が4カ国のなかで最も少ない。

　台湾系企業は、コア人材はやや不足しており、人柄、将来性、学歴等を重視して選抜している。コア人材選抜の決定時期は入社後1～3年が最も多く、62.5％が決定される。コア人材の育成施策の実施はコア人材を意識したキャリア形成以外は高くない。現在までのキャリアパスはパターンⅠの幅広いキャリアが3分の2を占めている。コア人材を昇進させる職位は、子会社部長クラスでも1.5pを下回り、4カ国のなかで最も低い。コア人材を定着させるための施策として報奨金・奨励金制度、給与・賞与の反映幅の拡大、福利厚生の充実等、金銭的インセンティブを重視している。コア人材制度という考え方は、ベトナムで受け入れられると考えられている。

　韓国系企業はコア人材の充足度が4カ国企業のなかで最も高い。語学力、専門性、人柄等を重視して選抜している。コア人材選抜の決定時期はベトナム企業の次に早く、入社1年以内で50％が決定される。コア人材の育成施策の実施はコア人材を意識したキャリア形成でも中位数を超えず、4カ国企業のなかで最もコア人材育成策の実施率は低い。現在までのキャリアパスはパターンⅡのプロフェッショナルが半数を占める。コア人材を昇進させる職位は、子会社部長クラスだけでなく、子会社役員クラスでも1.5pを上回る。コア人材を定着させるための施策として給与・賞与の反映幅の拡大、昇進・昇格のスピード、報奨金・奨励金制度等があげられ、台湾系企業に次いで金銭的インセンティブを重視している。コア人材制度という考え方は、ベトナ

ムで受け入れられると考える企業が4カ国のなかで最も多い。

〈注〉
（1）ベトナム企業で回答したものは在ハノイ企業である。ベトナム企業へのアンケート調査ではファム・チュン・タイン氏（調査当時朝日大学大学院生、現エースコック社勤務）に大変お世話になりました。記して感謝申し上げます。

〈参考文献〉
丹野勲・原田仁文『ベトナム現地化の国際経営比較―日系・欧米系・現地企業の人的資源管理、戦略を中心として―』文眞堂、2005年。
福谷正信「ベトナムにおける『知識人材』の活用と日系企業の取り組み」福谷正信編『アジア企業の人材開発』学文社、2008年。
鈴木岩行「ベトナム・フィリピン・インドネシアにおける日系企業のコア人材育成―在中国日系企業との比較を中心に―」『和光経済』第40巻第2・3号、2008年。

第7章

ベトナム現地企業における人材育成

1．はじめに

　本章では、ベトナム現地企業におけるコア人材に対する人材育成や人材マネジメントの現状と今後の課題をヒアリング調査に基づき明らかにしていきたい。ヒアリング調査の対象企業はアンケート調査に応じてくれた企業をはじめとして、ハノイに存在する Trade and Business Information Centre の紹介による企業を含めて5社に及ぶ。

　本章の目的は、調査協力企業5社に対するヒアリング調査に基づく縦断的研究・分析を中心としながらも、5社の全体的比較を行なうことにより、つまり横断的研究・分析を通じてベトナム現地企業のコア人材に対する人材育成の類似性や差異を抽出することにある。第6章の現地企業に対するアンケート調査結果と比較して見ていただきたい。

　第2章と同様、本章における分析のフレームワークを示すと次のようになる。以下では、このフレームワークに基づき、ヒアリング調査の結果を分析・考察していく。

　①コア人材の定義と選抜方法
　②コア人材の採用と求められる能力
　③コア人材の育成とキャリアパス
　④コア人材の評価とリワードシステム
　⑤コア人材の定着策と今後の課題

2．ヒアリング対象企業の企業属性と事業内容

● VVA 社

VVA 社の設立は 2001 年 10 月 12 日で、創業 7 年目の新しい企業である。同社の主な事業は卸売・小売業と情報・メディア事業の 2 つから成り立っているが、情報・メディア事業がメイン事業である。同社の企業形態は私営企業で、従業員数は 35 名と小規模である。内訳はホワイトカラーが 10 名、ブルーカラーが 25 名となっている。

同社の組織は図表 7-1 に見られるように、典型的な職能別組織の形態をとっている。これは同社の事業が 2 つしかない点と創業後の年数がそれほど経過していない点などが大きな要因と考えられる。

● VVB 社

VVB 社は 1990 年にリコーとの合弁企業を設立し、リコーの総代理店として事業をスタートした。その後、1995 年に富士ゼロックスの代理店として 3

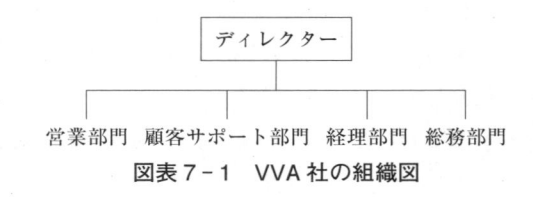

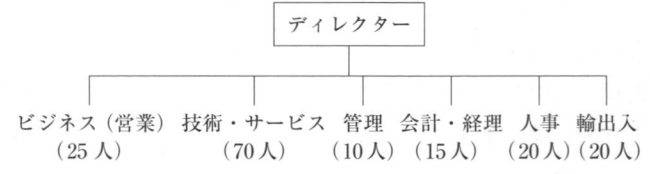

```
              ディレクター
    ┌─────────┬─────────┬─────────┐
  営業部門  顧客サポート部門  経理部門  総務部門
```
図表 7-1　VVA 社の組織図

```
                    ディレクター
    ┌────────┬────────┬────────┬────────┬────────┐
ビジネス（営業） 技術・サービス  管理  会計・経理  人事  輸出入
  （25 人）    （70 人）   （10 人）（15 人） （20 人）（20 人）
```
注：（　）内の数字は配属されている従業員数を表わしている。
図表 7-2　VVB 社の組織図と従業員数
出所：組織図は VVB 社の会社案内に基づき作成。

つの営業所を設置し、現在は4社からなる企業グループの基幹会社として大きく成長している。同社のクライアント（顧客）の90％は日本の企業で、売上高は年30％ずつ増加しており、7,000万USドルにおよんでいる。

同社の経営理念は、クライアント（顧客）に高品質な製品と完全なサービスを提供することにあり、2000年にはベトナムで初めてISO9001の認証を取得している。

図表7-2に見られるように、同社の組織も典型的な職能別組織で、OA機器販売会社の特徴として営業（ビジネス）部門と技術・サービス部門の2つの部門に従業員の半数以上の95名を配置している。なお、同社の従業員数は160人である。

● VVC社

VVC社は、1989年3月に設立されたプライベート・カンパニーで、資本金は500億VND（312万5,000USドル）である。現在は持株会社の傘下に8社の関係会社を有するとともに、7つの製造工場を有しており、ベトナムのセメント建築資材のリーディング・カンパニーとなっている。製品は日本、オーストラリア、フランスなどに輸出されている。

また、同社はイタリアの技術を活用したタイル、大理石のベトナム唯一のメーカーでもあり、2000年にISO9001の認証を取得している。

従業員数は700人で、70％がワーカーで残りの30％がホワイトカラーである。head office（本社）のスタッフは40人程度である。

VVC社の本社組織は、図表7-3に見られるように、職能別組織となっており、それぞれの職能部門でのコア人材の育成が模索されている。

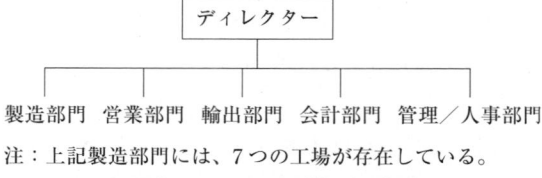

```
                    ディレクター
    ┌──────┬──────┼──────┬──────┐
  製造部門 営業部門 輸出部門 会計部門 管理／人事部門
```
注：上記製造部門には、7つの工場が存在している。

図表7-3　VVC社の組織図

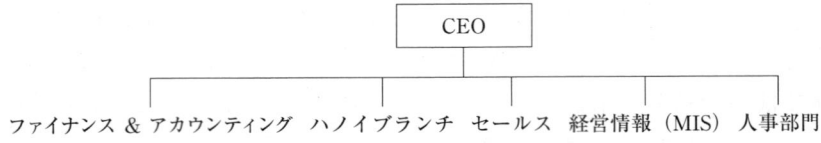

```
                    ┌─────────┐
                    │   CEO   │
                    └────┬────┘
     ┌──────────┬────────┼────────┬──────────┐
```
ファイナンス＆アカウンティング　ハノイブランチ　セールス　経営情報（MIS）　人事部門

図表7-4　VVD社の組織図

● VVD社

　VVD社は2006年9月に設立され、プリペイド、プロバイダー事業を中心とするe-solutionの会社である。資本金は200万USドルで、PIN-CORDの先駆的会社である。同社の社長は日本に7年間滞在した経験を有しており、国際的なビジネスパーソンで、シンガポールとの会社の提携も実現させている。

　傘下には4つのグループ企業が存在しており、agent（代理店）は2,000店舗にもおよぶ。同社の今後の課題としては、distributorの拡大、つまり代理店網の拡大が最重要経営課題としてあげられている。

　売上高は6,000～7,000万USドルで、8州にブランチ・オフィスが存在する。従業員は70人で、そのうち、ハノイのブランチには20人が配属されている。

　図表7-4に見られるように、同社の組織は他のヒアリング企業と同様、職能別組織の形態をとっている。

● VVE社

　VVE社の前身はFFTで3人の創業メンバーによって設立されたものであるが、その後1999年に現在の同社が設立された。同社の主な事業は、ファクトリー・オートメーション（FA）で、日本の三菱電機や山武ハネウエルなどとの取引がある。ハノイに支店があるが、来年にはアナンに支店を増設する予定である。売上高は年20～50％近く増加しており、200万USドルに達している。

　本社スタッフは50人で、ホワイトカラーとエンジニアが中心である。同社の組織も図表7-5に見られるように、典型的な職能別組織である。

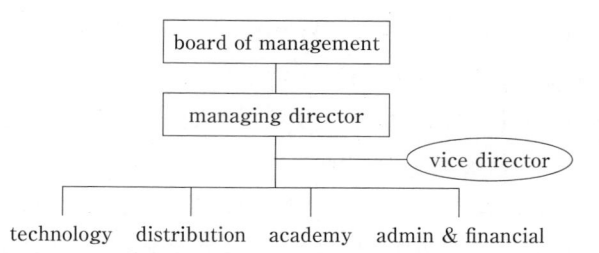

```
           ┌─────────────────────────┐
           │  board of management    │
           └───────────┬─────────────┘
                       │
           ┌───────────┴─────────────┐
           │   managing director     │────────( vice director )
           └───────────┬─────────────┘
        ┌──────┬───────┼───────┬──────────┐
   technology distribution academy  admin & financial
```

注：distribution は営業、academy はマネジメントやファイナンス、さらにはオートメーションのトレーニングプログラムを開発する部門（センター）を表わしている。

図表7-5　VVE社の組織図

出所：組織図はVVE社の会社案内に基づき作成。

3．コア人材の定義と選抜方法

　コア人材の定義は、5社中4社がマネジャー（一部、スーパーバイザーを含む）以上としている点では共通しているが、VVC社のみがヘッドクオーター(HQ)のスタッフ以上としており、若干の違いが見られる。VVE社においても、コア人材を本社スタッフでマネジャー以上としており、本社や本部機構のスタッフをコア人材と見ている点ではVVC社と類似している。

　コア人材の人数は個々の企業で一部バラつきはあるものの、大体、全従業員の10％前後である。なかには、VVB社のように全従業員の15％におよぶ企業もある。

　このように、コア人材の定義や概念については5社間での共通性や類似性が見られるものの、コア人材の選抜方法に関しては各社の事情を反映して独自の展開が見られる。VVA社では、人材を採用する場合、従来は社員の紹介ルートが多く、外部から調達する場合は新聞募集が中心となる。コア人材の採用にあたっては、まず履歴書で書類選考を行なったうえで、面接で採用の合否が決定されている。

VVB社では、コア人材になるためのキャリアパスは存在しておらず、コア人材に選抜されるかどうかは個人の能力差が大きい。中途採用の場合は、最短で3〜6カ月程度で管理職、つまりコア人材に昇進できる。新卒の一般社員の場合は、入社後2〜5年程度でコア人材予備軍になる。

一方、VVC社の場合、コア人材の選抜は入社後12〜18カ月の間に行なわれ、選抜にあたっては専門分野における学歴が重視される。なお、傘下の8社のカンパニーは地域的独自性が強いため、人材交流や人事異動はほとんどない。

VVD社の場合、IT企業の特徴とも言うべく、社長（CEO）が34歳と若く、マネジャークラスの平均年齢も30歳代と極めて若い。マネジャークラスのコア人材に昇進するには、少なくも1〜2年の期間が必要である。マネジャークラスの平均給与は800USドルと高い水準にある。

最後はVVE社であるが、新卒採用を実施していないので、本社のスタッフとして採用後、少なくとも2年間はファクトリー・オートメーション、プロセスエンジニアリングの経験をさせたうえで、コア人材としての見極めを行なっている。

4．コア人材の採用と求められる能力

コア人材の採用は、5社の事業特性が大きく異なっているだけでなく、企業規模にも大きな違いが見られる点から、採用方法や求められる能力などにおいても5社間で違いが見られる。前述したように、VVA社のコア人材の採用は紹介ルートによる外部調達型が中心で、内部昇進での育成はほとんど行なわれていない。マネジャー以上のコア人材も現状では4人しか存在しておらず、定期的にコア人材を採用しているとは言い難い状況にある。コア人材を調達する場合は、知識・専門性が最も重視され、次いで指導力、ビジョン作成力などが重視される。VVA社の組織図で示したように、同社には4

つの職能部門があり、コア人材に求められる能力は各部門ごとによって異なっている。たとえば、販売部門では渉外力、コミュニケーション力、専門性などがあげられる。

　VVB社のコア人材の採用は、募集する人材によって新聞やインターネットなどの媒体が使い分けされている。募集する人数は、社員全体の10％程度、その時々の状況に応じて理系、文系にウエイトを置いた採用が展開されている。採用にあたっては、competency test が実施され、IQ や EQ（Emotional Quotient）などが併用されている。コア人材の採用は、技術系の場合はコンピュータスキル、ビジネス（営業）の場合はマーケティングの専門性、会話、接客力、交渉力などが重視されている。

　VVC社におけるコア人材の採用は、即戦力の観点から中途採用がベースになっており、新卒採用を実施するかどうかはケースバイケースで対応されている。中途採用の場合は、公務員の体質が染みついた国営企業からの採用は行なわないことがルール化されている。5つの職能部門のうち、管理・人事部門ではコア人材は充たされているが、残りの製造部門／営業部門／輸出部門／会計部門ではコア人材が不足気味である。こうした4部門のコア人材の採用はそれぞれの専門分野が重視されるが、特に製造部門の場合はこれまでの技術の職歴や経験が重視される。

　VVD社では、毎年20人前後のコア人材の採用を実施しており、新卒採用と中途採用を募集する人材に応じて併用している。採用の媒体は印刷媒体、インターネットによる採用が中心となっている。コア人材の採用にあたっては、新卒、中途とも募集するプロジェクトの内容が十分理解できているかどうかが重視される。ただし、新卒の場合は中途に比して研修期間が長い。コア人材に求められる能力としては、リーダーシップが最重視されており、マネジメントスキルや教育のバックグラウンドがそれに続いている。

　最後のVVE社では、即戦力の観点から新卒採用は実施しないで、毎年7～8人のエンジニアをコア人材としてキャリア採用している。特に、採用に際しては工学的レベルが採用の重要な決め手となっており、少なくとも2年

間の業務経験が必要である。コア人材の採用は採用広告や HRM エージェント（いわゆるヘッドハンティング会社）などを活用して行なわれる。すでに述べたように、コア人材の採用では、業務経験と知識、専門性が重視されており、なかでも業務経験などの技術的バックグラウンドが特に重視されている。

5．コア人材の育成とキャリアパス

　コア人材の育成は、内部育成型と外部活用（派遣）型に大きく分かれる。なかには人材育成の専門スタッフを採用したり、あるいは大学と連携した人材育成を実施したり、さらには MBA プログラムの受講を義務づけたりしているヒアリング対象企業もある。そこで、以下ではコア人材の育成に向けた各社の取り組みを見ていきたい。

　まず VVA 社であるが、コア人材の育成方法は大きく 2 つに分かれる。1 つは社内を中心とするもので、社内での専門教育が実施される。研修内容の結果は社長にまで報告される。もう 1 つは 3 カ月の外部コースに派遣するもので、研修内容としては外国語の習得やマーケティング研修などが中心となっている。

　富士ゼロックスの代理店である VVB 社では、営業部門や技術部門のコア人材の育成は、新商品が発売されるたびに、富士ゼロックス本社より人材が派遣され、トレーニングが実施される。しかし、コア人材育成に向けた富士ゼロックス本社への教育派遣は現状では実施されていない。VVB 社の場合は代理店特有の人材育成の特徴が表われている。また、同社ではコア人材の不足に対しては、人材育成で対応するよりも、外部からの人材調達や現在の契約社員の契約更改で対応していきたいとしている。

　VVC 社の人材育成は、OJT を中心に継続的に実施されており、こうした教育効果が経験として蓄積され、仕事がスムーズにこなせるようになるとしている。マネジャー以上のコア人材の育成は、トレーニングセンターを設

置し、ベトナムの経済大学と連携したトレーニングが実施されている。

　一方、VVD社は会社設立後数年間しか経過していないためか、コア人材を育成するためのトレーニングプログラムや研修トレーナーなどは存在していない。コア人材の育成は、基本的には配属された部門でそれぞれの専門性やマネジメントスキルを高めるような形で実施されている。ただし、必要に応じてマネジメントスキルの習得を図るべく外部研修に派遣する場合がある。

　それに対し、VVE社はコア人材の育成に積極的で、シンガポールから人材教育の専門家をトレーニングスタッフとして採用し、交渉力、コミュニケーション、問題解決能力、リーダーシップのスキルの向上を目指した研修が実施されている。マネジャークラスのコア人材になるためには、同社での2年間の業務経験と原則MBAプログラム（ただし、専門分野によっては受講する研修の内容が異なる）の受講が義務づけられている。

　次に、コア人材になるためのキャリア形成やキャリアパスについて見ていきたい。ヒアリング5社のなかの1社では、コア人材育成に向けたキャリアパスは存在していないものの、残り4社においては共通のキャリア形成パターンが存在しており、一定年齢までに特定の部門で高度な専門性を身につけるパターンⅡがとられている。以下では各社の個別キャリア形成について見ていく。前述したように、VVB社はOA機器メーカーの代理店であり、コア人材の育成をメーカーに大きく依存しているため、コア人材育成に向けた具体的なキャリアパスやキャリア形成のパターンは存在していない。

　VVA社およびVVD社では、主に各部門ごとでの専門性を深化させるキャリア形成がとられているが、VVA社では営業部門と顧客サポート部門は業務の関連性が強いとの判断から両部門間のローテーションが実施されている。同様のキャリア形成のパターンがVVC社でもとられており、原則各部門での専門性を深化させるキャリア形成が中心となっているが、営業、会計、輸出、管理の4部門間では必要に応じてローテーションが実施されている。最後のVVE社においても、原則同一部門内でのキャリア形成、すなわち社内プロフェッショナルに近いファンクショナル・スペシャリストの育成が志

向されているが、今後はマネジャーになるためのキャリアパスとして異なった仕事を経験させていきたいとしている。

6. コア人材の評価とリワードシステム

　コア人材に対する評価に関しては、実績・パフォーマンスないしは能力と、仕事に対する取り組み姿勢や会社へのコミットメントなどを評価する態度（attitude）の2本立てで評価が実施されている点がヒアリング対象企業において共通している。特に、態度はVVA社を除いた4社において重視されている。一般に、ベトナム人労働者に対しては、ポテンシャルが高い、勤勉であるなどの高い評価がなされているが[1]、コア人材の評価において態度が重視されるのはこうした勤勉なベトナム人労働者の特徴を反映しているものと考えられる。

　また、実績やパフォーマンスの評価に関しては、VVB社やVVE社で目標管理制度（Management By Objectives：以下ではMBOと表記）が活用されている点にも留意しなければならない。

　このように、コア人材の評価に関してはかなり共通する部分は多いものの、評価要素の構成やウエイトなどにおいては各社での差異も見られるため、以下では各社のコア人材に対する評価の仕方について詳細に見ていく。まずはVVA社であるが、同社のコア人材に対する評価は、職能部門や仕事の特性によって異なる。たとえば、営業部門では営業実績、経理部門や総務部門などの管理系では、決算までの業務処理の正確性などが重視される。評価結果はボーナスに反映され、評価結果によっては最大で30％の格差が発生する。

　VVB社では、管理職以上のコア人材の評価は、年4回、仕事目標の達成度評価、勤務態度などの人物・性格評価、能力評価の3つの視点から実施され、評価結果はボーナスに反映される。一般社員はこうした3つの視点から毎月評価が実施される。なお、仕事目標の達成度評価にあたっては、MBO

が活用されて、評価制度としての精度を高める工夫が施されている。

　VVC社におけるコア人材の評価は、実績と態度の2つの視点から実施されており、態度は働き方、仕事への興味、会社へのコミットメントなどの視点から評価が実施される。評価結果はボーナスに反映されると同時に、一部、自社株をコア人材に配分する場合にも活用される。

　VVB社やVVC社と同じように、VVD社においてもコア人材の評価は複数の視点、すなわち専門能力と態度の2つの視点から行なわれており、両者のなかでは専門能力の評価ウエイトの方が高い。専門能力の評価は、単に評価結果の賃金・賞与などのリワードへの反映だけではなく、適性配置にも広く活用されている。評価とは、本来、単に査定のために存在するものではなく、人材育成や人材活用（配置・異動）に反映させることが重要である。VVB社は、評価制度の本来のあり方を目指した運用を行なっていると言えよう。

　最後のVVE社では、コア人材の評価は年2回、performanceとattitude（態度）の2つの視点から実施される。performance評価においては、job description（職務記述書）とMBOが効果的に活用されている。attitude評価は会社のビジョンやミッション（使命）を十分理解しているかどうかで評価される。

　次に、コア人材に対するリワードシステムについて見ていく。コア人材に対する評価と同様、リワードシステムにおいてもヒアリング対象企業間で共通の特徴が見られる。つまり、ヒアリング対象企業において、リワードシステムは基本給とボーナスが中心となっており、各社の個別の事情を反映して生計費を補助する観点からアローワンスやベネフィットが付加的賃金として支給されている。そこで、以下では各社のコア人材に対するリワードシステムの詳細を見てその違いを明らかにしていく。

　VVA社のコア人材に対する給与は、年齢によって異なり、交通費や昼食代、社会保険の補助などが付加的賃金として支給されている。給与の水準はワーカーで150万ドン（日本円に換算すると8,117円、ただし、1円＝184.8ドンで計算）、ホワイトカラーで300万ドン（日本円で1万6,234円）である。

VVB 社のコア人材に対するリワードシステムは、基本給とボーナスの2本立てであるが、基本給は部門によって異なる。また、基本給には評価結果が反映される。一方、ボーナスも評価結果によって大きく異なり、少なくとも2～3倍程度の格差が生じる。さらに、ビジネス（営業）部門には営業実績によるインセンティブが支給される。マネジャークラスのコア人材の給与水準は 300 US ドルとやや低めである。

　VVC 社のリワードシステムは、職務経験と教育に基づき算定される基本給がベースになるが、ボーナスは部門により異なる。営業部門では売上実績、製造部門では生産性などを基準に評価が実施され、その結果がボーナスに反映される。

　上記2社とは異なり、VVD 社のコア人材のリワードシステムは、basic salary（基本給）が中心で、住宅手当、携帯手当などのフリンジ・ベネフィットが支給されている。マネジャークラスのコア人材の給与水準は 800 US ドルと高いが、インフレ率が 20％と高いため、リテンションの観点から仕方がないと考えられている。

　最後の VVE 社では、他の会社と同様に、コア人材のリワードシステムは、基本給とボーナスを中心に、燃料費、ホリデー補助費などのアローワンスが支給されている。ボーナスは1カ月分が固定部分で、残りは会社の業績によって変動するが、大体2カ月は支給される。マネジャークラスのコア人材の給与は平均で 1,000～2,000 US ドルとかなり高い水準にあり、コア人材のリテンションに有効に作用している。

7．コア人材の定着策と今後の課題

　ヒアリング対象企業5社のなかで、コア人材の離転職が少ないのは VVA 社と VVE 社の2社のみで、残りの3社では離転職が比較的多く発生しており、コア人材の定着に向けた対策が必要である。そこで、以下においてまず離転

職の少ない2社に焦点をあて、なぜ離転職が少ないのかを分析・考察することから始め、次いで離転職の多い残りの3社の離転職の要因とその防止策（定着策）について詳細に見ていく。

　VVA 社では、給与水準が比較的高く、仕事環境が良いため、離転職する人は少ない。一部、ベトナムの地方出身者で都市の環境や仕事環境に適応できずに辞めていく人がいる。社員との雇用契約は、6カ月間の実習期間としての試用期間を経て、その後1年ごとの契約更新が図られている。同社では、コア人材に対する定着策の必要性はあまり感じていないが、現状では休日が日曜日のみと少ないため、今後は政府の土日を休日とする推進策に従い、休日を増やしていきたいとしている。一方、VVE 社では、前述したように、マネジャークラスのコア人材の給与が 1,000 〜 2,000 US ドルとかなり高水準であるため、コア人材の定着に有効に機能している。さらに、同社は株式の上場を予定しており、上場後はコア人材に自社株の供与を行なう予定である。こうした同社の動きが、コア人材に将来性のある会社であることを強く印象づけ、さらなる定着推進につながることが期待される。

　次に、コア人材に対する定着策が必要と思われる3社について見ていく。まず VVB 社であるが、同社では新入社員の約半数近くが転職をする。コア人材の予備軍として採用した人材を定着させるために、今後は家族のような社風や雰囲気作りを行なうと同時に、信頼をベースにしたマネジメントの展開を行なっていきたいとしている。また、同社では労働組合が存在しており、労働時間や賃上げについてルールに従った交渉が展開されている。

　VVC 社では、社員全体を見た場合に長期勤続者が少なく、そうした状況を反映してか、従業員の定着策の必要性はそれほど強く認識されていない。しかし、コア人材に関してはやはりそのリテンションが必要で、2つの対策が有効であると考えられている。1つはリワードに関するもので、high-position（高い地位）とそれに見合った処遇（給与とボーナス）の提供である。もう1つは job education、いわゆる OJT の計画的推進である。こうした2つの定着策を導入することで、コア人材のリテンションが図られている。

最後はVVD社で、同社はe-solutionのIT会社で成長が著しい業界で事業展開を図っているため、競合が極めて多く、コア人材の他社への転職が少なくない。コア人材の定着は、エージェント（代理店）の拡大と同様に、同社にとっての重要な経営課題である。すでにコア人材に対するリワードシステムの部分で述べたように、同社のコア人材の給与水準は800 USドルと高い水準にあるが、今後はさらなるhigh-positionとhigh-salary（高賃金）を提供することにより、コア人材の定着率を高めていきたいとしている。また、これまでは転職者に対しては引き留めの話し合いもほとんど実施してこなかったが、今後はマズローの欲求階層理論を援用して話し合いを行ない、転職を阻止したいと考えている。同社がマズロー理論を援用するのには、給与や地位といった生理的欲求だけでなく、同社のような成長著しい会社で良い仕事仲間と社会的意義のある仕事をすることは社会的欲求や自己実現欲求をも充たすことにつながることを従業員に理解してもらうという意図があると思われる。

8. おわりに

　以上、ベトナムの5社に対するヒアリング結果をまとめると、図表7-6のようになる。これに基づき、これまでの考察結果を要約すると、次のようにまとめることができる。
　第1に、コア人材の定義と選抜方法であるが、コア人材の定義は本社のスタッフに限定するか、スーパーバイザーを含むかどうかの若干の違いは見られるものの、マネジャー以上を基本としている点ではほぼ共通している。しかし、コア人材の選抜方法に関しては、事業特性や会社の規模の違いなどから各社独自の選抜方法がとられているが、コア人材の選抜には少なくとも入社後1～2年の業務経験が必要だとしている点では共通している。
　第2に、コア人材の採用と求められる能力に関してであるが、採用は即戦

力の観点から中途採用を中心に展開されており、新聞などの印刷媒体における採用広告やインターネット募集などが主に活用されている。求められる能力も中途採用が中心となっているためか、それぞれの専門分野や業務経験、技術的バックグラウンドなどが重視されている。

　第3に、コア人材の育成とキャリアパスであるが、コア人材の育成は内部育成型が基本であるが、マーケティングやマネジメントスキルの習得などの専門性の高い内容は外部派遣が行なわれている。一方、キャリアパスに関しては、1社においては明確なキャリアパスは存在しないものの、残り4社においては、一定年齢までに特定の部門で高度な専門性を身につけるパターンⅡのキャリア形成がとられている。つまり、ベトナムのヒアリング対象企業においては、いわゆるファンクショナル・スペシャリスト（専門職）の育成に向けたキャリア形成の色彩が強い。

　第4は、コア人材の評価とリワードシステムであるが、評価に関しては実績ないし能力とattitude（態度）の2つの視点から実施されている点では共通している。評価結果は主にボーナスに反映されており、各社により若干異なるものの、従業員個人間で大きな格差が生じている。リワードシステムにおいても共通点が多く見られ、給与体系は基本給とボーナスが中心となっており、それにアローワンスやフリンジベネフィットが各社の個別の状況により付加される。

　最後は、コア人材の定着策に関してであるが、5社中2社ではコア人材の定着率は高いものの、残りの3社では競合他社への転職が多い。定着率の低い3社に共通する定着策としては、high-position（高い地位）とhigh-salary（高賃金）があげられており、リテンションに有効であると考えられている。

〈注〉
（1）財団法人海外貿易開発協会（JODC）が2005年、2006年に行なった日系企業へのヒアリング調査によれば、ベトナム人労働者の特性として、ポテンシャルがある、頭が良い、勉強好き、勤勉である、手先が器用、反日感情なし、といった高い評価がなされている（詳しくは、会川精司『ベトナム進出完

図表7-6　ベトナムヒアリング調査結果の概要

質問項目	VVA社	VVB社
企業概要 ・経営理念 ・事業内容	卸売・小売業 情報・メディア業 ただし、情報・メディア業がメイン 設立は2001年10月12日（創業7年目） 企業形態は私営企業	○1990年にリコーとの合弁企業を設立し、リコーの総代理店として事業をスタート。1995年に、富士ゼロックスの代理店として3つの営業所を設置、同社を設立し、現在は4社からなるグループ会社の基幹会社として成長。2000年にISO9001認証を取得。顧客の90％は日本の会社
・売上高		○売上高は毎年30％ずつ増加しており、約7000万USドル
・従業員数	○従業員は35名（内訳：ホワイトカラー10名、ブルーカラー25名）	○従業員は160人（内訳：営業25人、技術・サービス70人、管理20人、会計10人、人事15人、輸出入20人）
コア人材の定義とコア人材の選抜方法	○コア人材はマネジャー以上の人材 ○コア人材は内部からの昇進と外部からの調達とを併用しており、必要とされる人材に応じて使い分けている ○従来のコア人材は紹介ルートで採用した人材が多い ○外部から調達をする場合は、新聞募集が中心となる ○履歴書で書類選考したうえで、面接で採用の合否を決定する	○コア人材の定義：マネジャー以上の人材 ○コア人材の数：全従業員160人×15％程度 ○コア人材の選抜方法 　コア人材になるためのキャリアパスは存在しておらず、能力により個人差が大きい。中途採用の場合は、最短で3～6カ月程度でコア人材に昇進。一般社員でも入社後2～5年程度で戦力化
コア人材の採用と求められる能力	コア人材の採用で重視するのは、知識・専門性。次いで指導力、ビジョン作成能力などを重視 コア人材に求められる能力は部署ごとで異なっており、営業部門では渉外力、コミュニケーション力、専門性などがあげられる	コア人材の採用の媒体は新聞募集やインターネット募集などを人材によって使い分けている 募集する人数としては社員全体の10％程度で、理系・文系を状況に応じて募集。採用に際しては、competency testを実施し、IQ、EQも併用。技術者の採用はコンピュータスキル、営業はマーケティング、会話、接客・交渉力などを重視。

第 7 章　ベトナム現地企業における人材育成

VVC 社	VVD 社	VVE 社
○設立：1989 年 3 月に設立、資本金は 312 万 5,000 US ドル。会社は private company で、持株会社の下に 8 社の関係会社が存在。ベトナムのセメント建築資材のリーディングカンパニーで、製品は日本、オーストラリア、フランスなどに輸出。また、イタリアの技術を活用したタイルや大理石のベトナム唯一のメーカーでもある。2000 年に ISO9001 の認証を取得 ○従業員は 700 人で、70％ がワーカーで、残りの 30％ がホワイトカラー。head office のスタッフは約 40 人	○設立：2006 年 9 月に設立、プリペイド、プロバイダー事業を中心とする e-solution の会社。PIN-CORD の先駆的会社で、資本金は 200 万 US ドル。同社には 4 つのグループ企業が存在しており、agent は 2,000 店舗におよんでいる。ベトナム 8 州にブランチオフィスが存在 ○売上高：6,000～7,000 万 US ドル ○従業員数は 70 人、うちハノイブランチには 20 人のスタッフが存在。20 人は CEO 1 人、ファイナンス 2 人、営業 3 人、MIS 5 人、HRM 5 人となっている	○設立：1990 年に 3 人のメンバーで FFT を設立し、その後 1999 年に現在の同社を設立。主な事業は factory automation が中心で、三菱電機や山武ハネウエルとの取引がある ○売上高は毎年 20～50％ 増加しており、年間 200 万 US ドル ○本社スタッフは 50 人で、ホワイトカラーとエンジニアが中心。一部、エンジニア（技術）部門でコア人材がやや不足気味
○コア人材の定義：HQ のスタッフ以上の人材 ○コア人材の数：約 40～50 人程度 ○コア人材の選抜 　コア人材の選抜の時期は入社後 12 カ月から 18 カ月の間に行なわれ、専門分野における学歴が重視される。なお、8 社のカンパニーは地域的独自性で独立色が強いため、人事交流はない	○コア人材の定義：スーパーバイザー以上 ○コア人材の人数：スーパーバイザー 3 人、マネジャー 5 人 ○コア人材の選抜 　CEO が 34 歳と若く、マネジャークラスの平均年齢も 30 代と極めて若い。マネジャーに昇進するのには少なくとも 1～2 年の期間が必要。 ○マネジャークラスの平均給与は 800 US ドルと高水準	○コア人材の定義：本社スタッフでマネジャー以上 ○コア人材の人数：本社スタッフの 50 人のうち、マネジャークラスは 7 人 ○コア人材の選抜 　新卒採用は実施していないので、スタッフとしての採用後、少なくとも 2 年間は FA、プロセスエンジニアリングの経験をさせる必要がある
コア人材の採用は、即戦力の観点から中途採用がベースになっており、新卒採用はケースバイケースで対応。中途採用で国営企業からの採用はしない。コア人材の採用に際しては、営業／会計／輸出の 3 部門はそれぞれの専門分野を重視。製造部門に関しては、これまでの技術の職歴や経験を重視	コア人材の採用は毎年 20 人前後、新卒採用と中途採用を併用。募集媒体は印刷媒体、インターネットによる募集が中心。新卒は研修期間が長い。新卒・中途ともプロジェクト内容の理解が採用の是非の決め手となっている。コア人材には、リーダーシップ、マネジメントスキル、教育のバックグラウンドなどが必要とされる	コア人材の採用は毎年 7～8 人のエンジニアを採用している。特に、工学的レベルを重視して採用の合否を決めている。採用媒体は採用広告や HRM エージェントなどを活用。採用に際しては、これまでの業務経験と知識・専門性が重視される。特に、これまでの業務経験などのバックグラウンドには配慮

質問項目	VVA 社	VVB 社
コア人材の育成とキャリアパス	コア人材の育成方法は大きく2つに分けられる。1つは社内を中心にするもので、社内での専門教育が実施される。研修の内容、結果は社長まで報告される。もう1つは外部コース（3カ月）への派遣で、外国語やマーケティングなどのコースに派遣 キャリア形成は原則は部署ごとでの専門性を深めるパターン（パターンⅡ）が多いが、営業は顧客サポートとのローテーションが実施されている	コア人材になるための具体的なキャリアパスは存在していない。営業や技術部門の人材育成は、新しい商品が出る度に、富士ゼロックスより人材が派遣されてトレーニングを受けている。人材不足のセクションは人材育成で対応するよりも、外部からの人材調達や契約更改などで対応。現状では、日本の富士ゼロックス本社への教育派遣は実施していない
コア人材の評価とリワードシステム	コア人材の評価は仕事によって実施されるが、営業は営業実績、経理・総務部門は決算までの事務処理の正確性などが評価される。評価結果はボーナスに反映され、最大30％の反映幅がある 給与は年齢によって異なり、交通費、昼食代、社会保険などが含まれる。給与の平均水準はワーカーで150万ドン、ホワイトカラーで300万ドン	コア人材の評価は、MBOを活用した仕事目標の評価／人物・性格評価／能力評価を1カ月単位で実施。管理職は年4回評価。評価結果はボーナスに反映 給与は基本給とボーナスから成り立っている。基本給は division（部署）によって異なっている。ボーナスは評価によって異なり、2～3倍程度の開きがある。その他、営業部門は営業実績によるインセンティブがある。マネジャークラスの給与水準は300USドル程度
コア人材の定着策と今後の課題	給料水準と仕事環境が良いため、転職する人が少ない。一部、地方出身者が環境適応できずに、辞めていく。今後の課題としては、現状では日曜日のみが休みであるが、政府の方針（土日を休日）に従い、休日を増やすことが必要。社員との雇用契約は、6カ月間の使用期間を経過後、1年ごとの更新	コア人材の定着策としては、家族のような雰囲気作りが必要であるとしている。これは新入社員の約半数が離職するのを反映している。もう1つは信頼をベースにしたマネジメントの展開が今後の課題としている。労働組合は存在しており、働く時間や賃上げについて、ルールに従った交渉を展開している

第7章　ベトナム現地企業における人材育成

VVC 社	VVD 社	VVE 社
コア人材の育成は OJT を中心に継続的に実施。ミドル以上はセンターを設置し、大学との連携を図ったトレーニングを実施している。コア人材のキャリア形成は、基本的には同一部門のなかでのキャリア形成が中心（パターンⅡ）であるが、営業／会計／輸出／管理部門の4つの部門間でのローテーションは必要に応じて実施している	コア人材の育成は1つの division で専門性やマネジメントスキルを高めるような形（パターンⅡ）で実施されている。コア人材を育成するためのトレーニングプログラムは存在しておらず、必要な場合はマネジメントスキルの習得を中心とする外部研修に派遣。内部には教育トレーナーは存在していない	コア人材の育成はシンガポールから人材教育の専門家を training staff として採用し、交渉力、コミュニケーション力、問題解決能力、リーダーシップ能力などの開発を行なっている。マネジャークラスへの昇進には2年の業務経験が必要で、外部でのMBAプログラムの受講が義務づけられている。マネジャーの育成は functional spesialist の育成が原則であるが、異なった仕事も経験させるようにしている
コア人材の評価は実績と attitude で評価している。特に、attitude は働き方、仕事への興味、会社へのコミットメントなどの視点から評価。評価結果の反映はボーナスに反映される。また、評価結果によっては一部の株を配当する場合もある。ボーナスはセールスは売上実績、生産部門は生産性に応じて決定される	コア人材、特にマネジャークラスの評価は、専門能力と attitude の2面性から評価されるが、専門能力の評価のウエイトが高い。専門能力の評価は適性配置にも活用。給与システムは basic salary が中心で、住宅手当、携帯手当などの多くのベネフィットが支給されている。マネジャークラスの給与水準は 800 US ドルと少し高いが、インフレ率が 20％と高いため、リテンションの観点から仕方がない	コア人材、特にマネジャークラスの評価は、performance と attitude の2本立てで、年2回実施。performance 評価は job descriptioin と MBO を活用して実施。一方、attitude は会社の vision や mission を理解しているかどうかを評価。給与はボーナス、基本給、燃料費・ホリデー補助などのアローワンスから構成されている。マネジャークラスの給与は平均で 1,000〜2,000 US ドルでかなり高い水準にある。コア人材のリテンションとして有効に機能
長期勤続者は少なく、定着策の必要性はそれほど感じていない。コア人材の定着策としては、high-position の設定とそれに応じた給与、ボーナスの提供が必要であるとしている。さらには、job education（いわゆる OJT）の計画的な試みが必要であるとしている	経営課題としては agent の拡大が最大のポイントであるが、競合が極めて多い。そのため、他社への転職が多い。今後は high-position、high-salary などの定着策が極めて重要となってくる。マズローの欲求階層理論を活用し、high-position、high-salary などの提示をし、話し合いでリテンションを図っていきたいとしている	給与水準が高いため、リテンションとして有効に機能しているが、今後は上場（2008年末上場予定）後に自社株の供与を検討していきたいとしている。さらに、将来性のある会社であることをコア人材に強くアピールすることが重要であることを強調

139

第2部　ベトナムにおける人材育成

ガイド―ベトナム最新事情と投資貿易実務―』カナリア書房、2008年、145-146頁参照)。

〈参考文献〉
会川精司『ベトナム進出完全ガイド―ベトナム最新事情と投資貿易実務―』カナリア書房、2008年。
岡田亜弥・山田肖子・吉田和浩編『産業スキルディベロプメント―グローバル化と途上国の人材育成―』日本評論社、2008年。
岡本康雄編『日系企業 in 東アジア』有斐閣、1998年。
白木三秀『アジアの国際人的資源管理』社会経済生産性本部生産性労働センター、1999年。
丹野勲・原田仁文『ベトナム現地化の国際経営比較―日系・欧米系・現地企業の人的資源管理、戦略を中心として―』文眞堂、2005年。
福谷正信編『アジア企業の人材開発』学文社、2008年。

第8章

ベトナム日系企業における人材育成

1．はじめに

　本章では、日本で将来性が注目されるベトナムに進出した日系企業におけるコア人材の育成や人材マネジメントの現状と課題を、ヒアリング調査に基づいて明らかにする。ヒアリング調査の対象企業はアンケート調査に応じてくれた21社から無作為に抽出した5社である。以下、Vは在ベトナム、Jは日系企業を表わし、VJF社からVJJ社と呼ぶ。VJF、VJG、VJH 3社はホーチミン市にあり、そのうちVJF、VJH両社はタントゥアン工業団地に入居している。VJI、VJJ両社はハノイ市にあり、ともにタンロン工業団地に入居している。日系企業は序章で見たように、インフラが整備され、ワンストップサービスがある工業団地に入居した企業が多いとされるが、ヒアリング調査実施企業の5社中4社が工業団地に入居している企業であった。ヒアリングは2007年3月に行なった。

　本章の目的は、調査実施企業5社に対するヒアリング調査に基づく縦断的研究・分析を主としながら、5社の全体的比較、すなわち横断的研究・分析を通じて在ベトナム日系企業の人材育成の類似性や相異を抽出することである。第6章のベトナムにおけるアンケート調査結果と比較して見てもらいたい。

　本章における分析のフレームワークは次のとおりである。このフレームワークに基づき、ヒアリング調査の結果を分析・考察していく。

　①コア人材の充足度

②コア人材の採用と選抜
③コア人材の育成とキャリアパス
④コア人材を必要とする職種と評価・活用
⑤コア人材の定着策と早期に選抜・登用するコア人材育成制度に対する考え方

2．企業の属性と事業内容

● VJF 社
　VJF 社は機械関連製造業であり、業種は金型等部品製造業である。設立されたのは 2002 年 4 月で、進出目的は 1 位がベトナムの優秀で安価な労働力、2 位が第三国（韓国、台湾、タイ、中国）のグループ企業への輸出、3 位が本社等関連企業との関係、法的・税制等の優遇措置である。企業形態は単独出資である。従業員数は現地従業員 200 人（うちホワイトカラー 30 人、作業現場のチーム・リーダー含む）、管理職 6 人（うち日本人 3 人）、役員 3 人（全員日本人）である。現地法人の権限として人件費総額の決定権以外はほとんど権限を有しておらず、特に貸付・借入・債務保証、現地法人の役員人事、新事業の企業化についてはまったく権限を持たない。3 年前に比べて売上高・生産高、正規従業員数とも 3 割以上増加している。

● VJG 社
　VJG 社は消費関連製造業で、業種は家庭用洗剤等製造・販売業である。設立されたのは 1996 年 11 月で、進出目的の 1 位は現地市場、2 位は安価な労働力、3 位は第三国への輸出である。企業形態は単独出資である。従業員数は現地従業員 380 人（うちホワイトカラー 280 人）、管理職 41 人（うち日本人 5 人）、役員 4 人（全員日本人）である。現地法人として人件費総額の決定、固定資産の購入・処分、生産・販売量の決定、利益処分・再投資、現地広報活動に権限を有しているが、貸付・借入・債務保証、現地法人の役員人事、新事業の

企業化については権限を持たない。3年前に比べて売上高・生産高、正規従業員数ともほぼ横ばいである。

● VJH 社

VJH社は素材関連製造業で、業種は樹脂成型加工業である。設立されたのは1995年11月で、進出目的の1位は本社等関連企業との関係（得意先の要請）、2位は安価な労働力、3位は逆輸入である。企業形態は単独出資である。従業員数は現地従業員459人（うちホワイトカラー16人）、管理職9人（日本人は0）、役員1人（同社社長。95年の立ち上げから現在まで日本人は同社長1人で運営している）。基本的に独立採算制のため、現地法人として他の現地法人はあまり権限を持たない貸付・借入・債務保証、現地法人の役員人事、新事業の企業化についても権限を有している。ハノイにも工場があるが、そちらも基本的に独立採算制である。3年前に比べて売上高・生産高、正規従業員数とも1割から3割弱増加している。

● VJI 社

VJI社は素材関連製造業で、業種は塩化ビニールシート製造業である。設立されたのは1997年12月で、進出目的の1位は得意先でタイに進出している日系オートバイメーカーから誘われたことであり、2位は現地市場（日系メーカー向け）、3位は安価な労働力である。企業形態は日本側単独出資である。従業員数は現地従業員210人（うちホワイトカラー30人）、管理職7人（日本人は0）、役員2人（2人とも日本人）である。現地法人としての権限を、生産・販売量の決定と現地法人の役員人事を除いて、ほぼすべて有している。ハノイでは4年ほど前から需要が伸び出して、3年前に比べて売上高・生産高、正規従業員数とも3割近く増加している。ハノイでは日本商工会の会員数も増えている。

● VJJ 社

VJJ社は素材関連製造業で、業種は精密プラスチック製造業である。設立は2003年6月で、進出目的は1位が安価な労働力、2位が現地市場（現地の日系企業向け）、3位がベトナムの将来性である。企業形態は単独出資（ただし、

タイ子会社の全額出資)である。従業員数は現地従業員490人(うちホワイトカラー50人)、管理職6人(日本人は3人)、役員4人(4人とも日本人)である。現地法人としての権限は現地法人の役員人事を除いて、ほぼすべて有している。ハノイでは2年ほど前から需要がぐっと上がり、3年前に比べて売上高・生産高、正規従業員数とも3割以上増加している。

3．コア人材の充足度

　VJF社は機械加工を主業務としており、作業現場のチーム・リーダーもコア人材と考えているため、チーム・リーダー以上をコア人材としている。現在設立4年でベトナム人の最高ポストはセクション・リーダー(係長に相当)である。この職位でも人材は不足しており、コア人材はかなり不足と感じている。また、ベトナム人は部下に指示を出したり、育てたりするのが苦手なため、中間管理職(課長)以上を任せられるか不安を感じている。

　VJG社が設立された10年前はコア人材を外部から採用した。トップマネジメントに近い人は今でも残っているが、ベトナムはジョブホップが激しく、会社へのロイヤルティが低いため、それ以外の人は転職した。したがってコア人材はやや不足している。

　VJH社では、95年の設立時に採用し日本で仕事を覚えさせた5人のうちの1人が在籍し輸出入を担当していたり、ホーチミン工科大学から日本へ留学していた者が現在の工場長になるなど、10年以上勤務しているホワイトカラーがいる。また、作業現場の優秀なチーム・リーダーを事務のホワイトカラーに職種転換することも行なっているので、コア人材として部課長や一般職員クラスはやや不足している程度である。しかし、スペシャリストはかなり不足していると感じている。

　VJI社では、ベトナム人は仕事を自分で抱えるか部下に丸投げするかどちらかで、部下に仕事を任せることができない、また技術を教えず部下を育て

られないなど、マネジメントの意味がまだ理解できていない。このようにマネジメントできる人がいないため、部長クラス以上のコア人材はかなり不足していると感じている。

　VJJ社では、ベトナム人は勤勉で離職率も低いが、仕事を自分で抱え込み部下に仕事を任せることができないと感じている。また部下を育成する能力やビジョンを作成する能力も不足しているので、マネジメントをしなければならない課長クラス以上のコア人材がかなり不足している。さらに、スペシャリストでもかなり不足していると感じている。

4．コア人材の採用・選抜

　VJF社では、操業開始時はセクション・リーダーを新聞・求人雑誌により採用した。チーム・リーダーは、新規学卒者、職業紹介機構および社員による紹介で採用した高卒の現場作業員から選抜している。高卒からでもチーム・リーダーになれることは社員のモチベーションになっている。コア人材の選抜要件は、まず第1に社内外での過去の実績、2番目に社内での実績、3番目にリーダーシップである。チーム・リーダーは仕事ができないと尊敬を受けられないため、実績が重要である。コア人材として最終的に決定するのは、現地子会社の日本人社長・役員である。最終的に決定する時期は入社後3～5年である。

　VJG社では、ある程度のポジションの人を即戦力として必要な場合は、他社からヘッドハントで採用したり、日本本社から派遣してもらっている。ほかにインターネットによる採用も行なっている。コア人材の選抜要件は、マネジメントのために必要な専門性とリーダーシップである。また、社内言語が英語なので、語学力も選抜要件である。ベトナムのホワイトカラーは英語を話せる人が多い。コア人材を最終的に決定する者は、現地子会社の社長・役員である。コア人材を最終的に決定する時期は、外部から即戦力として採

用した時は入社後1年以内のこともあるが、内部昇進の場合入社後5年以上である。

　VJH社では、採用に関しては職業紹介機構を通じてや新聞・求人雑誌等により行なっている。立ち上げ時は日本語のできる人材を採用するのに職業紹介機構を用いた。コア人材の選抜要件はまず第1に専門性、次に社内での実績、3番目に社内コミュニケーションに必要な語学力である。高卒で英語がわかるものがいるし、日本語は会社が研修に補助をしているので、コア人材は当然語学力がなければならない。さらに、人柄も選抜要件の1つと考えている。最終決定は現地子会社の社長・役員で行なう。コア人材かどうかを見極めるには、入社後3～5年必要である。

　VJI社では、採用はインターネットで募集し、応募してきた人に面接して決める方法である。日系企業の給与は高いので1人募集すると10～15人応募がある。管理職の半数はインターネットで採用した。コア人材の選抜要件として第1に語学力（英語）、第2にリーダーシップ、第3に実行力である。コア人材としての決定は現地子会社の社長・役員が行なっているが、本社人事部の了解を最終的に得る。コア人材としてやっていけるかを見極めるには入社後3～5年は必要である。

　VJJ社は主として同社近くの大学や専門学校から新卒者を定期採用している。選抜要件の1番目に人柄、2番目は実行力、3番目は英語か日本語の語学力である。コア人材として最終的に決定するのは、現地子会社の直属上司である。決定する時期は入社後3年以内である。3年勤めて目が出なければコア人材にはなれないと考える。

5. コア人材の育成・キャリアパス

　VJF社では育成施策として、コア人材を意識したキャリア形成を行なっている。コア人材を意識させるために、セクション・リーダーには工業団地

の管理組合が年1回3日間開催する管理者教育の講習会に参加させている(講習を修了すると講習参加証明書が発行される)。また、年2回の本社の予算会議に合わせて、セクション・リーダーをインセンティブとして日本に派遣している。キャリアパスに関しては、機械加工の現場が主なので、1つの職務で高度な専門性を身につけ、社内プロフェッショナルを育成する方法をこれまでとってきたが、今後は狭い範囲の職務を経験させるスペシャリストを育成するキャリアパターンにする予定である。

　VJG社では育成施策として、各国から将来の幹部候補生が集まる日本での研修に年8週間派遣している。コア人材のキャリアパスについては、ベトナム人は自分のキャリアを重視するため、幅広い職務を経験させる方法を行なうと辞めてしまうので、狭い職務を経験させ企業内スペシャリストを育成する方法をとっている。

　VJH社はコア人材の育成施策として、社外の研修機関への派遣や日本本社へ出向させ上位の職務を経験させることなどを行なっている。キャリアパスに関しては、ベトナム人は自分のキャリアが生かせなくなるため、違う部門へは行きたがらないので、一定年齢までに1つの職務で高度な専門性を身につける社内プロフェッショナル的人材を育成する方法をとっている。

　VJI社は、コア人材の候補者として採用した者を中間的な管理職に置くというように、育成策としてコア人材を意識したキャリア形成を行なっている。キャリアパスは、職務を1つだけ専門とするのではなく、担当部署を増やして狭い範囲でもいくつか経験させ、スペシャリストを育成する方法をこれまで行なってきたし、今後も続けるつもりである。

　VJJ社はコア人材を育成するために、高度な専門性を身につけたコア人材となるよう意識したキャリア形成の施策をとっている。したがって、キャリアパスのパターンは1つの職務で高度な専門性を身につけさせ、社内プロフェッショナルを育成する方法である。

6．コア人材の職種と評価・活用

　VJF社は日本本社で開発・設計した図面に基づいて大量生産しているため、同社がコア人材として必要としている職種は、生産・技術職である。会社設立4年で、ある程度自分たちで対応できるようになり、品質に問題がなくなりつつある。前述のように、同社でのベトナム人の最高ポストは現在係長相当職であるが、1～2年後に課長クラスに昇進させたいと考えている。まだかなり先のことだが、部長クラスに昇進する可能性もある。

　VJG社では、コア人材が必要な職種としては総務・人事、財務・経理、生産・技術で必要としているほか、ベトナム向け製品も同社で開発しているので、開発・設計職でも必要である。コア人材は子会社の部長クラスにはすでに昇進している者がおり、役員クラスにも近い人がいる。将来は子会社の社長にまで昇進させたいと考えている。

　VJH社はコア人材を財務・経理、開発・設計、生産・技術職で必要としている。同社は日本から送られてくる図面に合わせて設計するので、生産・技術職だけでなく開発・設計職も必要である。ベトナム人は器用で似たものはすぐ作れるが、独創的なアイディアはまだ出せない。コア人材の昇進の可能性としては、人材不足のこともあり現在は子会社の部長までと考えている。

　VJI社では、生産・技術職よりも総務・人事、財務・経理職で現地コア人材を非常に必要と考えている。現地コア人材昇進の可能性としては、現在は現地子会社の部長クラスまでしかいないが、将来は現地子会社の役員クラスもあるかもしれないとしている。

　VJJ社では、コア人材の必要な職種としては、ベトナム人でなければ難しい総務・人事職のほか、製造業なので生産・技術職で非常に必要である。開発・設計は日本で行なうので開発・設計職ではあまり必要としていない。現地コア人材を昇進させる職位は、現地子会社の部長クラスはもちろん、タイでは現地子会社役員もタイ人から出ているので、ベトナムでも将来は役員に

昇進させたいと考えている。

7．コア人材の定着策と早期に選抜・登用する
　　コア人材育成制度に対する考え方

　VJF社ではコア人材の定着策として給与・賞与の反映幅の拡大が非常に有効と考えている。ほかに、報奨金・奨励金制度、福利厚生の充実も有効である。半年間品質目標をクリアした時、職場の全員に10万ドン（約700円）の報奨金を支給している。また、福利厚生として年1回バスで4時間ほどの保養地ニャチャンやブンタオへ行く1泊の社員旅行を従業員は楽しみにしている。コア人材を早期に選抜・登用する人事制度は、人材が流動化するなかで有効な人材育成のシステムであり、能力がある者を魅きつけるシステムであるので、どちらかというと受け入れられると考えられる。しかし、ベトナム人はよい査定をされ他人から目立つのを嫌がり、また若いのに昇進すると生意気だと思われ、軋轢が生じることがある。

　VJG社はコア人材の定着策として給与・賞与の反映幅の拡大、昇進・昇格のスピード、能力開発の機会の拡充、裁量権の拡大が非常に有効で、なかでも裁量権の拡大が有効だと考えている。コア人材を早期に選抜・登用する人事制度は、選抜のための基準作りや評価が難しく、コア人材としての要件を満たす人材が少ないが、能力のある者を魅きつけるシステムであり、受け入れられるとしている。しかし、能力のある人を育成するために、早く昇進させると妬まれることがある。

　VJH社はコア人材の定着策としては、給与・賞与の反映幅の拡大、報奨金・奨励金制度、表彰制度、福利厚生の充実が有効だと考えている。定期的に給料をもらえることは、ベトナム人にとって恵まれたことなので、それが保障されれば一生懸命に家族のために働くというのが現状である。コア人材を早期に選抜・登用する人事制度は、コア人材の育成に費用や時間がかかり、また要件を満たす人材も少ないが、限られた人的資源を有効に活用するシステ

ムであり、能力がある者を魅きつけるシステムでもあるため、どちらかというと受け入れられると考えている。

　VJI社はコア人材の定着策としては、報奨金・奨励金のような仮に金額が大きくても散発的なものより、給与・賞与の反映幅の拡大の方が非常に有効であるとしている。その理由は年金額に関係するため、ベースの給料が上がることを従業員は希望するからである。福利厚生の充実も有効で、食費の補助（1食7,000ドンのうち6,000ドンを会社側が負担）や5月初旬に行なう2泊旅行の補助や年末のパーティを行なっている。さらには、2年前にできた労働組合に従業員の基本給の2％分を援助している。同社の労働組合には従業員の80％が参加しているが、委員長を会社側が指名できる。コア人材を早期に選抜・登用する人事制度は選抜のための基準作りや評価が難しく、コア人材としての要件を満たす人材が少ないが、世の中の変化に対応でき、人材が流動化するなかで有効な人材育成のシステムであるため、どちらかというと受け入れられるとしている。外部から来た人でもコア人材として受け入れられると考える。

　VJJ社はコア人材の定着策としては、給与・賞与の反映幅の拡大と昇進・昇格のスピードが非常に有効で、能力開発の機会の拡充、裁量権の拡大、福利厚生の充実もどちらかというと有効であるとしている。コア人材を早期に選抜・登用する人事制度は、能力がある者を魅きつけるシステムであるが、コア人材の育成に費用や時間がかかり、要件を満たす人材が少ないと考えられる。さらに、ベトナム人はリーダーシップに乏しく目立つ行動をしたがらず、もう少し自己主張をする人間がいてもいいと思うくらいなので、コア人材を早期に選抜・登用する人事制度はあまり受け入れられないとしている。

8．おわりに

　在ベトナム日系企業5社のコア人材に対する取り組み状況のヒアリング結

果をまとめると、図表8-1のようになる。これをもとにこれまでの考察結果を要約すると、次のとおりである。

　第1に、コア人材の充足度は、かなり不足が3社、やや不足が2社で、アンケート調査と同様に計算すると5社の平均は－1.6pであり、不足感がかなり強い。その理由はヒアリングによると、ベトナム人は手先が器用で優秀と感じるが、仕事を抱え込み、部下に仕事を任せ（られ）ないなどマネジメントの意味を理解できておらず、したがってマネジメントができる人が少ないからだと思われる。

　第2に、コア人材の採用と選抜要件で、採用方法は新規学卒者の定期採用、新聞・雑誌等による採用、職業紹介機構による採用、インターネットによる採用が各2社（複数回答）であった。選抜要件はアンケート調査と同様に計算すると、専門性と語学力が6pでトップ、次がリーダーシップの5pである。アンケート調査よりも専門性の必要度が高い理由はヒアリング対象企業が5社とも製造業であることと関係すると考えられる。語学力は社内言語が英語か日本語の企業があるため、コア人材となるには社内のコミュニケーションのために語学力が必要となる。ベトナムでは高卒でも英語を理解する従業員がいるとされている。リーダーシップは、ベトナム以外の国でも日系企業でコア人材となるのに必要とされることの多い要件である。

　第3に、コア人材の育成とキャリアパスで、コア人材の育成策はコア人材を意識したキャリア形成が3社、社外の研修機関へ派遣するが2社である。キャリアパスは、1つの職務で高度な専門性を身につける社内プロフェッショナルを育成する方法が3社、狭い職務を経験させ企業内スペシャリストを育成する方法が2社である。ベトナム人はキャリアを重視し、違うセクションに行かせると、辞めてしまうこともあるので、社内プロフェッショナルを育成する方法が主となり、職務範囲を広げてもスペシャリストまでとしている。

　第4に、コア人材を必要とする職種と評価・活用で、必要とする職種はアンケート調査と同様に計算すると、最も必要とされる職務は生産・技術職で

図表 8-1　ベトナム日系企業　ヒアリング調査結果の概要

質問事項	VJF 社 (ホーチミン市、機械関連製造業)	VJG 社 (ホーチミン市、消費関連製造業)
企業概要 事業内容 進出目的	進出時期　2002 年 4 月 金型等部品製造 優秀で安価な労働力、第三国への輸出、関連企業との関係、法的・税制等の優遇措置	進出時期　1996 年 11 月 家庭用洗剤製造・販売 現地市場、安価な労働力、第三国への輸出
企業形態	単独出資	単独出資
従業員数	現地従業員数 200 人（うちホワイトカラー 30 人）、管理職 6 人（うち日本人 3 人）、役員 3 人は全員日本人	現地従業員数 380 人（うちホワイトカラー 280 人）、管理職 41 人（うち日本人 5 人）、役員 4 人は全員日本人
現地法人の権限	人件費総額の決定のみ	人件費総額の決定、固定資産の購入・処分、生産・販売量の決定、利益処分・再投資、現地広報活動
コア人材の充足度	かなり不足、特に中間管理職（課長）以上。現場のチーム・リーダーもコア人材と考える	ジョブホップが激しく、やや不足している
コア人材の採用方法	高校新卒、職業紹介機構、社員の紹介で採用。高卒でもチーム・リーダーになれる	即戦力の場合はヘッドハント、本社から派遣。インターネットによる採用もしている
選抜要件	社内外での過去の実績、社内での実績、リーダーシップ。チーム・リーダーになるには実績が重要	専門性、リーダーシップ、語学力（社内言語が英語のため）
コア人材の最終決定者	現地子会社の日本人社長・役員	現地子会社の日本人社長・役員
コア人材の決定時期	入社後 3～5 年必要	入社後 5 年以上（即戦力として外部採用の場合は 1 年以内のこともある）
コア人材の育成	コア人材を意識したキャリア形成策として、セクション・リーダーを講習会に参加させる	コア人材の育成策として、各国の幹部候補生が集まる日本での研修に派遣
キャリアパス	キャリアパスは社内プロフェッショナルを育成する方法から、今後は狭い職務を経験させ、スペシャリストを育成する方法へ変更を考慮中	キャリアパスはスペシャリストを育成する方法をとる。ベトナム人はキャリアを重視する
コア人材の職種	コア人材の職種は生産・技術が最も必要。会社設立 4 年で生産面で問題がなくなりつつある	コア人材の職種は総務・人事、財務・経理、生産・技術だけでなく、ベトナム向け製品開発のため開発・設計も必要
評価・活用	昇進の可能性は、現在は係長までしかないが、1～2 年後に課長に昇進させ、将来は部長に昇進する可能性がある	コア人材の昇進の可能性は、子会社の部長クラスにはすでに昇進し、役員に近い人もいるので将来は子会社の社長まで昇進させたいとしている

VJH 社 (ホーチミン市、素材関連製造業)	VJI 社 (ハノイ市、素材関連製造業)	VJJ 社 (ハノイ市、素材関連製造業)
進出時期　1995年11月 樹脂成型加工 得意先の要請、安価な労働力、逆輸入	進出時期　1997年12月 塩化ビニールシート製造 得意先の要請、現地市場（日系企業向け）、安価な労働力	進出時期　2003年6月 精密プラスチック製造 安価な労働力、現地市場（日系企業向け）、ベトナムの将来性
単独出資	単独出資	単独出資（タイ子会社の全額出資）
現地従業員数459人（うちホワイトカラー16人）、管理職9人（うち日本人0）、役員1人は日本人 貸付・借入・債務保証、現地法人の役員人事、新事業の企業化などすべての権限を持つ	現地従業員数210人（うちホワイトカラー30人）、管理職7人（うち日本人0）、役員は2人とも日本人 生産・販売量の決定と現地法人の役員人事以外はすべて持つ	現地従業員数490人（うちホワイトカラー50人）、管理職6人（うち日本人3人）、役員4人は全員日本人 現地法人の役員人事以外はすべての権限を持つ
部課長・一般職員はやや不足、スペシャリストはかなり不足 職業紹介機構や新聞・求人雑誌を通じて採用	マネジメントできる人がいないためかなり不足、特に部長クラス以上 インターネットからの応募者を面接して採用。管理職の半数をインターネットで採用。給与が高いので10～15倍の応募がある	マネジメントが必要な課長クラス以上でかなり不足、スペシャリストもかなり不足 同社近くの大学・専門学校から新卒者を定期採用
専門性、社内での実績、語学力（社内コミュニケーションに必要）、人柄	語学力（英語）、リーダーシップ、実行力	人柄、実行力、語学力（英語か日本語）
現地子会社の日本人社長・役員	現地子会社の日本人社長・役員（本社人事部の了解を最終的にとる）	現地子会社の直属上司
コア人材として見極めるには入社後3～5年必要	コア人材としてやっていけるか見極めるには入社後3～5年必要	入社後3年以内（3年勤めて目が出なければコア人材にはなれない）
コア人材の育成策として、社外の研修機関への派遣や日本本社へ出向させ上位の職務を経験させる キャリアパスは社内プロフェッショナルを育成する方法をとる。ベトナム人は違うセクションへ行きたがらない	コア人材を意識したキャリア形成策として、候補者を中間的な管理職に置く キャリアパスは狭い職務を経験させるスペシャリストを育成する方法をとっている。	高度な専門性を身につけたコア人材となるよう意識したキャリア形成策をとっている キャリアパスは社内プロフェッショナルを育成する方法をとる。
コア人材の職種は財務・経理、開発・設計、生産・技術で必要	コア人材の職種は生産・技術より総務・人事、財務・経理が必要	コア人材の職種は総務・人事（ベトナム人でなくては難しい）のほか生産・技術で必要
昇進の可能性として、人材不足のこともあり子会社の部長までと考えている	昇進の可能性は、現在は子会社の部長クラスまでしかいないが役員クラスの可能性もある	コア人材の昇進の可能性は、子会社の部長クラスはもちろん、タイ子会社のように役員まである

質問事項	VJF 社 (ホーチミン市、機械関連製造業)	VJG 社 (ホーチミン市、消費関連製造業)
コア人材の定着	コア人材の定着策として給与・賞与の反映幅の拡大が非常に有効。報奨金・奨励金制度、福利厚生の充実も有効である	コア人材の定着策として最も有効なのは給与・賞与の反映幅の拡大、昇進・昇格のスピード、能力開発機会の拡充なかでも裁量権の拡大が非常に有効
コア人材を早期に選抜・登用する人事制度に対する考え方	コア人材という考え方は能力がある者を魅きつけるシステムであり、人材が流動化するなかで有効な人材育成システムであるので、どちらかというと受け入れられる	コア人材という考え方は選抜のための基準作りや評価が難しく、コア人材としての要件を満たす人材が少ないが、能力がある者を魅きつけるシステムで受け入れられる

2.8 p、次いで財務・経理職 2.6 p、総務・人事職 2.4 p と続く。生産・技術職が最も高い理由は、前述のようにヒアリング対象企業が 5 社とも製造業であることと関係すると考えられる。開発・設計は日本で行ない、ベトナムで生産する企業が主流であり、財務・経理と総務・人事は日本人では難しいため、ベトナム人が担当した方が良いと考えられている。評価・活用で昇進させる職位は、子会社の社長 1 社、子会社の役員クラス 2 社、子会社の部長クラス 2 社である。親会社がベトナム以外の国の子会社で社長や役員に昇進させている企業は、社長または役員に昇進させる可能性が高い。アンケート調査よりもベトナム人を役職につける比率が高い結果となった。部長までという企業は、設立後の期間が短い企業かホワイトカラーが少ない企業で、コア人材が育っていない企業である。

第 5 に、コア人材の定着策と人材育成制度に対する考え方で、コア人材の定着策はこれもアンケート調査と同様に計算すると、最も有効な施策は給与・賞与の反映幅の拡大 3.0 p、次いで福利厚生の充実 2.4 p、昇進・昇格のスピード 2.0 p である。給与・賞与の反映幅の拡大はどこの国でも有効度が高いが、ベトナムでは年金に関係するため、特に有効と考えられているようだ。コア人材を早期に選抜・登用する人材育成制度に対しては、どちらかというと受け入れられるが 4 社、あまり受け入れられないが 1 社である。これ

第8章　ベトナム日系企業における人材育成

VJH 社 (ホーチミン市、素材関連製造業)	VJI 社 (ハノイ市、素材関連製造業)	VJJ 社 (ハノイ市、素材関連製造業)
コア人材の定着策として給与・賞与の反映幅の拡大、報奨金・奨励金制度、表彰制度、福利厚生の充実が有効	コア人材の定着策として給与・賞与の反映幅の拡大が非常に有効(年金のベースが上がるため)、福利厚生の充実(食費・旅行・労組への補助)も有効である	コア人材の定着策として給与・賞与の反映幅の拡大、昇進・昇格のスピードが非常に有効、能力開発機会の拡大、裁量権の拡大、福利厚生の充実はどちらかというと有効
コア人材という考え方は育成に費用や時間がかかり、コア人材としての要件を満たす人材が少ないが、能力がある者を魅きつけるシステムで、どちらかというと受け入れられる	コア人材という考え方は選抜のための基準作りや評価が難しく、コア人材としての要件を満たす人材が少ないが、世の中の変化に対応でき、人材が流動化するなかで有効な人材育成システムであるため、どちらかというと受け入れられる	コア人材という考え方は能力がある者を魅きつけるシステムであるが、育成に費用や時間がかかりコア人材としての要件を満たす人材が少ないためあまり受け入れられない

もアンケートと同様に計算すると1.8pで、他の国の日系企業と比べるとかなり低い[1]。この理由として、ベトナム人はリーダーシップに乏しく目立つ行動をしたがらない、早く昇進すると妬まれたり、若いのに生意気だと思われ軋轢が生じることが指摘されている。

〈注〉
(1) 筆者はアジア11カ国・地域(中国、韓国、台湾、香港、ベトナム、タイ、マレーシア、シンガポール、インドネシア、フィリピン、インド)の日系企業でコア人材の育成について調査した。

〈参考文献〉
海外職業訓練協会編『ベトナムの日系企業が直面した問題と対処事例』海外職業訓練協会、2008年。
木村大樹編『海外・人づくりハンドブック　ベトナム—技術指導から生活・異文化体験まで—』海外職業訓練協会、2004年。
鈴木岩行「ベトナム・フィリピン・インドネシアにおける日系企業のコア人材育成—在中国日系企業との比較を中心に—」『和光経済』第40巻第2・3号、2008年。

第 9 章

ベトナム台湾系企業における人材育成

1．はじめに

　1987年以降台湾元高・ドル安傾向の定着、労働力不足と賃金上昇によって、比較優位性経済を失った台湾の労働集約型産業は、より賃金の安い途上国へ移転する必要性が生まれた。この背景のもとで、台湾政府が企業の対外投資を積極的に奨励した結果、1959～79年は累計5,800万USドルに過ぎなかった対外直接投資額は、80～89年に21億6,500万USドルに拡大し、さらに、93年の「南向政策」による対東南アジア投資への奨励と相まって、1990～2004年は405億4,300万USドルに急増した。80年代以降の20数年間にそれまでに比べ約730倍の激増ぶりである[1]。こうしたなかで、新たな投資先としてベトナムが脚光を浴びるようになった。

　台湾企業のベトナム投資は1980年代後半に開始し、91年ベトナムに駐在機関を設置したが、本格的投資は90年代後半以降のことである。東南アジアの重点投資国として選定されたベトナムだが、台湾との地理的な近さ、中国からのアクセスの利便性、労働力および土地取得コストの安さ、政治・社会の安定性などがアドバンテージとなり、魅力の高い地域として台湾企業の投資を引きつけている。ところが、外国投資の急増に対して、受け入れ側としてのベトナムは、裾野産業の未発達に起因する原材料・部品の現地調達難、電力、通信、鉄道など基礎的インフラの立ち遅れ、法制度の未整備などさまざまな面において問題があり、必ずしも対応できていないのが現状である。さらに、ソフト面の投資環境について、良質で採用しやすいワーカーとは対

照的に、中間管理者、技術者、専門家人材の確保の難しさ、研究・スキルレベルの低さが指摘されている。

　本章では主にヒアリング調査に基づいて、対ベトナム進出台湾系企業のコア人材育成の現状を把握し、その人材採用・選抜・評価システム、コア人材の定着策を中心に検証していきたい。さらに、ベトナム現地人材だけでなく、ベトナム台湾系企業の「陸幹」（「中幹」とも言い、「中国人経営幹部」の略称）にも焦点をあて、台湾・ベトナム・中国にまたがるボーダレス時代の人材マネジメントの一端を解明し、最後にベトナム台湾系企業の問題点および今後の課題を提示する。なお、本章が依拠するヒアリング調査は2008年8月27日から9月3日にかけて、ベトナム・ハノイ市、ホーチミン市にある台湾系企業6社（無作為抽出）、および在ベトナム台湾商会聯合総会責任者に対して行なったものであり、ヒアリング調査のフレームワークは次のとおりである。

　①コア人材の過不足状況と採用・選抜方法
　②コア人材の育成とキャリア形成
　③コア人材に求める能力、その評価および定着策
　④ベトナム台湾系企業の「陸幹」について
　⑤ベトナム台湾系企業のコア人材育成における問題点と今後の課題

2．調査対象企業の事業内容、会社概要

　まず、本調査対象企業VTK社〜VTP社のプロフィールを簡単に述べておこう。

　●VTK社

　VTK社は1995年5月、独資でベトナム現地企業を設立し、主にスプリングの製造、販売を行なっており、製品は在ベトナム日系企業のヤマハ、ホンダ系列企業に供給されている。本社従業員数が約250人、現地従業員数が600人（うちホワイトカラー約50人）である。台湾本社から駐在員が3人派遣さ

れているが、ベトナムでの滞在年数はそれぞれ7年、3年、1年である。ちなみに3人とも希望すればいつでも台湾に戻ることができ、これがベトナム駐在の条件だという。

● VTL社

VTL社は90年代半ばにベトナムに設立された独資の製造業企業で、主にオートバイ部品の製造・販売を行なっている。本社従業員数が約100人、現地従業員数が約120人（うちホワイトカラーが約30人）。ベトナム進出の目的は①原材料、土地取得コストの安さ、②低廉で豊富な労働力の利用、③現地市場での販売である。

● VTM社

VTM社は1996年に独資でベトナム現地法人を設立した。台湾本社は機械の製造・販売を行なっており、従業員数は30人程度である。ベトナム現地企業では本社の製品を販売する業務に限定され、商社のスタイルをとっている。ベトナム進出の目的は安価な労働力（営業、販売スタッフ）の利用と現地市場の開拓である。従業員数は営業社員を中心に約30人（全員大卒者）である。

● VTN社

VTN社の台湾本社は交換機設備の設計、製造、販売を行なっており、従業員数は約80人。現地法人は2008年5月に設立され、資本形態はベトナム国営企業との合弁会社である。双方の出資比率はベトナム側51％、台湾側49％となっており、ベトナム側がマジョリティを占めている。ベトナム進出の主な目的は現地市場での販売と情報収集である。現地従業員数5人（全員大卒者）、管理職は2人、うち1人は台湾人である。ベトナム進出の理由として、ベトナムは8,300万人を擁する人口大国であり、台湾市場にはない魅力があること、内戦や動乱がなく、国政が安定していること、台湾企業が多数進出しているので、台湾企業間で情報交換ができることなどがあげられている。ベトナムは15～20年前の中国に酷似し、現在ベトナム政府が外国投資を奨励しているため、外国企業がさまざまな優遇策を受けられるのも魅力

の1つである。ベトナム現地法人の役割は技術伝授と市場開拓にあり、資金に関する権限はまったくないという。

●VTO社

VTO社の台湾本社は鉄鋼の製造・販売を行なう素材関連製造業企業であり、従業員数は310人。ベトナム現地法人は1999年に設立された台湾独資企業である。ベトナム進出の目的は①現地市場の開拓、②安価な労働力の利用、③他企業との連携である。現地従業員数は約280人、うちホワイトカラーが約20人。管理者が約30人、うち台湾人は3人である。現地法人は台湾本社と同等の権限があり、本社の指示を仰ぐことなく資金、人事、生産計画などを決定できる。

●VTP社

VTP社の台湾本社は機械製造業に属し、マフラーなど自動車部品の製造・販売を行なっている。本社従業員数は約200人。ベトナム現地法人は2004年1月に設立された日系企業との合弁会社であり、出資比率は50％ずつである。ベトナム進出の目的は①現地市場の開拓、②安価な労働力の利用である。現地法人従業員数は約350人、うちホワイトカラーが35人。管理者は3人、うち台湾人が1人、日本人が2人（社長と取締役）である。現地法人は投資、人事、生産計画、販売計画などに関するすべての決定権を持っている。

上記調査対象企業の事業内容、会社概要から以下の点を確認することができる。ベトナムへの進出時期はいずれも90年代後半以降（うち2社は2000年以降）となっており、従業員数から見た本社の企業規模はいずれも中小企業である。現地での経営スタイルはVTM社、VTN社は現地市場をターゲットに販売のみを行なっているが、他の4社は製造・販売を行なっている。ベトナム進出の目的について筆者は、豊富で低廉な労働力と安価な土地、原材料の利用であると想定していたが、VTK社を除いて調査対象企業のほとんどが安価な労働力、原材料の利用と同時に、現地マーケットに熱いまなざしを送っていることがヒアリング調査でわかった。しかし、中国のように生産・加工・輸出拠点から現地での販売という転換過程がないだけに、こうした積

極的な市場開拓は、ベトナムにおけるマーケティング・リサーチ人材、営業・販売人材の不足をより深刻化させ、激しい人材争奪戦を引き起こしているのではないかと考えている。

3．コア人材の過不足状況と採用・選抜方法

　VTK社では、技術者について人数的にはほぼ充足しているが、能力については満足できないのが現状である。ベトナム人技術者は呑み込みが早く、きちんと教えていればそのとおり仕事をこなせるが、研究開発のように自分で考え、仕事を進めていくこととなると、それほど期待できないようだ。管理者、特に部・課長クラスの人材は極端に不足している。人材の採用方法は管理者、技術者のいずれも外部から募集し、筆記試験および面接を通して行なわれている。合格率は1次試験（筆記）50％、2次試験（面接）20％である。6カ月間の試用期間中に候補者を見極め、将来性がないと判断すれば契約を結ばないことにしている。人材の選抜要件については、人柄（人物）を最も重視するが、「従順さ」（上司の指示に素直に従うかどうか）も選抜要件の1つとし、また、専門性（専門分野の知識や語学力など）も確認する。これまでは外語大の中国語学科を卒業したにもかかわらず、中国語をまったく話せない例もあったので、学歴はあまり信用していないという。

　VTL社では専門家人材はやや不足しているが、管理者はほぼ充足している。必要な人材は外部募集せず、すべて社内で育成し、内部昇進を実施している。選抜要件は①人物、②能力、③語学力である。②の能力については、専門性、学歴、実行力が含まれており、③の語学力は英語と中国語を指している。

　VTM社ではホワイトカラー・スタッフは充足しているが、部・課長クラス管理者やマーケティングの専門家はまったく足りないという。また、財務会計関係、法律関係の人材も極めて不足している。人材の採用方法として最も多いのはインターネットによる採用であり、社員による紹介や新聞、雑誌

の広告による募集も実施している。大学新卒者の採用は必要に応じて行なわれているが、定期一括採用は実施されていない。採用ステップは、①書類選考、②インタビュー（面接）であり、筆記試験は行なっていない。人材の選抜要件についてであるが、ベトナムの人材は絶対量が少ないので、選択肢が限られているが、このなかでの選抜基準は、①人柄、②将来性（特に新卒者に対して求めている）、③外国語能力（特に英語、中国語能力）をあげている。学歴もチェックするが、何を学んだかではなく、何ができるかが重視されている。たとえば、履歴書に大学で中国語を学んだと記入していても、必ず面接時に口頭テストを行なうという。コア人材の決定時期は入社3年後としているが、逆に5年以上経ってもマネジャーになれない人はコア人材と見なされない。現地のコア人材を5〜10年で部長クラス、10〜20年で現地法人の経営トップに育成する目標が設定されている。

　VTN社では課長クラスから一般管理職スタッフまで不足しているので、コア人材の育成が急務とされている。また、専門家、技術者についても、営業、総務、人事、財務・経理、生産・技術など、あらゆる職種においてコア人材が不足している。人材の採用については、ベトナム側パートナーによって行なわれている（人事・労務はベトナム側、生産・販売は台湾側が分担する）。新聞、雑誌広告を通じての募集・採用は最も多い。採用基準は台湾と大きく異なっており、台湾の基準よりかなり低く設定しているにもかかわらず、基準に達した人材が少ないという。さしあたり仮採用し、試用期間中に見極め、最終的に満足できなければ雇用契約を結ばない措置をとっている。実際、試用期間終了後に本採用に至らなかった会計専門スタッフの例があったという。

　VTO社は深刻なコア人材不足の状態にある。ベトナムの人材不足の根本的な原因は学校教育にあり、大学の設備が乏しく、教育への投資が非常に少ないことが人材育成の最大の障碍と認識している。VTO社に入社した大卒者のほとんどは厳しい競争を勝ち抜き、ベトナムの名門国立大学を卒業したので、相対的に素質が高いことはいうまでもない。しかし、教育設備の欠乏や生産現場との接触の少なさが原因で、入社後しばらくは仕事ができない状

態が続いている。こうした人材不足を部分的に補う手段として、即戦力となる中国人人材の活用を行なっている。現在、VTO社アモイ工場の紹介で採用した中国人技術者数人および英語通訳はVTO社ハノイ工場に勤務している。VTO社の人材採用方法はまず書類選考によって学歴を確認する（大卒が条件）。ベトナムでは学歴はあまり参考にならないかもしれないが、大学への入学が難しいので、大学卒業者はある程度素質が保証されていると考えているようだ。次に面接を行なうが、面接時にコンピュータや設計図面の基本知識をテストし、筆記試験は実施していない。選抜要件は①学歴、②専門性、③人柄と実行力である。

　VTO社では人材を見極めるために1カ月の試用期間をフルに活用している。この場合の選抜基準は知識の量ではなく、積極性や意欲が重視される。知識がなくても、積極性、やる気さえあれば必ず成長すると認識されている。実際、試用期間中に1週間も経たないうちに、モチベーションが低下し、コア人材としての素質がないと判断された人を辞めさせた例や、自らあきらめて辞表を出した例があった。もう1つの条件は品質管理の意識があるかどうかである。VTO社の製品は100％日系企業に提供しているので、品質の追求が常に最優先されているが、これに対して理解のない人はコア人材として育てるのが難しいと認識されている。

　VTP社ではコア人材は重役クラス、部・課長クラスなどの管理者は充足しているものの、スペシャリスト（特に電気・機械技術者、国際貿易・マーケティング分野の専門家、外国語人材）がかなり不足している。人材の募集・採用方法については、これまでは大学新卒者の定期採用、インターネットによる中途採用、台湾本社からの派遣が中心であり、新聞・雑誌広告や職業仲介機関の紹介、ヘッドハンティングによる採用は行なっていない。2004年に大学新卒者の新規一括採用で最多の30人をとった経験がある。採用方法は書類（学歴、専門分野）審査のうえ、インタビュー（面接）が行なわれた。特に面接が重視されている。面接によって応募者の性格、態度、意欲が確認でき、書類選考よりも確実性があると判断されている。

以上の調査結果について次のとおり指摘することができる。人材の過不足状況は会社によって若干異なるものの、全体的には管理者、技術者、専門家のいずれも不足しており、コア人材の質についても満足できないと感じる経営者が多いことが明らかになった[2]。採用方法は基本的には中途採用が中心であり、1社を除いて大学新卒者の定期一括採用は行なわれていない。これは調査対象企業の会社規模、事業規模とも関連していると思われる。選抜方法は各社とも書類選考、筆記試験より人柄（性格、態度、意欲、素直さなど）を重視しており、人物を見極めたうえで採用の可否を決めるという共通のスタンスをとっている。

4．コア人材の育成とキャリア形成

　VTK社のコア人材育成は新入社員の一部に限定し、1年間の研修を受けさせる方法をとっているが、そのうちの半年は台湾本社で実施している。時間と予算の制約から外部研修（OffJT）は考えていない。現段階では現場で実践させながら仕事のやり方を覚えさせる方法（OJT）を実施している。
　VTL社の人材育成法は極めてシンプルなものであり、現場でどれだけ指導力・実践力を発揮できるかを重視している。時間的、資金的制約から外部研修および台湾本社での研修はまったく考えていないという。
　VTM社では、幹部候補生人材を育成するために、リーダーシップ・トレーニングや管理職の基本など、コア人材育成プログラムを外部で実施しなければならないと認識しているが、具体的な訓練システムはまだ準備段階にあるという。できるだけ早い時期にコア人材を台湾本社に派遣し、研修を受けさせたいと考えている。
　VTN社では新入社員が入社して1年後に見極め、コア人材の候補者として相応しいかどうかを決めることにしている。選抜された人材に対して、入社2年目から比較的責任の重い仕事を徐々に任せると同時にその結果を必ず

検証する。満足のできる結果であれば、3年目から重要なポジションに昇進させ、それまで一部しか任せていない仕事を全部任せる。研修は基本的には現場で行なわれる企業内研修である（OJT）。たとえば、台湾人スタッフによる商品知識などの講義が定期的に行なわれている。台湾本社での研修は現在考えていないという。その理由はベトナムの出国手続きが煩雑で、莫大な時間を費やさなければならないこと、現段階では現地人をわざわざ台湾に送って研修させる必要性をあまり感じないことである。今後は必要であれば、社内だけでなく、ベトナム国内での研修を心がけたいと語っている。

　VTO社ではコア人材の候補者を最終的に決定するのは入社後1年が経過した時期である。具体的には対象者全員（2008年は15人）に優先順位をつけ、上位5人をトップグループとし、責任のある仕事を与え、ポストにつかせる。そのうえ、モチベーションを向上させるために勉強するための環境や時間を与える。より上位のポストへ昇進するために、この5人に対しても責任感、人物・性格、安定性などについて優先順位をつける。今後は毎回5人を上限に、台湾本社、または関連企業である日系企業との合弁会社に派遣し研修させる予定であるが、これは主に技術研修であり、管理者人材についてはあくまで内部育成を原則としている。

　VTP社では入社直後から5カ月間の研修期間を設けており、新入社員全員が研修に参加しなければならないとしている。この5カ月間を2段階に分けて実施しているが、最初の4カ月（9～12月）はホーチミン市にあるグループ企業で行なわれ、仕事の基本を学ばせる。その後の2カ月（1～2月）は日系企業のヤマハに送り込み、より専門的な知識を身につけさせる。研修修了時に彼らの成績に基づいて、どのように配置するかを決める。研修先企業の社長が研修生1人ひとりに対して評価書を書くことになっているので、評価書と本人の適性を総合判断して配置を決定している。コア人材の候補者を選定する基準はいくつかあるが、人柄と性格が最も重視されている。具体的には誠実さ、仕事に対する情熱、コミュニケーション能力の有無が見極められる。こうして選ばれたコア人材の職位はこれまで最高で副課長であった。

2004年から08年までの4年間に、コア人材の候補者を訓練・育成・選抜した結果、彼らは部・課長クラスの中堅管理者や現場のマネジャー、リーダーに成長したので、コア人材育成には大きな成果があったと理解している。これからは次の段階に入るための準備を進めている。すなわち、マネジャー、リーダーに選ばれた人材に、一般スタッフの訓練を任せようと考えている。たとえば、1年間勤務したホワイトカラー・スタッフのなかからサブリーダーを選び、サブリーダーの経験者からリーダーを選ぶなど、現地人によって現地人を管理するシステム作りを目標にしている。

　大学新卒者の定期一括採用のほか、社員からの紹介、合弁先企業からの紹介などを通じて、日系企業の勤務経験者（3～5年）を優先的に採用し、幹部候補生として育成していきたいとしている。これは日系企業との合弁会社のメリットの1つと考えている。合弁のもう1つのメリットは、定期的に優秀な人物（3名）を選抜し、合弁パートナーの本社（日本）に派遣し研修させることである。日本への研修者の選抜基準は、①人柄、②専門性（専門知識）、③管理能力である。この人選も人柄や性格が最も重要視されている。

　以上の調査結果からベトナム台湾系企業のコア人材育成とキャリア形成のパターンと特徴を考察してみたい。研修・教育訓練に関する考え方や実施の度合について調査対象企業6社はまちまちであるが、全体的に言えば、ベトナムの台湾系中小企業は本社の企業規模、現地の事業規模が小さく、時間的、資金的制約を受けやすい状況にあるため、経営者はコア人材育成、従業員に対する研修・教育訓練が受動的であるか、能動的な考えを持っていても実行するゆとりがないように見受けられる。したがって、それほど時間的、資金的負担がかからない研修方法として、人材育成は現場で実践能力を磨かせながら経験を蓄積させ、キャリア形成、キャリア・アップを目指し、ステップ・バイ・ステップの形で内部昇進していくパターンが多用されている。VTK、VTO、VTPの3社ではいずれも本社（台湾）や合弁先企業の本社（日本）での研修を実施、または実施を予定している。

　制度的に充実したOJTプログラムは優れた教育訓練方法であり、特にベ

トナムのような発展途上国において効果的な訓練方法であると指摘されている[3]。確かに一般従業員の基礎学力や基礎的能力を身につけさせるために、OJT は有効な方法であり、調査対象企業の VTP 社のように大きな成果を収めた事例もあるが、しかし、コア人材、とりわけ上級管理者、技術者、専門家人材の育成に関しては、OJT だけでは不十分であり、仕事現場では習得できない、より高度な管理手法や知識の追求、視野を広げるための新しい情報の獲得は、やはり現場から離れた OffJT による教育訓練システムが必要であろう。積極的 OJT 教育訓練システムの構築と OffJT 方式の段階的導入は今後のベトナム台湾系企業の課題である。

5．コア人材に求める能力、人材の評価および定着策

　VTK 社の定着策はすべて金銭的報酬で対応している。具体的に①給料を引き上げる、②諸手当（交通手当、食費手当、残業手当など）を増額する、③福利厚生（住宅、社会保険など）を充実させるなどによって従業員の不満を解消し、モチベーションの向上を図っている。コア人材からの要求は概ね金銭的報酬に関するものなので、人件費を増やせばすべて解決できるという。研修などキャリア・アップにつながる要望は現段階では皆無である。

　VTL 社の定着策は管理者、技術者など会社にとって必要な人材に対して、2 年ごとに彼らと話し合い、不満があるかどうかを確認している。不満があれば、できるだけ早く解消するように対応しているが、ほとんどの場合は給料アップで解決するという。コア人材の評価は極めて難しい問題と認識している。管理者人材に対しては客観的かつ有効な評価方法を見出していないため、さしあたり年功序列で給与、賞与を決めているが、ブルーカラーに対してはノルマ制、目標管理、業績給で評価している。

　VTM 社は会社の経営内容が主に営業・販売なので、コア人材に対して、アピール力やコミュニケーション能力、さらに業績につながる社外の人脈作

り能力および利益志向を求めている。部門責任者（セクション・マネジャー）には利益志向がなければ、その部門の業績アップは考えられないとしているので、コア人材の収益意識の有無を極めて重視している。コア人材の評価方法、モチベーションの向上策については、営業スタッフの場合は人事評価の結果を給与、賞与に反映させる売上報奨金制度を実施している。具体的には販売スタッフに対して毎月売上ベースで評価し、その結果を賞与に連動させている（ただし基本給には連動しない）。モチベーションの向上が目的なので、報奨金額に優劣をつけてインセンティブを与えている。その結果、賞与がゼロの人もいれば、基本給の10倍という人もいる。スタッフ全員に最低限の目標を設定し、月単位でチェックしているが、最低目標を達成できなかった場合は報奨金がゼロになる仕組みである。

　一方、一般管理職（マネジャークラス）の給与システムは営業職と異なり、業績給を導入していない。マネジャーの平均月給額は300ドルだが、給与構成は基本給と諸手当（交通手当、食事手当など）となっており、管理者にも毎月賞与を支給するのがVTM社の特徴である。中国現地法人と台湾本社では、賞与は年末の1回のみなので、ベトナム現地法人の給与システムはかなり変則的であると認識している。しかし、営業スタッフに比べ、一般管理者の給与は相対的に低く、インセンティブは明らかに不十分であるため、給与・評価システムの改善が今後の課題と考えている。

　優秀な人材の定着策に関しては、VTM社では上述の刺激策が積極的に実施されているにもかかわらず、離職率は高い水準で推移している。その主な理由は金銭的報酬に対する不満と理解している。ベトナム人は基本給に固執し、努力すれば高額な報奨金をもらえるということにはあまり興味を示さず、また、業績を上げればより上位のポストに昇進し、報酬も連動するというポジティブな発想がないように思われている。したがって、現段階における最も有効な定着策は基本給の増額だが、会社としては業績のない人にまで給与を上げる考えがないため、人材の転退職率は高止まりになっているという。

　VTN社では人材に対して①将来性、②人柄、③実行力を求めている。①

の将来性について、すなわち、仕事に対して情熱や興味を持たず、ただ単に生活のために働いている人は将来性がないと考え、コア人材の候補者から除外する。②の人柄は主に誠実かどうかを見極める。③の実行力と同時に積極性、自主性も求めている。コア人材の定着策として、金銭的報酬が最も有効と思われている。給与・賞与金額の増加、報奨金幅の拡大、諸手当や福利厚生の充実を図った結果、明らかに効果があったという。しかし、仮に昇進・昇格のスピード・アップやキャリア開発機会の増加を実施していても、おそらく効果がないと認識している。現段階のベトナム人は10～15年前の中国人と相似しており、現金収入を最も重視しているので、当面は金銭的報酬によって対応すれば十分であると理解している。

VTO社では人材の定着策は特に実施していない。ホワイトカラー・スタッフの場合は退職しても会社に影響を与えないので、引き止める必要はないと考えている。しかし、転退職者が会社にとって必要な人材であれば、引き止める方法を考える。その場合、会社のビジョンを描いて説得を試み、そのうえで給与の増加額を提示するが、双方の隔たりが大きく、その要求に応じられない場合は手放すしかない。会社組織にはバランスが必要であり、どんなに優秀な社員であっても、他のスタッフの何倍もの給与を与えることは避けるべきと考えている。人事考課制度については、社内の競争意識を高めるために、新人社員が入社して半年経過した時点で基本給を調整し、能力、成績に応じて給与額に差をつけることにしている。また、スタッフ全員の人事考課表を作成し、3カ月ごとに人事考課を行ない、その累計結果を給与・賞与額の見直し基準にしている。

VTP社ではコア人材の選抜対象候補者30人のうち、5人が家庭の事情や大学院への進学で退職したが、彼らはあくまでも選抜候補者の一部なので、引き止めはしなかった。しかし、力を発揮している優秀な人材であれば、会社のビジョンを描いて引き止めてみるが、退職する意志が堅いなら仕方がない。給与アップを定着策に組み込まないことを会社の基本原則としている。その理由は、他の従業員が「会社にとってこの人がいなければだめなんだ」

と思い込み、動揺するからである。どんなに優れた人材が辞めても会社は困らないことを、全従業員に認識させたいと考えている。中間管理者人材が比較的に多いので、セクション・リーダーの1人や2人が辞めても、会社組織としては困ることはないと考えている。また、金銭的報酬に不満を持つ人材に対しては、直ちに給与を増やすことはしないが、努力し成果をあげれば、より上位のポストへの昇格を約束する。昇格によって給与などの待遇も変わるので、結果は同じである。これまでは有能でかつ努力したスタッフは昇進でき、月給350万ドンから1,000万ドンにアップした例もあるという。現在、VTP社が最も必要な人材は各専門分野のスペシャリスト、および日本人や台湾人の力を借りずに自力で従業員を管理する部門長である。このような人材であれば、会社は高給を惜しまないだろうと明言している。いま育成中の部長クラスの人材（計6人、うち5人が内部昇進の中間管理者、1人がヘッドハンティングによる中途採用の技術者）は将来、この能力が身につくだろうと見込んでいる。

　以上の調査結果から次の点を指摘することができよう。まず、人材評価と賃金・報酬システムとの連動性についてであるが、各企業では異なったシステムを実施していることがわかった。有効な評価方法を見出せないため、年功序列で給与・賞与を決めるケース（VTL社）、営業職に対して売上報奨金制度を導入し、給与・賞与にリンクさせ、実績に応じて報奨金額を決める一方で、管理職に対しては業績給を導入せず、基本給と諸手当を支給するケース（VTM社）、入社半年後に基本給を調整し、能力、成績に応じて金額に優劣をつけるケース（VTO社）、成果を出せば昇進し、それに連動して昇給もするケース（VTP社）など、実にさまざまである。在ベトナム台湾系中小企業にとって、人材評価システムおよび賃金・報酬システムの構築は今後の大きな課題と言えよう。

　次に、コア人材の定着策についてであるが、4社（VTK、VTL、VTM、VTN社）は給与・賞与など金銭的報酬の増額が最も有効であると考えている。しかし、長期的に考えれば、給与アップのみで優秀な人材を定着させるには限

界があり、特に経営状況が変化しやすい中小企業にとって人件費コストが「雪だるま」式に増大していくのは大きな負担となるだろう。今後は会社の理念や目標を共有できるように社員教育に力を入れると同時に、仕事から達成感、充実感を得られ、キャリア形成も期待できるような魅力のある職場作りが必要不可欠である。一方、VTO社、VTP社では、定着策として直ちに給与の増額をせずに、まず会社のビジョンを描いて説得を試みる（VTO社は若干の増額を提示する）方法を実施している。それに対して理解を示さない人は優れた人材であっても引き止めない方針を決めている。特にVTP社は給与アップを定着策に組み込まないことを会社の基本原則とし、どんなに優秀な人が辞めても会社は困らないことを全従業員に認識させるという、「強気の人材戦略」をとっていることが注目されよう。

6．ベトナム台湾系企業の「陸幹」について

　ベトナムの人材不足を解消するために、台湾系企業の多くは技術者、中間管理者人材を中心に「陸幹」を採用し、現地の人材不足を補っている。この節では「陸幹」およびその採用者である経営トップのインタビュー等を通して、中国人人材の採用方法、ポジション、待遇、定着策および経営者の評価などを検討する。

　ベトナム現地人材の確保は困難で、また台湾人駐在員の派遣も人件費コストを考えれば難しい現状のなかで、事業運営のネックとなっている人材不足の突破口を切り開くために、ベトナム台湾系企業の多くは第3の選択をしたのである。すなわち、台湾人、ベトナム人の代わりに、ベトナムに比べて人材が豊富で、また台湾に比べて人件費コストが相対的に低廉な中国から必要な人材（「陸幹」）を取り入れ、不足する中間管理者（工場長、現場責任者、セクション・マネジャーなど）、専門家（品質管理、財務・経理、マーケティング、翻訳・通訳など）、技術者（IT関係、開発・設計など）を補い、彼らに力を発揮してもら

う人材戦略を展開している[4]。台湾系企業のこうした人材戦略を可能にしたのは、ベトナム台湾系企業と中国人人材の間に成り立つ需給関係と、中国の地方政府や民間の人材バンクの積極的協力であり、そしてベトナム台湾系企業を就職先の１つとして考えている中国人が数多く存在している現状である。

今回のヒアリング調査では、ベトナム台湾系企業の「陸幹」採用についてVTL、VTM、VTO、VTPの４社に対して質問を行なったが、VTL、VTM、VTO社はそれぞれ「陸幹」（計８人）を採用しているのに対して、VTP社は採用せず、その人材戦略に否定的な考えを持っている。VTP社の人材戦略の基本は人の現地化であり、採用はベトナム人に限定するとしている。さらに、民族性の相違性から台湾人、中国人のベトナム人管理は困難であり、ベトナム人によるベトナム人管理こそスムーズな企業経営につながると考えている。

以下ではVTL社、VTM社、VTO社および在ベトナム台湾商会聯合総会責任者への聞き取り調査に基づいて「陸幹」採用の現状を明らかにしたい。

（１）　募集・採用方法

「陸幹」の募集と採用は主に４つの方法で行なわれている。１つめは、中国の地方政府や人材バンクが在ベトナム台湾系企業の代わりに、インターネットなどを通じて、不定期に募集し採用する方法である[5]。２つめは、グループ企業の中国現地法人による紹介（または派遣）であるが、この場合は被紹介者（被派遣者）のほとんどが現役の管理者や管理職経験者、熟練技術者であるため、企業が特に希求している人材であろう。３つめは、社内中国人の紹介、または本人が直接台湾企業に問い合わせ、自己推薦する方法である。最後は、主に広西などベトナムの隣接地における越語専攻の大学・短大・専門学校生を対象に、筆記試験や面接による選抜方法である。この場合の採用は通訳・翻訳人材がメインとなる。以上の方法はいずれも中途採用であり、定期採用は行なわれていないようだ。ヒアリング調査対象企業の採用方法はグループ

企業の中国現地法人による紹介（6人）、社内中国人の紹介（1人）、中国での直接募集（1人）である。

調査対象企業の「陸幹」出身地はそれぞれ甘粛省、江蘇省（揚州市）、湖北省で、中国の沿海部、中部、内陸部に分かれており、地域的特徴は見出せない。また、年齢は20代～30代で、ベトナムでの滞在期間は1年未満から7年である。

ベトナム台湾系企業の「陸幹」採用の目的に関しては、台湾商会聯合総会のL氏から興味深い証言が得られた。それによると、中国人採用の主な目的は中間管理者、熟練技術者の人材不足を補うことに違いないが、この他に、中国人に台湾人とベトナム人の間の「防火壁」として役立ってもらいたい目的もあるという。台湾とベトナムとは国交関係がないので、何かの紛糾が起きた場合、台湾人（台湾政府）が直接交渉するのは難しいが、中国人（中国政府）が間に入ってベトナム側と話し合えば、スムーズに解決する可能性が高いと考える台湾企業は少なくないと言う。

（2）　職種・職位、報酬・待遇

調査対象企業の「陸幹」の職種・職位についてであるが、それぞれエンジニア2名（VTL社が1人、VTM社が1人）、部門マネジャー1名（VTM社が1人）、金型技術者1名（VTO社が1人）、英語通訳1名（VTO社が1人）、部長クラス管理者3名（VTO社が3人）となっている。

報酬・待遇は本人のキャリア、専門分野、ベトナムでの滞在期間、年齢、中国現地法人での勤務時の報酬などを総合評価して決定されるが、業績給、歩合制などとリンクする事例は見当たらなかった。8人の月給額は800～1,000 USドルであり、インターネットで直接募集する時に示した最低月額600 USドルを大きく上回っている。給与の他に3社とも年2回の有給休暇とそのための交通費（航空券）を支給しており、またVTO社では日常生活用品を備え付けた住宅を提供している。

(3)「陸幹」の定着策

「陸幹」は概して高いスキルまたは管理力・経験を持っており、ベトナムでは特に必要な人材であるために、彼らに対する「引き抜き合戦」が繰り広げられている。調査対象企業のなかにも、自社の「陸幹」がいつヘッドハンティングされるかわからないという不安があるようだ。たとえば、VTL社の経営トップは次のように述べている。「弊社は優秀な中国人エンジニアを採用しているが、彼がこのまま定着するかどうかはわからない。現在、彼の月給は800 USドルだが、同業他社に比べ少ないと思うので、ヘッドハンティングされる可能性が高い。人材は容易に獲得できないので、採用した人材を確保したいのだが、会社としては月額800 USドル以上を支払う余裕がない」。現在VTL社では責任重大な部署を任せることで相互の信頼関係を築き、仕事の魅力や達成感・満足感を実感させる「非金銭的報酬」によって、人材の定着を図っている。

VTM社では中国人に対してそれぞれ異なった定着策を行なっている。ベトナム滞在7年目のベテラン管理者には、金銭的報酬と非金銭的報酬を並行して実施し、人材の定着を図っている。すなわち、高給を支払うと同時に、重要部門の権限を与え、やる気を起こす方法である。VTM社は、中間管理者・技術者人材のジョブホッピングが多発しているにもかかわらず、彼が7年間も辞めずに同じ会社に勤務し続けていることから、定着策が有効と考えている。一方、ベトナム滞在1年未満の新人技術者に対しては、給与を低く抑える代わりに、チャレンジできる多くのチャンスを与え、やり甲斐を実感させる方法をとっている。

VTO社の定着策は、VTM社同様、金銭的報酬と非金銭的報酬をバランスよく実施している。すなわち、平均賃金よりやや高い給与を支払うと同時に、重要なポスト（たとえば副社長、工場長など）と決定権を与え、思う存分に力を発揮させる方法である。この定着策は「陸幹」には明らかに有効であり、彼らのモチベーションの向上、会社への定着につながっていくのではないか

と期待している。

（4）「陸幹」に対する評価

　ベトナム台湾系企業の「陸幹」の大半が関連企業または社内中国人の紹介によって採用されている。直接募集に関しても、ベトナム人従業員より高い給与を支払わなければならないので、厳しい選抜が行なわれている。したがって、採用されている「陸幹」の管理能力や専門性・スキルのレベルはある程度保証されており、彼らに対する経営者の評価も概して高い。ヒアリング調査対象企業の中国人人材については、「非常に高い技術を持っている」（VTL社）、「採用した中国人は優秀であり努力家なので、採用してよかったと思っている。彼らに対して相応する報酬を支払うのが当然である」（VTM社）、「社内の中国人とベトナム現地人の待遇はまったく異なっており、前者には高い給料と有給休暇、住宅を与えている。これは決して中国人だから特別に優遇するのではなく、能力、業績、責任の大きさなどに見合った報酬を与えただけである」（VTO社）など、肯定的な見方が多かった。こうして、「陸幹」の仕事ぶりに対する台湾人経営者の満足度は、少なくとも今の段階では高いと言えよう。

　中国人人材の過不足についてであるが、VTL社では現在充足しているので、これ以上増やす必要がないとしており、VTM社、VTO社では依然として人材が不十分なので、可能であれば「陸幹」をもっと採用したいと語った。

　こうした台湾系企業の中国人人材採用戦略は今後どのように変化していくのだろうか。これについて各調査対象企業では、いずれ時期が熟した時に「陸幹」をベトナム現地人に切り替えていかねばならないと認識している。言い換えれば、ベトナムの人材供給は不足し、台湾からの派遣社員も望めない現状では、中国人の採用が最善策であるが、現地人のスキル、研究・開発レベルが「陸幹」と同じ水準に達した時に、中国人人材を採用する必要がなくなると考えているようだ。早い時期に現地人に切り替えたい最大の理由は

人件費コストの節減である。そもそも台湾系企業がベトナム進出した主な目的は低廉な人件費の追求なので、キャリアや能力が同等であれば、「陸幹」に比べて人件費コストがはるかに低い[6]ベトナム人に切り替えるのは当然であろう。

中国人からベトナム人への切り替え時期については、VTL社は3〜5年、VTM社、VTO社は5年以上必要だと予想しているが、台湾人と中国人の文化的つながり（共通の言語や習慣からコミュニケーションをとりやすいこと）に注目し、「陸幹」を採用することで目に見えない効果があるとして、人件費コストが高くてもベトナム人への切り替えを慎重に行ないたいとの見方もある（VTM社）。

以上ではベトナムの人材不足を補うために採用された「陸幹」について、主に募集・採用方法、職種・職位、報酬・待遇、定着策および「陸幹」に対する台湾人経営者の評価を中心に検討した。ベトナム台湾系企業が「第3の選択」をする目的は、中間管理者、技術者などホワイトカラー人材の採用にあるため、中国人とベトナム人との採用・選抜・昇進方法、報酬・待遇、定着策などにおいて若干異なっている。また、「陸幹」の働きぶりや技術レベルに対する台湾人経営者の評価は概ね高いが、今回の調査に限って見れば、中国人をベトナム拠点の経営トップに起用した事例はなかった。今後、ベトナム台湾系企業の中国人勤務者数はどのように変化していくのか、これは興味深い問題であるが、台湾企業にとどまらず、在ベトナム日系企業においても中国人人材を活用する動きが活発化してきており[7]、これについても今後注目していきたい。

7．ベトナム台湾系企業の問題点と課題—結びに代えて—

以上ではベトナムにおけるヒアリング調査に基づいて、台湾系企業6社の人材育成の現状、特徴を検討した。最後に台湾企業の問題点と今後の課題を

要約し、本章の結びとしたい。

　まず、一般的に言えば、中小企業は大企業に比べ社外研修制度が貧弱であり、社内教育訓練システムも充実していないのが現状であるが、在ベトナム台湾系企業も相似する様相を呈している。本調査対象企業はすべて中小企業であるがゆえに、人材育成について積極的に実践している事例（VTP社）も見受けられるが、全体的には OffJT、OJT を含めた人材育成システムはまだ発展途上にあり、その構築のためには、より一層力を入れる余地が残されている。ベトナムでは管理者、専門家、技術者など優秀な人材の確保は困難であり、かつ外部労働市場が未発達である現状では、台湾企業も含めて、外資系企業独自の評価・昇進・定着システムによるコア人材の育成は避けられない重要な課題である。

　次に、本調査対象企業の大半は給与アップによってコア人材の定着を図ろうとしている。これは一時的には有効かもしれないが、いずれ人件費負担が限界に達するにつれ、それ以上の報酬を求める人材を失うことになるだろう。経済成長がこれからも続くベトナムでは、今の中国のように、金銭的報酬よりもキャリア・アップにつながる社外研修や自己開発の機会を求める人材が増えれば、給与アップだけでは満足させることができなくなり、定着策としての有効性も薄れてしまう可能性が高い。給与の増額に過度に依存しない有効な人材定着策を早期に制定し実施する必要がある。

　第3に、中国人人材とベトナム現地従業員との企業内人間関係については、ベトナムにおける人材需給のアンバランスな現状がある程度改善され、また人材の外部労働市場が成熟化してくるまでは、「陸幹」の採用は続くと考えられる。この場合、同じ企業で働く中国人とベトナム人従業員とのスムーズなコミュニケーションが不可欠である。中国人技術者はともかく、ベトナム人の一般従業員を管理する立場にある工場長、部・課長クラスの中間管理者に対して、現地の言語、文化、生活習慣、民族性など、教養面での教育が大事であろう。

図表9-1 ベトナム台湾系企業ヒアリング調査結果の概要

質問項目	VTK社	VTL社	VTM社、商社
事業内容、会社概要	○1995年5月設立、製造業企業 ○主にスプリングの製造・販売、製品は日系企業に供給 ○台湾本社従業員250人、現地従業員600人（うちホワイトカラー50人） ○単独出資	○90年代半ば設立、製造業企業 ○主にオートバイ部品の製造・販売 ○本社従業員数100人、現地従業員120人（うちホワイトカラー約30人） ○単独出資	○1996年設立、商社 ○機械の販売 ○台湾本社従業員数30人、現地従業員数30人（全員販売スタッフ） ○単独出資 ○進出目的：安価な労働力の利用と現地市場での販売
コア人材の過不足状況と採用・選抜方法	○技術系人材はほぼ充足だが、部・課長クラスの管理職は極めて不足 ○採用方法：筆記試験・面接による外部募集 ○選抜要件：人柄（人物、従順さ、専門性	○管理職はほぼ充足 ○育成方法：すべて内部育成（外部募集せず） ○選抜要件：人物、能力、語学力	○ホワイトカラー・スタッフは充足、部・課長クラスの管理職、マーケティングの専門家は極めて不足 ○採用方法：インターネット、新卒採用、内部紹介、新聞広告、書類選考および面接（筆記試験なし） ○選抜要件：人柄、将来性、語学力
コア人材の育成とキャリア形成	○新入社員から1年間研修（うち半年は台湾本社にて実施）、それ以外は考えていない ○現場で伝授する方法を実施（OJT）	○予算、時間がないので外部研修は考えない ○現場で伝授する方法を実施（OJT）	○リーダーシップ、トレーニング、管理職の基本などのプログラムを外部で実施する予定（現在は準備段階） ○台湾本社での研修を実施
コア人材に求める能力、人材の評価および定着策	○定着策はすべて金銭的報酬面（給与・手当、福祉関係）で実施 ○非金銭的報酬（研修、キャリア形成）は皆無である	○管理職、技術者に対して2年ごとにチェックし、不満があれば早く解決する ○解決の手段は給与アップが中心 ○コア人材の評価は離職できないため、年功序列で査定せざるを得ない	○コア人材に対するアピール、社外の人脈作り能力、利益志向を求めている ○営業スタッフに対しては完上報奨金制度を実施しているが、目標管理制度を導入していない ○一般管理職には業績給を実施しているが、基本管理職への不満が原因が人材流出が高い離職率となる
問題点または今後の課題	○台湾人駐在員の派遣が限界にきているので、中間管理職からトップクラスの人材育成が急務 ○現地管理職人材の質の向上	○客観的で有効な評価システムの構築	○高い離職率が問題 ○基本給を増額せずに人材流出を食い止める方法の模索

第9章　ベトナム台湾系企業における人材育成

質問項目	VTN社	VTO社	VTP社
事業内容、会社概要	○2008年5月設立、販売業務 ○交換機設備の販売 ○台湾本社従業員80人、現地従業員5人（全員ホワイトカラー） ○ベトナム国営企業との合弁会社（ベトナム51％、台湾49％） ○進出目的：現地市場での販売、情報収集、市場開拓、技術伝授	○1999年設立、製造業企業 ○鉄鋼の製造・販売 ○台湾本社従業員310人、現地従業員数280人（うちホワイトカラー20人） ○単独出資 ○進出目的：現地市場の開拓、安価な労働力の利用と他企業との連携 ○現地の資金、人事、販売計画の決定権を持つ	○2004年1月設立、製造業企業 ○マフラーなど自動車部品の製造・販売 ○本社従業員200人、現地従業員数350人（うちホワイトカラー35人） ○日系企業との合弁会社（50％ずつ出資） ○進出目的：現地市場の開拓、安価な労働力の利用 ○現地の資金、人事、生産、販売計画などすべての権限を持つ
コア人材の過不足状況と採用・選抜方法	○一般的管理職、課長クラス人材不足、専門家・技術者人材ではすべての職種での人材不足 ○採用はベトナム人担当、新聞・雑誌広告が中心 ○試用期間中に被採用者を見極める	○深刻な人材不足状態にある ○採用方法は：書類選考と面接 ○選抜要件：学歴、専門性、人柄、実行力 ○中国人人材を採用し人材不足を補う	○重役クラス、部・課長クラス、一般スタッフは充足だが、スペシャリストは不足 ○採用方法は：大卒の新規定期採用、インターネット、台湾本社からの派遣、書類審査と面接、日系企業での勤務経験者を優先採用 ○選抜要件は：性格、態度、意欲
コア人材の育成とキャリア形成	○入社1年後にコア人材の候補者を選出する。2年後に仕事を委任し、3年目に重要なポジションにつかせる ○研修は現地での研修は行わない（OJT） ○台湾本社での研修は考えていない、必要ならベトナム国内での研修を実施する	○1ヵ月の試用期間を活用し積極性、意欲を見極める ○品質意識のない者はコア人材の候補から外す ○コア人材の最終決定時期は入社1年後。全員に順番をつけ、トップグループのみ運出し、ポストにつかせ、勉強する環境や時間を限定する。技術研修は5人を限度に台湾本社または日系の合弁会社で実施する	○入社後5ヵ月間を研修期間とする（全員参加） ○研修中の成績と適性を基準に配属を決める。人柄、性格、スペシャリスト、コミュニケーション能力を重視する ○定期的に優れた人物（毎回3名）で研修させる。選抜要件は人柄、専門性、管理能力である
事業重点、人材評価能力、人材の評価および定着策	○コア人材に求める能力は将来性、人柄、実行力 ○定着策として金銭的報酬が最も有効、昇進・昇格のスピードアップ、キャリア開発の機会の増加などが効果がない	○定着策は特に実施していない。辞めたい人を引き止める必要がないと考えるが、特に必要な人材は会社のビジョンを説明する ○入社時から能力、業績によって差をつける。給与に差をつける	○辞めたい人材に対してはビジョンを描いて説得を試みる ○給与アップで定着策には組み込まない ○成果を上げた者に昇進を約束する
問題点または今後の課題	○課長クラスを含めすべてで不足しているので、その育成が急務	○人材不足は深刻な状態にあり、その原因が高等教育にあると認識 ○当面は中国人人材を採用し不足を補う	○台湾人の力を借りずに、独自で現地従業員を管理できる人材の育成

〈注〉
（1）台湾財政統計処『経済統計年報』、2005年。
（2）在ベトナム日系企業に対する調査においても、ベトナムのスキルや専門能力を持った人材の不足、その知識レベルの低さ、マネジャークラスの数値処理能力の不十分さ、自主性の欠如などの問題点、課題が指摘されている。福谷正信編『アジア企業の人材開発』学文社、2008年、および木村大樹編『海外・人づくりハンドブック　ベトナム―技術指導から生活・異文化体験まで―』海外職業訓練協会、2004年を参照。
（3）丹野勲・原田仁文『ベトナム現地化の国際経営比較―日系・欧米系・現地企業の人的資源管理、戦略を中心として―』文眞堂、2005年、61頁。
（4）ベトナム台湾系企業の「陸幹」採用戦略については、「陸幹」採用のメリット、台湾企業が求める中国人人材の内訳などを論述した拙著「台湾企業の対越投資と人材採用」を参照されたい。『埼玉学園大学紀要』経営学部篇、第8号、2008年12月。
（5）同上論文を参照。
（6）ジェトロの調査「アジア主要30都市・地域の投資関連コスト比較」によれば、エンジニア（中堅技術者）の月額賃金は、2008年1月現在、台湾（台北）1,395〜2,112ドル（中間値1,759ドル）、中国（上海）244〜626ドル（同435ドル）、中国（深圳）251〜504ドル（同378ドル）、ベトナム（ハノイ）204ドル、ベトナム（ホーチミン）201〜368ドル（同285ドル）となっており、台北のエンジニア月額（中間値）を100とすれば、上海24.7、深圳21.5、ホーチミン16.2、ハノイ11.6となる（資料出所：三菱東京UFJ銀行アジア法人業務部 Economic and Industry Reports, May 26, 2008）。
（7）ジェトロ・インターネット放送局「世界は今　JETRO Global-Eye」のなかで、特集『中国・ベトナム 連携進むビジネスフロンティア「チャイナ・プラス・ワン」の戦略』が放送された（2008年5月24日）が、それによると、ベトナム進出の日系ミシンメーカーのジャガーでは、中・越両国の利点を生かしたビジネス展開に挑み、ベトナム人技術者の人材不足を補うために、中国の進出先（珠海市）から中国人技術者や熟練ワーカーをベトナムに派遣し、越文、中文併記の図面を使って技術伝授させているという（http://www.jetro.go.jp/tv/internet/20080529444.html）。

〈引用・参考文献〉
木村大樹編『海外・人づくりハンドブック　ベトナム―技術指導から生活・異文化体験まで―』海外職業訓練協会、2004年。
斉藤善久『ベトナムの労働法と労働組合』明石書店、2007年。
坂田正三編『2010年に向けたベトナムの発展戦略―WTO時代の新たな挑戦―』日本貿易振興機構・アジア経済研究所、2007年。
ジェトロ編『アジアの投資環境比較（労働力）―タイ・マレーシア・インドネ

シア・フィリピン・ベトナム・中国・インド―』(海外調査シリーズ No. 366) 2006 年。
関満博・池部亮編『ベトナム―市場経済化と日本企業―』(増補版) 新評論、2006 年。
園田哲男『戦後台湾経済の立証的研究』八千代出版、2003 年。
丹野勲『アジア太平洋の国際経営』同文舘出版、2005 年。
丹野勲・原田仁文『ベトナム現地化の国際経営比較―国際比較経営からのアプローチ―』文眞堂、2005 年。
福谷正信編『アジア企業の人材開発』学文社、2008 年。

第 10 章

ベトナム韓国系企業における人材育成

1. はじめに

　近年ベトナムは、いわゆるチャイナ・プラスワンに象徴されるように、ポストチャイナあるいはリスク分散の投資地域としての役割や、高い経済成長率によって世界中から有望な投資先として注目されている。

　韓国の場合、1992年12月のベトナムとの国交樹立を契機として本格的な投資が行なわれてきた。2007年には両国の間で約72億USドルの交易規模まで成長したことを見ても明らかである。韓国は鉱物性燃料や織物を中心とした約58億USドルの製品をベトナムへ輸出、約14億USドルの水産物を中心とした製品をベトナムから輸入している。また、ベトナムの計画投資省によると、1988年から2007年までの韓国のベトナム投資認可の累計額は135億USドルであり、韓国は世界のベトナム投資各国・地域のなかでも有数の投資国である。ベトナムは韓国の2007年末までの海外投資累計額基準で中国と米国に次ぐ第3位の海外投資国に浮上した。

　東南アジア諸国連合（ASEAN）市場は、日本資本と華僑資本が席巻し、韓国企業が参入する余地は多くない。だが、開発が始まったばかりのベトナムでは、韓国企業が市場を先取りできる可能性などもあり韓国企業の進出が目立っている。特に建設市場は「主要都市で新たに企画されたプロジェクトの半分は韓国企業が担当している」と言われるほどである。

　現在ベトナムには約1,600社の韓国系企業が進出しており、地域別に大別してみると、北部約600社、南部約1,000社である。これらの企業による現

地人の雇用は約30万人と推計されている。両国間の活発な経済交流などにより在ベトナム韓国人数は2007年9月時点の公式統計によると約3万7000人に及んでいる。

　本章では、以上のように活発化した経済交流のなかで、韓国系企業におけるコア人材の育成および人材マネジメントに関するヒアリング調査に基づく縦断的研究・分析を通じて類似性や特徴などを見出すことにする。第6章の現地企業に対するアンケート調査結果と比較して見ていきたい。

　ヒアリングは2008年6月、大韓貿易投資振興公社（KOTRA）のハノイ貿易館とホーチミン貿易館に会員登録されている企業のなかの150社にアンケート用紙を送付し、回答を得た9社のうち5社を対象にしている。以下、Vは在ベトナム、Kは韓国系企業を表し、VKQ社からVKU社とする。

　本章における分析のフレームワークは次のとおりである。
　①コア人材の過不足感
　②コア人材の採用・選抜要件と求められる能力
　③コア人材の育成とキャリアパス
　④コア人材を必要とする職種と評価・活用
　⑤コア人材の定着策と人材育成制度に対する考え方など
　以上のフレームワークに基づいてヒアリング調査の結果を分析・考察していく。

2．ヒアリング企業の属性と事業内容

● VKQ社

　VKQ社はハノイの北西部にあたるフートー省に位置しており、この地域への進出を選んだのはベトナム国営紡績会社の存在をも考慮したことによる。1999年9月設立の消費関連のメーカーであり、業種は紡績業である。主な進出動機・目的の1位は現地市場で、2位は第三国への輸出、3位は安価な

労働力である。企業形態について進出当初は市場参入の有利な点から合弁（韓国側70％、ベトナム側30％）形態をとったが、意思決定の難しさなどもあり2002年の機械などの工場設備の増設を機に韓国の単独出資に変更している。従業員は250人（うちホワイトカラー5人）、管理職は4人（うち韓国人1人）、役員は2人（すべて韓国人）である。ホワイトカラーの場合、原資材の輸入業務や営業および生産現場の管理などを行なっている。営業の7～8割はベトナム人課長が1人で担っており、工場長も電気技術者出身のベトナム人である。生産・営業形態は自社仕様で材料や部品を加工・生産して不特定のユーザーに販売している。売上高・生産高は3年前と比べて10～30％ぐらいの増加を見せている。当社に一部出資している経営者の友人が役員として現地経営に参加している。韓国では3人体制の連絡事務所を運営しているので、権限はすべての分野で現地法人が持っている。現地経営においては責任と権限の移譲など現地化が重要であり、将来は現地従業員に株式の配当を予定しており、ゆくゆくはベトナム企業になることだろうと考えている。経営者の「ベトナムを愛する気持ちがなければ企業進出すべきではない」という考えからも現地化の強い意思が窺える。

● VKR社

VKR社はフートー省に位置している消費関連メーカーであり、業種は衣類製造業である。2002年12月に設立され、主な進出動機・目的の1位は安価な労働力、2位は第三国への輸出、3位は関連企業との関係である。現在、製品は主に米国に輸出しており、ベトナム現地市場への進出の目的ではないこともあり企業形態は単独出資である。従業員は約1,800人（うちホワイトカラー30人）であり、管理職9人（うち韓国人8人）は各部門の責任者となっており、役員は1人（韓国人）である。同社は1990年代半ばから中国で操業を始めており、中国を拠点とした日本とのビジネスを行なっていたが、そのようなビジネスの役割が低下するなど環境の変化や中国現地の諸コストの上昇などでベトナムに拠点を移している。生産・営業形態は最終製品を生産して他社のブランドで販売している。売上高・生産高は3年前と比べて30％以上の増

加を見せている。同社も VKQ と同じく韓国には3人体制の連絡事務所を置いているだけであり、権限はすべて現地法人が持っている。

● VKS 社

VKS 社はホーチミン市の北西部のテイニン省に位置している消費関連メーカーであり、主にゴルフバッグを製造している。当初は中国の青島や東莞地域で工場を運営していたが、同地域のコスト上昇でベトナムへの移転を決め2007年4月に設立された。従業員は365人（うちホワイトカラー16人）であり、管理職数は7人（うち韓国人6人）、役員は2人（すべて韓国人）である。ベトナムでは政府の企業に対する影響力が弱いと感じており、たとえば労使紛糾に対する解決能力などにも影響を及ぼしていると考えている。主な進出動機・目的の1位は安価な労働力、2位は第三国への輸出（主に日本）、3位は法的・税制などの優遇措置をあげている。しかし、実際に進出してみると進出前の事前調査の段階と比べて予想以上に諸コストが高い現状に直面している。また、現段階では石油精製能力がないので原料確保の問題があるのも現実である。企業形態は経営者の同業種においての長年の経験やノウハウをもとに単独出資の形をとっている。現地法人としての権限は、生産販売量の決定が非常に多い反面、その他の権限はあまりない。生産・営業形態は、受注先の図面に従って、材料や部品を加工生産するという方法である。売上高・生産高は設立年と比べて10〜30％の増加を見せている。

● VKT 社

VKT 社はハノイ市内の中心部に位置している建設・不動産業の企業である。2007年5月に設立され、主な進出動機・目的の1位は安価な労働力、2位は関連企業との関係、3位は情報収集および現地市場である。企業形態は単独出資であり、従業員数は140人（うちホワイトカラー40人）、役員は8人（すべて韓国人）である。現地法人としての権限は、人件費総額の決定には大きな権限を有し、固定資産の購入・処分、利益処分・再投資、新事業の企業化、現地広報活動の権限も有している。貸付・借入・債務保証や現地法人の役員人事の権限はさほど持ち合わせていない。生産・営業形態は最終製品を生産

して自社ブランドで販売している。売上高は設立年と比べて30％以上の増加を見せている。

● VKU社

VKU社はハノイ市内に位置している建設・不動産業に属する企業である。1997年12月に設立され、主に建築設計および建築、土木施工を行なっている。主な進出動機・目的の1位は現地市場、2位は安価な労働力である。企業形態は単独出資であり、従業員は85人（うちホワイトカラー70人）、管理職は10人（うち韓国人4人）、役員は5人（韓国人4人）である。現地法人においては、人件費総額の決定、固定資産の購入・処分、生産販売量の決定、現地法人の役員人事、現地広報活動に大きな権限を有している。また、利益処分・再投資、貸付・借入・債務保証、新事業の企業化などもある程度の権限を有している。売上高は3年前と比べて10～30％の増加を見せている。

3．コア人材の過不足感

VKQ社では3年前と比べて正規従業員数は10～30％の増加を見せている。製造部門も含めた貿易管理なども統括管理できる役員クラスや一般職員クラスが不足しているが、部長クラス、課長クラス、管理部門のスタッフ、スペシャリストなどはやや不足を感じる程度である。進出当初は入社志望者が多かったが、周辺の大規模縫製工場の設立などで全体的に人材不足の傾向にある。

VKR社では3年前と比べて正規従業員数は30％以上の増加を見せているなか、一般職員クラス、管理部門のスタッフ、スペシャリストがかなり不足していると感じている。地理的にハノイ市内から車で2時間ぐらい離れているため、英語と韓国語が可能な人材確保が難しいなか、韓国人には現地語がかなり難しいと感じられる。また、ベトナムの法律に詳しい人材確保の必要性も感じている。現地では単純労働力は多いが、地方では高卒以上の職員確

保が難しいのも現状であると受け止めている。

　VKS社では2年前の設立年と比べて正規従業員は30％以上増加している。現在のところ、技術関連のスペシャリストがかなり不足していると感じており、特に韓国人管理者との円滑なコミュニケーションが図れる人材が強く求められている。また課長クラスもやや不足していると感じている反面、役員クラス、部長クラス、一般職員クラス、管理部門スタッフなどは充足していると感じている。

　VKT社では2年前の設立年と比べて正規従業員は30％以上増加しているなか、現在は役員クラス、スペシャリストがやや不足しているが、それ以外は充足していると感じている。

　VKU社では3年前と比べて正規従業員は30％以上の増加を見せている。現在は部長クラス、課長クラス、管理部門スタッフ、スペシャリストはやや不足しているが、役員クラスや一般職員は充足していると感じている。

4．コア人材の採用・選抜要件と求められる能力

　VKQ社では新規学卒者の定期採用はあまりない。コア人材の採用は社員による紹介が非常に多いが、新聞、求人雑誌等による採用も多い。選抜要件で最も重視しているのは将来性であり、業種に関係なく重要であると認識している。2番目には営業力の強化や技術の移転などの側面において専門性が重視されており、3番目には問題解決力も重視している。コア人材の最終決定は現地子会社の社長・役員が行なっている。コア人材を決定する時期は入社後3～5年の間である。最近は多くの外資系企業がベトナムに進出しており、現地人の就職先の選択幅が広がっているなかで企業の人材獲得競争が激しい。コア人材としての検証のためには3～5年は必要と考えている。コア人材に対してはリーダーシップ、取引先とうまくやっていく能力、部下に仕事を任せる能力、国際感覚などを強く求めている。

VKR社では社員の紹介による採用が多い。単純労働力は豊富であるが、都市部を除いた地方では高卒以上の人材の確保は難しいのが現状だと考えられている。選抜要件で重視する主なものは実行力、人柄、学歴の順である。コア人材の最終決定は現地子会社の社長・役員が行なっている。コア人材を決定する時期は入社後1～3年の間である。コア人材において何より重要なものは信頼性であり、文化の違いから生じる理解不足など、さまざまな面から、コア人材としての決定には少なくとも1年以上はかかると考えている。コア人材に対しては仕事につながる社外の人脈を作る能力、情報機器を使いこなす能力、コミュニケーション能力などを強く求めている。

　VKS社の場合、現地技術者は縫製学校など職業訓練紹介機構を通じた採用が多い。韓国人スタッフにおいてはインターネットによる採用が多い。コア人材の選抜要件で重視するものは語学力、人柄、将来性の順である。コア人材の最終的な決定は現地子会社の社長・役員が行なっている。コア人材を最終的に決定する時期は入社後1年以内である。コア人材に対してはリーダーシップ、取引先とうまくやっていく能力、他人にアピールする能力、専門に関する深い知識、部下に仕事を任せる能力、コミュニケーション能力、部下を育成する能力、利益志向、国際感覚など幅広い分野にわたり強く求めている。

　VKT社では約10カ国で建設事業を行なっており、コア人材は語学や専門技術が重要であると考えている。現在のところ、コア人材は韓国本社からの派遣や出向の形を活用するのが非常に多いが、新聞や求人雑誌等による採用も多い。コア人材の選抜要件で重視するものは、語学力、専門性、学歴の順である。コア人材の最終的な決定は現地子会社の人事部門が行なっている。コア人材を最終的に決定する時期は入社後1年以内である。コア人材に対しては取引先とうまくやっていく能力、仕事につながる社外の人脈を作る能力、専門に関する深い知識、ビジョンを作成する能力、利益志向などを強く求めている。

　VKU社は新規学卒者の定期採用、新聞・求人雑誌を通じての採用、職業

紹介機構を通じての採用、関連企業等からの出向・転籍、社員による紹介、インターネットによる採用など幅広い方法で採用を行なっている。コア人材の選抜要件で最も重視するものは専門性であり、次いで語学力、学歴を重視している。コア人材の最終的な決定は現地子会社の社長・役員が行なっている。コア人材を最終的に決定する時期は入社後1年以内である。コア人材に対してはリーダーシップ、他人にアピールする能力、専門に関する深い知識、取引先と上手な関係を築く能力、仕事につながる社外の人脈を作る能力、コミュニケーション能力、交渉能力、ビジョンを作成する能力、利益志向、部下を育成する能力などを強く求めている。

5．コア人材育成とキャリアパス

VKQ社では人材育成施策として、コア人材を意識したキャリア形成を行なっており、人材育成のための問題解決研修が有効であった。キャリア形成に関しては、これまで一定年齢までに1つの職務で高度な専門性を身につけ、その分野の社内プロフェショナルを育成する方法だったが、今後もこの方法で進めていく方針である。経営環境や従業員の待遇改善も視野に入れた試みとして韓国スタイルの押し付けではなく、達成可能なものを提案し、挑戦させる形の人材育成を行なっている。

VKR社ではコア人材育成施策をあまり実施していないが、人材育成のための各種研修などの必要性を認識している。ベトナム社会の急激な変化のなか、有効なプログラムは何かについて工夫しなければならないと考えている。キャリア形成に関しては、これまで一定年齢までに1つの職務で高度な専門性を身につけ、その分野の社内プロフェッショナルを育成する方法であったが、製造業である故に今後もこの方法で進めていく方針である。

VKS社は現在のところ現地職員に対するコア人材育成施策はあまり実施していないが、韓国人スタッフには多様な部門の職務を経験させるなど一定

第10章　ベトナム韓国系企業における人材育成

の育成策を行なっている。コア人材のキャリア形成について韓国人スタッフの場合は、これまで一定年齢までに幅広い職務を経験し、将来の中核となる人材を育成する形であったが、今後は一定年齢までに1つの職務で高度な専門性を身につけ、その分野のプロフェッショナルを育成する方法も検討する予定である。

　VKT社はコア人材育成策をあまり実施していないが、全社的な経営管理能力に関する研修やパソコン関連研修を実施し、有効であったと考えている。コア人材のキャリア形成についてこれまで一定年齢までに幅広い職務を経験し、将来の中核となる人材を育成する形であったが、今後は一定年齢までに1つの職務で高度な専門性を身につけ、その分野の社内プロフェッショナルを育成する方法を考慮している。

　VKU社はコア人材を意識したキャリア形成を積極的に実施しているなか、毎年全社員を対象にした海外研修プログラムも実施している。コア人材のキャリア形成については、これまで一定年齢まで狭い範囲の職務を経験し、企業内スペシャリストを育成する方法であったが、今後は一定年齢までに幅広い職務を経験し、将来の中核となる人材を育成する方法も考えている。

6．コア人材の職種と評価・活用

　VKQ社ではコア人材を必要とする職種として、営業、財務・経理、生産・技術職で非常に必要としている。昇進可能性は子会社の役員クラスまでを考えている。現在、年齢がかなり若いこともあって課長クラスにしているが、非常に優秀であるため実質役員クラスの待遇の人もいる。ベトナムは冠婚葬祭における儒教的な色彩の強さなど、韓国とは互いに文化的に親近感があると思っている。ベトナムの人材の能力は高いと考えているが、責任感の欠如の問題を抱えているので、この点の改善のための工夫と努力が必要と感じている。

VKR社では総務・人事、財務・経理、生産・技術部門でコア人材を特に必要としている。昇進可能性は子会社の部長までと考えているが、現在部長クラスの人材はいない。社会主義体制で育ったベトナム国民は資本主義社会との認識の差はあるが、学習能力が優れた点などからその発展可能性は高いと見ている。

　VKS社では営業部門のコア人材を非常に必要としているが、その他の部門はやや必要としている。現在、営業部門は韓国人1名とベトナム人1名が担当している。生産部門と資材部門にもベトナム人がそれぞれ1名ずつコア人材として働いている。デザイン部門の場合、中国での操業経験から中国人2名が受注先の図面に基づいた関連業務を行なっている。昇進可能性は現地子会社の役員クラスまでを考えている。

　VKT社では全部門においてコア人材を必要としている。現在のところ現地子会社のベトナム人部長クラスや役員クラスでは一人もいない。今後の事業の拡大に伴い、部長クラスや役員クラスも必要になると考えている。

　VKU社ではコア人材の職種としては、財務・経理、開発・設計職で非常に必要としている。昇進可能性は現地子会社の部長クラスや役員クラスまでを考えている。

7．コア人材の定着策とコア人材育成制度に対する考え方など

　VKQ社では給与・賞与の反映幅の拡大、裁量権の拡大、報奨金・奨励金制度、表彰制度、福利厚生の充実などがコア人材の定着策として非常に有効であると考えている。コア人材育成制度は積極的に受け入れられると考えている。優れた能力を発揮し、会社に対する貢献が大きい課長クラスの現地従業員の場合、会社や韓国政府関連機関の推薦で韓国政府から表彰された事例がある。これはコア人材の定着の効果があると見られる。また、社内にスポーツ施設を設けて、社員の健康管理や余暇活動にも力を注いでいる。同社は地

域社会との交流に積極的であり、現地の韓国人有志とともに地域社会のためチャリティゴルフなどを開催している。また、現地の伝統的な祝日には、周辺の韓国系企業が生産している調味料セットなどを地域住民にプレゼントしている。

　VKR社ではコア人材の定着策として給与・賞与の反映幅の拡大、昇進・昇格のスピードが非常に有効であると考えている。コア人材育成制度はある程度受け入れられると考えている。韓国人管理職と現地従業員間の意識の差が大きい現状のなかで、相互理解の努力と共存共栄の実現を目指すべきであると考えている。

　VKS社ではコア人材の定着策として昇進・昇格のスピード、能力開発機会の拡充、報奨金・奨励金制度、福利厚生の充実が非常に有効であると考えている。コア人材育成制度は積極的に受け入れられると考えている。

　VKT社はコア人材の定着策として能力開発機会の拡充、報奨金・奨励金制度、社内公募制、表彰制度が非常に有効であると考えている。コア人材育成制度は積極的に受け入れられると考えている。

　VKU社はコア人材の定着策として給与・賞与の反映幅の拡大が非常に有効であると考えている。コア人材育成制度はある程度受け入れられると考えている。VKU社のなかでは2割のコア人材が組織をリードしていくと考えており、ベトナムおいてもコア人材に偏重されて業務が行なわれている。ベトナムの情緒やさまざまな環境などを考慮して人材育成制度が適用されればいいと考えている。

8．おわりに

　ベトナムにおける韓国系企業5社のヒアリング調査結果を要約してみると、図表10-1のとおりであり、これをもとにしてこれまでの考察結果を要約すると次のようになる。

図表10-1 ベトナムにおける韓国系企業のヒアリング調査結果の概要

質問項目	VKQ社	VKR社
○進出時期と出資形態	○1999年9月、単独出資	○2002年12月、単独出資
○事業内容	○縫製製品の製造・販売・輸出	○衣類の製造・販売・輸出
○進出動機・目的	○現地市場、第三国への輸出	○安価な労働力、第三国への輸出
○従業員数と役員数	○現地従業員数250人（うちホワイトカラー5人）、管理職4人（うち韓国人1人）、役員2人（すべて韓国人）	○現地従業員数1,800人（うちホワイトカラー30人）、管理職9人（うち韓国人8人）、役員1人（すべて韓国人）
○現地法人の権限	○すべての分野で有している	○すべての分野で有している
○コア人材の充足度	○役員クラスと一般職員クラスがかなり不足している	○一般職員、管理部門スタッフ、スペシャリストがかなり不足している
○コア人材の採用方法	○社員による紹介が非常に多いが、新聞、求人雑誌等による採用も多い	○社員による紹介が多い
○コア人材の選抜要件	○将来性、専門性、問題解決力を重視	○実行力、人柄、学歴を重視
○コア人材の最終決定者および決定時期	○現地子会社の社長・役員 入社後3～5年	○現地子会社の社長・役員 入社後1～3年
○コア人材の育成とキャリアパス	○達成可能なものを提案し、挑戦させる	○育成策をあまり実施していないが、人材育成のための各種研修等の必要性を認識している
	○1つの分野の社内プロフェッショナルを育成する方法であり、今後も同じ方法を予定している	○1つの分野の社内プロフェッショナルを育成する方法であり、今後も同じ方法を予定している
○コア人材の職種と評価および活用	○営業、財務・経理、生産・技術職で非常に必要である	○総務・人事、財務・経理、生産・技術部門で非常に必要としている
	○昇進可能性は子会社の役員クラスまでを考えており、現在課長クラスだが非常に優秀であるため、実質役員クラスの待遇の人もいる	○昇進は子会社の部長までと考えているが、現在部長クラスの人材はいない
		○ベトナム人は学習能力が優れているのでその発展可能性は高いとみている
○コア人材の定着策	○給与・賞与の反映幅の拡大、裁量権の拡大、報奨金・奨励金制度、表彰制度等が非常に有効である	○給与・賞与の反映幅の拡大、昇進・昇格のスピードが非常に有効である
○コア人材育成制度に対する考え方	○積極的に受け入れられる	○ある程度受け入れられる

第10章　ベトナム韓国系企業における人材育成

VKS社	VKT社	VKU社
○2007年4月、単独出資	○2007年5月、単独出資	○1997年12月、単独出資
○スポーツ関連用品の製造・輸出	○建設	○設計及び建築、土木施工
○安価な労働力、第三国への輸出	○安価な労働力、関連企業との関係	○現地市場、安価な労働力
○現地従業員数365人（うちホワイトカラー16人）、管理職7人（うち韓国人6人）、役員2人（すべて韓国人）	○現地従業員数140人（うちホワイトカラー40人）、役員8人（すべて韓国人）	○現地従業員数85人（うちホワイトカラー70人）、管理職10人（うち韓国人4人）、役員5人（うち韓国人4人）
○生産販売量の決定については大きな権限を有しているが、その他の権限はあまりない	○人件費総額の決定に大きな権限を有している	○人件費総額の決定、固定資産の購入・処分、生産販売量の決定、現地法人の役員人事などに大きな権限を有している
○技術関連のスペシャリストがかなり不足している	○役員クラス、スペシャリストがやや不足している	○部長・課長クラス、管理部門スタッフ、スペシャリストがやや不足している
○職業訓練紹介機構を通じた採用が多い	○韓国本社からの派遣や出向の形が非常に多い	○新規学卒者の定期採用、新聞・求人雑誌、職業紹介機構を通じた採用など
○語学力、人柄、将来性を重視	○語学力、専門性、学歴を重視	○専門性、語学力、学歴を重視
○現地子会社の社長・役員	○現地子会社の人事部門	○現地子会社の社長・役員
入社後1年以内	入社後1年以内	入社後1年以内
○現地職員に対する育成策はあまり実施していないが、韓国人スタッフには一定の育成策を行なっている	○育成策をあまり実施していないが、全社的な経営管理能力向上研修やパソコン関連研修等が有効である	○コア人材を意識したキャリア形成を積極的に実施しており、毎年全社員を対象に海外研修プログラムも実施している
○幅広い職務を経験させ、コア人材を育成する方法であったが、今後は1つの分野の社内プロフェッショナルを育成する方法を予定している	○幅広い職務を経験させ、コア人材を育成する方法であったが、今後は1つの分野の社内プロフェッショナルを育成する方法を検討している	○狭い範囲のスペシャリストを育成する方法であったが、今後は幅広い職務を経験させる方法も検討している
○営業部門のコア人材を非常に必要としている	○全部門においてコア人材を必要としている	○財務・経理、開発・設計職で非常に必要としている
○昇進可能性は現地子会社の役員クラスまでを考えている	○現在のところ現地子会社の部長クラスや役員クラスでは見当たらないが、今後の事業拡大にともない、部長クラスや役員クラスも必要になると考えている	○昇進可能性は現地子会社の部長クラスや役員クラスまでを考えている
○昇進・昇格のスピード、能力開発機会の拡充、報奨金・奨励金制度、福利厚生の充実等が非常に有効である	○能力開発機会の拡充、報奨金・奨励金制度、社内公募制、表彰制度が非常に有効である	○給与・賞与の反映幅の拡大が非常に有効である
○積極的に受け入れられる	○積極的に受け入れられる	○ある程度受け入れられる

第1に、コア人材の過不足感について考察してみる。5社のうち4社で2〜3年前と比べて正規従業員が30％以上増加している。一般職員クラスとスペシャリストがかなり不足しているのがそれぞれ2社である。都市部から離れた地域の場合、コア人材の確保はかなり難しい課題であることが浮かび上がった。

　第2に、コア人材の採用においては社員による紹介が多い企業が2社であり、全体的にさまざまな形で行なっている。選抜要件として重視していることの第1位から第3位までをまとめると、語学力・専門性・学歴がそれぞれ3社、将来性・人柄をそれぞれ2社があげている。5社のうち2社が語学力（主に英語）を最も重視しているし、1社が2番目に重視している。また専門性は1社が最も重視しており、2社が2番目に重視する要件である。コア人材の決定時期は割りに早い方であり、入社1年以内が3社である。残りは1〜3年の間と3〜5年の間がそれぞれ1社である。

　第3に、人材育成に関しては5社のうち3社があまり実施していないのが現状である。キャリアパスは、「一定年齢までに幅広い職務を経験し、将来の中核となる人材を育成する形（パターンⅠ）」が2社、「一定年齢までに1つの職務で高度な専門性を身につけ、その分野のプロフェッショナルを育成する形（パターンⅡ）」が2社、「一定年齢までに狭い範囲の職務を経験し、企業内スペシャリストを育成する形（パターンⅢ）」が1社である。しかし、将来においてはパターンⅡの2社が引き続き同じ形を考えており、パターンⅠの2社がパターンⅡへの転換を考えており、5社のうち4社が将来にはパターンⅡを望んでいる。

　第4に、コア人材を必要とする職種においては、営業部門だけで非常に必要としている企業が1社であり、ほとんどの職種でコア人材を非常に必要としている企業が1社である。残り3社はいくつかの職種をあげている。全体としては財務・経理部門が4社、営業部門が3社で非常に必要としている。

　第5に、コア人材の定着策においては給与・賞与の反映幅の拡大、報奨金・奨励金制度、能力開発機会の拡充がそれぞれ5社のうち3社で非常に有効で

あった。このような結果から見ると、金銭的なものに加えて自己の能力向上につながるものが効果的であることが窺える。

〈引用・参考文献〉
岡田亜弥・山田肖子・吉田和浩編『産業スキルディベロプメント―グローバル化と途上国の人材育成―』日本評論社、2008年。
大野健一・川端望編『ベトナムの工業化戦略―グローバル化時代の途上国産業支援―』日本評論社、2003年。
KOTRA・サムスン経済研究所『ベトナム投資企業の経営成果の評価と展望』2008年。
韓国外交通商部『主要経済通商統計』2009年。
『ジェトロセンサー』2009年5月号。
『東洋経済日報』2006年11月24日号。

終章

インドネシア・ベトナムの
人材育成状況と産業構造の高度化

1．調査から見たインドネシア・ベトナムの人材育成の状況

　経済成長下にあるインドネシアとベトナムの人材育成の状況をアンケート調査とヒアリング調査で見てきたが、ここではコア人材の充足度（以下、充足度と略す）とコア人材という考え方の受け入れ度（以下、受け入れ度と略す）を比較することで、各国企業の人材育成の特徴を明らかにしたい。

(1) インドネシアにおける各国企業の人材育成の特徴

　各国企業の充足度と受け入れ度は、第1章のアンケート調査に基づくと図表終-1のとおりである。日系は充足度・受け入れ度ともに低い、台湾系は充足度低い・受け入れ度やや高い、インドネシア企業（アンケート調査）は充足度高い・受け入れ度低い、韓国系は充足度高い・受け入れ度やや高いの4者4様となった。
　各国企業ごとにコア人材育成の特徴を見たい。まず、充足度・受け入れ度ともに相対的に高い韓国系は、アンケート調査からはインドネシアのコア人材に満足度が高いように思われる。しかし、ヒアリング調査によると全5社で管理職や専門家が不足しているとのことである。ではなぜ韓国系は充足度・受け入れ度ともに高いのであろうか。海外に進出している中小規模の韓国系企業は韓国での本社機能が連絡事務所程度になっているものがあり[1]、調査に回答したインドネシアにおける韓国系企業の本社も大半が中小企業であり、

終 章　インドネシア・ベトナムの人材育成状況と産業構造の高度化

図表終-1　インドネシアにおけるコア人材の充足度と
コア人材という考え方の受け入れ度

		コア人材の充足度	コア人材という考え方の受け入れ度
インドネシア 企　業	アンケート	−0.74（高い）	1.85（低い）
	ヒアリング	―　（高い）	―　（高い）
日系企業		−1.73（低い）	1.80（低い）
台湾系企業		−1.17（低い）	2.00（やや高い）
韓国系企業		−0.43（高い）	2.00（やや高い）

注：コア人材の充足度は、かなり不足を−2p、やや不足を−1p、十分であるを0、や
や余剰を1p、かなり余剰を2pとした。日系企業を除くインドネシア企業、台湾
系、韓国系は6種の職務の平均である。日系は職務別に調査せず、全般的に尋ね
たためか、かなり高い数値となった。インドネシア企業のヒアリングは数値とし
ては表わせない。コア人材という考え方の受け入れ度は、まったく受け入れられ
ないを0、あまり受け入れられないを1p、どちらかというと受け入れられるを
2p、大いに受け入れられるを3pとした。「第1章　インドネシアにおける人材
育成の現状」参照。

　本社がかなり縮小されている可能性が高い。そうすると本社からの応援は期待できず、企業の全機能を事実上現地で賄わなければならず、したがって今いる現地人材をコア人材として育成する必要があることが理由として考えられる。韓国系は現地にしっかり根付き、充足度・受け入れ度ともに高いが、現地人材をコア人材としてどのように育成しているのであろうか。現地に進出している韓国系も中小規模の企業が多いこともあり、コア人材の育成施策の実施率は4カ国企業中最も低く、コア人材の育成に注力しているとは言えない。

　反対に、充足度・受け入れ度ともに低い日系企業はどうであろうか。日系企業は現地に進出して10年以上の企業がじっくりと時間をかけて（5年以上）、社内の実績やリーダーシップ、問題解決力を見てコア人材を選抜しているが、なかなかコア人材を育成できないのが現状である。その理由としては、韓国系とは反対に、日系の本社は大企業が多く、現地での経営を現地で賄わなければならないという切迫感に欠けることが考えられる。

　台湾系は充足度が低いにもかかわらず、受け入れ度がやや高くなっている。インドネシアでは従業員間の民族（部族）対立や賃金の高騰などもあり、経営環境は良くないと判断している企業がある。台湾系も韓国系と同様に本社

は中小企業が多いため、海外へ出す人材が乏しく、台湾人とインドネシア人との給与格差の点からも人材の現地化を進めたいと考えているが、専門家や部課長クラスの人材不足のため、現地人材に仕事を任せられないことが充足度の低い理由であろう。それにもかかわらず受け入れ度が高いのは、重要な部署を華人に任せている企業もあるように、現地人材に含まれる華人の存在ではなかろうか。

　インドネシア企業は、アンケート調査では充足度は高いが、受け入れ度は低くなっている。一方、ヒアリング調査では充足度・受け入れ度ともに高くなっている。アンケートに回答した企業とヒアリングをした企業が異なっているので、調査結果の相違について判断するのは難しいが、企業規模の大小が回答に影響をおよぼしたことが予想される。アンケートに回答した企業には小規模なものが多く、ヒアリングした企業はすべて大企業である。それもインドネシアを代表するような大企業であるので、当然優秀な人材が集まるため充足度は高くなり、しっかりした人材育成策もとられているので、受け入れ度も高くなると考えられる。

（2）　ベトナムにおける各国企業の人材育成の特徴

　各国企業の充足度と受け入れ度は、アンケート調査に基づくと図表終-2

**図表終-2　ベトナムにおけるコア人材の充足度と
コア人材という考え方の受け入れ度**

	コア人材の充足度	コア人材という考え方の受け入れ度
ベトナム企業	−0.71（高い）	2.13（高い）
日系企業	−1.20（低い）	1.61（低い）
台湾系企業	−0.98（やや低い）	2.00（やや高い）
韓国系企業	−0.75（高い）	2.38（高い）

注：コア人材の充足度は、かなり不足を−2p、やや不足を−1p、十分であるを0、やや余剰を1p、かなり余剰を2pとした。6種の職務の平均である。コア人材という考え方の受け入れ度は、まったく受け入れられないを0、あまり受け入れられないを1p、どちらかというと受け入れられるを2p、大いに受け入れられるを3pとした。「第6章　ベトナムにおける人材育成の現状」参照。

のとおりである。日系は充足度・受け入れ度ともに低い、台湾系は充足度やや低い・受け入れ度やや高い、ベトナム企業と韓国系は充足度・受け入れ度ともに高いとなった。日台韓3カ国企業はインドネシアでの調査と似た傾向を示している。

　アンケート調査で充足度・受け入れ度ともに高い韓国系を見ると、ヒアリングではベトナムでもインドネシアと同様に人材に必ずしも満足はしておらず、専門家の人材が不足していると答えている。しかし、本社が小規模（ヒアリング5社中2社が韓国では連絡事務所のみ）であるため、現地の経営を本社の支援なしで行なわなければならない。したがって、インドネシアと同様に企業の全機能を事実上現地で賄わなければならず、そのため今いる現地人材をコア人材として育成する必要がある。韓国系は現地に適合し、充足度・受け入れ度ともに高いと思われるが、現地に進出している韓国系企業も中小規模のものが多いこともあり、コア人材の育成施策の実施率が低く、コア人材の育成に注力しているとは言えない。

　日系はインドネシアでの調査と同様に充足度・受け入れ度ともに低く、時間をかけて社内の実績やリーダーシップ、実行力などを要件にコア人材を選抜しているが、コア人材を育成するのは難しいと感じている。日系は韓国系と異なり、大企業が多く、どうしても現地人材をコア人材として育成しないと現地での経営が成り立たないという切迫感がないことが理由であろう。ベトナム日系企業がインドネシア日系企業と異なるところは進出後の年数である。インドネシアでは進出して10年以上の企業が多いにもかかわらず、コア人材を育成できていないが、ベトナムではまだ進出して10年未満の新しい企業が多いこともあり、現在はコア人材を育成できていない。しかし、今後ベトナムの経済発展、産業構造の高度化等により、日系企業のベトナムでのコア人材制度への評価が変わる可能性はある。ベトナムでドイモイ政策により市場経済メカニズムが導入されてから20年あまり、外資の進出が本格化して10年ほどである。市場経済化の進展とともに、ベトナムでコア人材制度が受け入れられるかということに対して日系企業の評価が変化する可能

性は否定できない。

　台湾系は充足度は日系ほどではないがやや低く、受け入れ度は韓国系、ベトナム企業ほどではないがやや高いという結果となった。充足度の低さは専門家や部課長クラスの人材が不足していると感じているためである。ヒアリングによるとベトナムでは学歴があまり信用できないため、人柄を要件として選抜している。また、人材不足だけでなく、研究・スキルレベルも低いとされている。にもかかわらず、受け入れ度がやや高い理由は、ヒアリングした5社中3社が採用している陸幹（中国で採用した中国人の経営幹部）の存在にあると思われる。ベトナムでのコア人材不足を補っている陸幹をいつベトナム人に切り替えるかが台湾系企業の課題であるが、ベトナムでの外部労働市場が成熟するまで陸幹の採用は続くと考えられている。

　ベトナム企業はアンケート調査では充足度・受け入れ度ともに高い。80％の企業がコア人材を入社時に決定し、プロフェッショナル型のキャリアパスをとっているため、早期に選抜・登用されるコア人材制度を受け入れる度合いが高いのであろうと理解できる。しかし、ヒアリングによると人材育成はOJT中心に行なわれており、定着施策もhigh-position（高い地位）とhigh-salary（高賃金）があげられる段階である。今後ベトナムで市場経済化が伸展するにつれ、コア人材制度へのベトナム企業の対応が変化する可能性は大いにあると考えられる。

2．今後の展望と課題

　本書では、インドネシア、ベトナムにおける産業構造の高度化と、それにともない求められる人材や技能がどのように変化するかをアンケート調査およびヒアリング調査を踏まえて明らかにしてきた。
　しかし、本書でのこれまでの考察は両国の急速な工業化を前提にしたコア人材に関するもので、近い将来到来するであろうポスト工業化社会、すなわ

ち情報化社会、ナレッジ（知識）社会におけるそれに関してはほんとんど考察していないのが現状である。

　そこで、最後にインドネシア、ベトナムにおけるさらなる経済・産業の高度化に向けた課題をあげ、そこに求められる対策について考察し、本書のまとめとしたい。

　まずあげられるのは、アジアの経済発展と新たな国際分業の問題である。従来、両国は主に欧米や日本などの先駆的な企業の生産拠点として位置づけられ、垂直的な連携のもとで発展してきた。つまり、製品の企画・デザイン、技術開発・マーケティングなどは本国で行ない、資本集約的、労働集約的な製造工程を中国やインドネシア、ベトナムなどのアジア諸国に移転していった。

　しかし、これでは両国の産業構造は、単に製造工程を請け負う輸出指向型とならざるを得なくなり、国内の産業発達と効果的に連携できずに終わってしまう危険性がある。外国の直接投資によりインドネシア、ベトナムでは、こうした典型的な輸出指向型の産業開発が展開され、それにともない地場における裾野産業が徐々に形成されつつあるが、それを支えるコア人材の供給すら不十分と言わざるを得ないのが現状である。今後は外資系企業からの技術移転を円滑に進めるとともに、両国の経済発展を促進させる需要指向型の産業開発にパラダイムシフトしていかなければならない。そのためには、単に製造工程を請け負う垂直的な連携ではなく、製品の開発・設計、技術開発などを外資系企業と共同して実施できるような水平的な連携に切り換えていく必要がある。このような水平的な連携に基づく新たな国際分業体制を展開していくためには、技術移転や技術連携を可能ならしめるコア人材を、外資系企業と連携しながら両国の政府と民間企業が合同で教育訓練機関を設置し、育成していくことが急務である。

　2つ目の課題は急速な工業化社会から情報化社会、ナレッジ社会への移行に対する課題である。これまで述べてきたように、インドネシア、ベトナム両国は、外国の直接投資により急速な工業化が進んでおり、欧米や日本など

の外資系企業の製造工程を担当し、欧米や日本などのナレッジを創造する工程を補完している。しかし、今後は両国においてもITの進展やITが作り出すユビキタス・ネットワークを背景に、遅かれ早かれ情報化社会、さらにはナレッジ社会が到来するものと予想される。欧米や日本の外資系企業の知識創造過程を補完するだけでなく、自らがナレッジを創出していけるようにならなければならない。

　こうした情報化社会、ナレッジ社会への移行は、両国における働き方や求められる人材にも大きな影響を与える。工業化社会においては、経営の重点は効率的に良質なモノを生産することに置かれ、働き方も与えられた課題やタスクを正確かつ効率的に処理すること（doing things right：howの重視）が求められていた。しかし、ナレッジ社会では、個人の高度な専門性を駆使して、顧客や社会の潜在的・顕在的ニーズを先取りするナレッジを生み出し（doing the right things：whatの重視）、それらを組織学習（organizational learning）を通じて組織知として蓄積していくことが強く求められる。当然、求められる人材もナレッジワーカーないしはプロフェッショナルへと変化する。

　インドネシア、ベトナムにおいては、このようなナレッジワーカーやプロフェッショナルを育成・輩出し、まず資本・技術集約的な技術を習得し、国内における裾野産業との効果的な連携を図り、次に先端技術を吸収し、国際競争に打ち勝てるような製品の独自設計・開発ができるようになることが重要な課題となってくる。つまり、自立的な技術・知識基盤による国際競争力の強化が重要な課題となる。

　このような国際競争に勝てるようなナレッジワーカーやプロフェッショナルを育成していくためには、理工系人材の育成に向け、国家ビジョンとして大学や研究機関などとの強力な連携を図っていくことがインドネシア、ベトナムの両政府に強く求められる。今回のわれわれの調査・研究は、工業化社会を前提にした両国の人材育成に主な焦点があてられており、数年後に改めて情報化社会、ナレッジ社会へ移行した両国への追跡調査が必要であることを指摘しておきたい。

終　章　インドネシア・ベトナムの人材育成状況と産業構造の高度化

　3つ目の課題はネットワーク経済への移行に対する課題である。最後のこの課題に関しては、インドネシア、ベトナムの両国に狭く拘泥することなく、アジア地域を視野に入れて考察をしていきたい。アジアにおいては、各国がそれぞれの個性を活かし、相互に連携し合うネットワークを形成している。たとえば、中国とインドが市場を提供し、日本や韓国、台湾、シンガポールは資本や技術を提供し、ASEANはこうした資本や技術を導入した生産機能を提供している[2]。

　さらに、今後はASEANにおける関税障壁の撤廃、アジア域内におけるFTA（自由貿易協定）やEPA（経済連携協定）が浸透し、これまで以上にアジアが相互に連携し合い、ネットワークの経済性を発揮すべき環境が整ってくるものと予想される。最近では、EUやNAFTA（北米自由貿易協定）に見られるような経済連合体、いわゆる東アジア共同体構想が話題となっている[3]。

　こうした実質的な経済関係の緊密化が進展し、独自の経済共同体を形成するネットワーク経済が本格化してくるのにともない、モノや資本、技術の移動だけでなく、ヒトの移動を通じた知識の異種交配を行なっていく必要がある。そのためには、まず日本の技術者の労働市場を広く開放し、アジア各国からの技術者を受け入れ、アジア地域における技術・知識ネットワークの形成に貢献することが求められる。

　次に、アジア各国はそれぞれの文化的障壁を取り除き、開かれたアジア地域としていくために、各国間の交換留学を制度化したり、さらには技術交流、域内人材開発センターの設置などに取り組む必要性が出てくる。なかにはアジア地域内のMOT（Management of Technology）スクールやビジネススクールなどの専門職大学院の設置なども必要となってこよう。アジア地域内におけるこうした対策の実現に向けて日本の果たす役割は極めて大きいと思われる。

　さらに、このような人材育成のシステムで育った人材が、自らの専門性や技能をベースに、各国の労働需要に応じて自由に労働移動できる開放された労働市場、いわば多国籍地域労働市場とも呼ぶべきものの形成が将来的には

終　章　インドネシア・ベトナムの人材育成状況と産業構造の高度化

必要となってこよう。アジア地域においてこのような労働市場が形成されるためには、ビザや労働にかかる法整備や職務給を中心とする人事システムの共通化、マーケットバリューに基づく専門性の評価など、その実現に向けた域内の社会的インフラが必要で、その精緻化には多くの時間を要することを指摘しておきたい。

　ところで、こうした時代を先取りした議論は、やや行き過ぎた議論と批判されるかもしれないが、ここでの議論に関してはあくまでも筆者の責任に負うところが大きいことを断っておきたい。

　最後に、本書がインドネシア、ベトナムにおける今後の人材育成、さらにはアジアにおけるネットワーク経済の構築や人材育成に少しでも貢献できることを願ってやまない。

〈注〉
（1）第10章に詳しいが、ベトナムにおける韓国系企業5社中2社が韓国では連絡事務所のみとなっている。2004年の中国における韓国系企業のヒアリング調査でも韓国の本社は5社中4社で連絡事務所程度になっていた（鈴木岩行・黄八洙ほか「中国における外資系企業のコア人材育成―日系企業と米国・台湾・韓国系企業との比較を中心に―」『和光経済』37巻3号、2005年）。インドネシアにおける韓国系企業の本社も同様だと推察される。
（2）福谷正信編『アジア企業の人材開発』学文社、2008年、228頁。
（3）福谷編、前掲書、229頁。

〈参考文献〉
岡田亜弥・山田肖子・吉田和浩編『産業スキルディベロプメント―グローバル化と途上国の人材育成―』日本評論社、2008年。
白木三秀『国際人的資源管理の比較分析―「多国籍内部労働市場」の視点から―』有斐閣、2006年。
鈴木岩行・黄八洙ほか「中国における外資系企業のコア人材育成―日系企業と米国・台湾・韓国系企業との比較を中心に―」『和光経済』37巻3号、2005年。
福谷正信編『アジア企業の人材開発』学文社、2008年。

補論 1

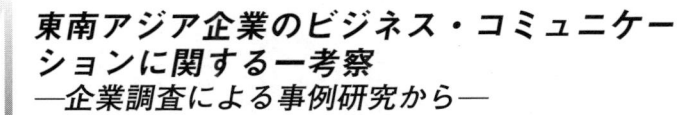

東南アジア企業のビジネス・コミュニケーションに関する一考察
―企業調査による事例研究から―

1. はじめに

　本プロジェクトの主題は、日本の大企業では一般的である（2002年の調査で導入率7割）コア人材（将来中核を担うと目され、早期に選抜、登用される人材）の育成制度[1]が、アジア各国ではどのように意識されているか、また採用されているかを明らかにするとともに、アジア各国における現地国企業・外国籍企業の人材育成制度の比較研究を行なうことによって、各現地国に相応しい人材育成制度の提案をすることである。

　本書ではそのうち、インドネシアとベトナムにおける、現地企業、日系企業、台湾系企業、韓国系企業の人材育成制度について、各国の経済状況や産業構造を踏まえた分析を行なっている。各企業へのヒアリング調査から、人材育成にはトップマネジメントの経営力や組織力に加えて、コミュニケーション力も重要な要素となっていることがわかったので、本章では、本書の補論としてビジネス・コミュニケーションという観点から、訪問調査を行なった各国企業の人材育成の傾向を論じたい。また、より多くの事例を紹介するために、本章では、他章では扱わないが、筆者が訪問調査した在フィリピン日系企業の事例も取り上げることとする。

2．フィリピンの日系企業調査から

　2007年2月に行なったマニラ（フィリピン）における日系企業への聞き取り調査では、フィリピン進出のメリットとして、高学歴（大学卒業）・英語ができるという高品質な労働力を、ホワイトカラー課長級で1カ月1,800ペソ（約4万5,000円）という低賃金で雇用できるという魅力を、訪問した企業5社すべてがあげていた。しかしその一方で、フィリピン人の一般的なマイナスイメージとして、「将来よりも今日の夕食が大切で、長期的計画性がない」、「少しでも条件（賃金）の良いところへすぐに転職する」、「向上心がない」などの声が聞かれた。そしてほとんどの日系企業が、現地従業員の定着率の悪さを経営上の最大の問題にあげた。海外経営では、多かれ少なかれどの日系企業も人事管理・人材育成に苦労しているわけであるが、就業後3年以内の離職率が60％を超える企業もあるというフィリピンでは、コア人材を育成する重要性は感じながらも、実際に行なうことはどんな企業でも不可能に近いのではないかという意見が多数を占めた。

　しかし、そうした否定的なコメントが多いなかで、工場管理の全権を任せられる工場長、財務管理の責任者、現地企業のボードメンバーなどにまで昇進させることのできる人材の育成（確保）に成功した事例も知ることができた。その企業では、勤続年数が数十年という長期におよんでいる従業員もいるとのことだった。この企業の現地経営責任者の経営方針や経営行動を具体的に検証してみたところ、一般にジョブホッピングが激しいフィリピンにおいて長期間の雇用を実現できた理由が、経営組織や労働条件・人事評価システムのハイブリッド化といった制度面の工夫だけではなくて、トップマネジメントの経営方針や人間性が従業員たちに共感されることを実現させるコミュニケーション手法にあるということに気がついた。

　それは、外的要因によらないコミュニケーションアプローチが、異文化間の人間同士に共感を生み、経験や文化・風習などの壁を越えて、ある目標に

向けた協力関係構築の助けとなるという事例であった。異文化間の人間が共同作業を行なう場面では、両者の行動様式・考え方の違いからさまざまな摩擦が生じることは今や周知のことであり、その理由に「コミュニケーション上の問題」を指摘する文献も少なくない[2]。しかし、その具体的な解決方法の提示は、まだまだ不足していると思われる。特に、人間のコミュニケーション行動と海外経営に関する企業行動をリンクさせた調査や研究の必要性を強く感じる企業調査となった。

　本章では、以後、在フィリピン日系企業の現地経営の具体例から、コーチングや選択理論を活用したコミュニケーションの手法が、国際的マネジメントに役立つ可能性について述べるとともに、その仮説をインドネシア、ベトナムでの企業調査でも検証し、異文化摩擦を解消するビジネス・コミュニケーションの一例として提案したい。

3. コーチングと選択理論によるビジネス・コミュニケーション

(1) コーチングを利用した異文化経営の事例

　コーチングとは、「人には達成したいと思う気持ちや目標があり、その目標を、自ら決めた方法で積極的に素早く達成することができるように、個人的な特性と強みを活かし、その人が本来もっている能力と可能性を最大限に発揮することを目的として、自ら考えさせ、行動を促すために、相手の取るべき手段を引き出すコミュニケーションサポートのことである」。そして、コーチング・スキルとは、クライアント（相手）が信頼・共感・安心などを感じる人間関係を構築し、コーチが質問型コミュニケーションによって問いかけをしながら、クライアントに到達目標を気づかせるスキルであり、傾聴・質問・承認・要約・フィードバックといったアプローチで構成される。あくまでも、コーチはクライアントに指導はしない。コーチは、クライアントとのやり取りのなかで、クライアント自身が状況を正確に把握し、自分の把握

した状況に対してとるべき的確な対応を認識し行動につなげていくことができるように仕向けるので、コーチとクライントとの信頼関係は維持され、クライアントに不平や不満が残ることはない[3]。

塩化ビニールなどを製造するR社（日系企業）の社長は、この手法によってフィリピン人従業員にアプローチをしており、日本人とフィリピン人の間に文化摩擦が生じて、意思の疎通ができないという問題はほとんど生まれていないと話してくれた。訪問したマニラのオフィスは事務管理部門のみで、精製工場は別の島に位置している。現地で育成したフィリピン人従業員を2年前から工場長に就任させ日常の業務を任せているが、経営上の問題はまだ発生したことがないという。

工場立ち上げ後の数年は日本人技術者が指導をする形で工場を運営していたが、その間はワーカーをまとめることに大変苦労したそうである。特に、複数の地域からワーカーを採用した時には、出身地域ごとの派閥争いが発生し、暴動にまで発展し大きな被害を受けた。そこで、過去の採用経験から、勤労意欲が高い人材を一括して必要数採用可能な地域を1つだけ選定し、そこの出身者のみを採用することに変更した。そのうえで、製造技術や工場運営上の技能を指導しながら、各ワーカーたちの要望や意見を聞き取り、日本人に管理されるのではなく自分たちの仲間が管理者に成長し、同じ地域の民族同士で工場を運営する方がさまざまなメリットがあるということを気づかせるように接したそうである。そうすると、彼らのなかから管理者候補になる立候補者が現われ、他のワーカーたちの結束も強くなっていった。この工場長も、もうすぐ55歳の定年を迎えるので、現在次の世代の育成に取りかかっているそうである。

事務部門には、総務（人事・企画も含む）部長に50歳代の女性、財務部長に30代女性を採用しているが、2人とも大変優秀である。日頃、各責任者としてどのような行動が求められているか、経営方針の共有などについてのコミュニケーションを行なっているが、日本的経営の理解というよりもグローバルな企業経営者としての資質を身につけ、いわゆるフィリピン人的なマイナ

ス要因はまったく表出していない。

　その他、製造部長（工場長）、営業部長、総務部長、財務部長と毎月1回会議を行ない、全体的な情報共有を行なっている。管理者とのコミュニケーションは英語を利用しているが、ワーカーとの会話や全社的な連絡事項・書類についてはタガログ語も利用している。フィリピン人の英語力は大変高く、ホワイトカラーは、英語での会話に何ら不自由を感じない。むしろ、日本人の英語力の方が怪しいことがよくあり、タガログ語や日本語で内容の確認をする必要さえある。

　本章の事例は、コア人材の育成に関する調査において聞き取りをしたものであるので、フィリピン人従業員のほとんどは高学歴（大卒）のホワイトカラーである。また、工場でのワーカーも同一出身者でまとめたという特殊な事情もあるが、日本人経営者が一方的に管理するという手法ではなく、従業員自らにメリットのある結果を導き出す行動を選択させようとコーチング・スキルを利用した試みは、異文化経営においてコンフリクトを防止する手段として大いに役立つことを示唆するものではないかと思われる。

（2）　選択理論によるビジネス・コミュニケーション

　グラッサー（Glasser, 1998）は、良い人間関係を維持するためには、罰する、報奨を与える、批判する、文句を言う、ガミガミ言う、比較するといった外的コントロールではなく、思いやりを示し、傾聴し、励まし、愛し、友達になり、信頼し、尊敬するという選択理論に基づいて行動しなければならないと述べている[4]。

　しかし、一般に私たちは、外的コントロールにより相手を強制的に従わせようとする傾向にある。日本国内であれば、たとえば遅刻を繰り返す従業員に対して、「なぜ遅刻を繰り返すのか」と怒鳴ったり、「今度遅刻したら減俸する」と脅す言葉をかけたりすることに、上司の立場として違和感を持つ人は少ないだろう。しかし、この言葉だけでは「すみません、以後気をつけま

補論1　東南アジア企業のビジネス・コミュニケーションに関する一考察

す」という謝罪は聞けるかもしれないが、根本的な問題解決に至ることは難しい。むしろ、部下に「口うるさい、厳しすぎる」という嫌悪感を与え、部下との人間関係を悪化させることにもなりかねない。

　日本の職場でさえ低コンテクスト化が進み、「あうんの呼吸」で自ら必要な行動を察することを若者に期待することは難しくなっているのであるから、海外での現地経営の場合は、外的コントロールに頼った（コミュニケーションが不足した）アプローチが、異文化に属する経営者に対する違和感や反感を現地従業員に与えることは明白であろう。

　そこで選択理論に基づけば、たとえば、「遅刻を繰り返す原因がどこにあるか一緒に考えてみよう」という姿勢や考え方に基づき、「朝遅刻しない時間に起きることができているか」、「できていないのならその理由はどこにあるか」、「遅刻の原因を解消するためにはどのような方法が考えられるか」といった外的コントロールを使わないコミュニケーションを行なうのである。このようなアプローチによって部下は上司に対して心を開くとともに、心のうちで遅刻をしないような行動を選択することができる余裕が生まれ、問題は自然と解決に向かっていくと考えられる[5]。

　国際的な異文化経営では、コミュニケーション上の誤解をなくすために、文書における契約という形で、業務の目的やノルマ、成功報酬やペナルティなどを明示して、経営者の望む行動をさせることは常識化している。筆者も、選択理論に触れるまでは、その重要性・効果には何ら疑いを持ったことがなく、そのマイナス面に考えをおよばせることはまったくできなかった。しかし、契約文書で作業内容を明示してその結果に賞罰を与えるという手法では、異文化をあくまでも相容れないものとして扱う相対的思考が強く打ち出され、経営上の最低限の目的に達することはできても、創造的・革新的な発展は望めないのではないかと考えるようになった。

　そこで、「人は外的コントロールでは動かない」という選択理論に基づくコミュニケーションとコーチング・スキルを用いることで、良好な人間関係を継続しながら、お互いが利益を享受できる方向に進むことを提案したいの

である。巧みなコミュニケーションによって相手を言い負かすということではない。「交渉や説得」の末に、どちらかの妥協により結果が導かれたとすれば、それは一時的な解決に過ぎず、またいつか問題が再燃してビジネスに悪影響をおよぼす可能性もあるだろう。したがって、ビジネスを恒久的に成功させるために、企業の利害関係者が真に幸福になるWin-Win（ウィン-ウィン）の関係を構築することが理想となる。そして、そのために必要な手法が、選択理論とコーチング・スキルに基づいたアプローチであり、これがビジネス・コミュニケーションの1つの大きな構成要素になると考えている。

　これまで、在フィリピン日系企業の一例から、コーチングの手法を利用したコミュニケーションアプローチによって異文化摩擦を軽減した事例と、クライアントが自ら持つ潜在的な解決策を引き出す手法をより発展させるとともに、相手と対峙せず友好な人間関係の維持を実現する選択理論によるビジネス・コミュニケーションの概要について述べてきた。以後は、インドネシア、ベトナムにおける聞き取り調査から、同アプローチの類似例や国際的ビジネスへの汎用的な適応可能性を探ってみたい。

4．インドネシアのビジネス・コミュニケーション

　2008年8月のインドネシアの調査では、17社を限られた日数で調査する必要があったために、6人のメンバーを2つのグループに分けて訪問調査を行ない、筆者はインドネシア企業2社、韓国系企業3社、台湾系企業1社を訪問した。

（1）　インドネシア企業の事例

　訪問したインドネシア企業は、2社とも従業員数が1,000人を超える大企業であった。コア人材という概念も正確に理解されており、その選抜や育成

に関するシステムも確立していた。

　MEDCO ENERGI 社は、大きく分けて石油・ガス開発や電力事業を中心とするエネルギー部門と、ホテル、工場、食品製造などのホールディングス部門を持つインドネシアのリーディングカンパニーであり、学生の就職先として人気が高く、2007年度は国内の15有名大学から1万人の応募がありそのなかから100人を採用した企業である。このように、高倍率な就職試験を経て採用されるので、学歴・専門知識・語学力（英語）、意欲ともに優秀な人材を豊富に集めることができている。

　従業員は100％インドネシア人。専門技術職が不足して緊急の場合は、ヘッドハンティングを行なうこともあるが、通常は内部昇格によって管理者を養成している。どちらにしても、管理者間の経営情報の共有化を確保するとともに、人事評価項目では態度（attitude）を重要視しており、企業内の人間関係や職場環境を常に良好な状態に保つことにも気を配っている。

　PT. INDOMARCO 社は、インドネシアにおけるコンビニエンスストア経営の草分けであり、従業員が2万3,600人、売上高5兆ルピア（約625億円）という大企業である。新聞広告、インターネット、ジョブフェア、大学説明会、内部推薦などを利用して、毎年50人程度の定期採用を実施（大卒）しているが、学業以外に心理テストの結果、面接での人間性を重視している。国内向けのコンビニビジネスの展開なので、英語力は必要ない。むしろ、バイヤーは取引先の関係から中国語が必要だそうだ。MEDCO 社と同様に、コア人材の選抜、育成を行なっているが、現場研修を重視し、ほとんどが内部昇格によってステップアップする。

　以上のように、両社は極めて大規模な企業なので、コア人材といっても数百人を超す規模であり、彼らと経営幹部との具体的なコミュニケーション事例を得ることはできなかった。しかし、キャリアパス、昇進条件、報酬などが明確に提示されており、フィードバックもきめ細かく行なわれていることが確認できた。そして、その経営組織の確立、人事マネジメントが成功している証として、MEDCO 社も INDOMARCO 社も離職率が極めて低いこと

があげられる。報酬、キャリアパス、企業規模、福利厚生など、国内企業をリードするレベルを維持しているのであるから、従業員の満足度が高いのは当然のことであるが、年間２％未満（MEDCO社）という離職率は、他の外国籍企業と比べると非常に低いと言える。

　その理由の１つとして、両社とも、コア人材の採用・キャリアップの条件として、リーダーシップ力、character（性格）、問題解決能力などの人的能力を重視して、その育成や平等かつオープンな評価に力を注いでいることがあげられる。また、他社からの引き抜きを防止するために、上司・部下、同僚間の良好な人間関係の構築や福利厚生、衛生といった職場環境の充実に力を入れているという説明も聞けたので、経営側の押し付けではなく、従業員側からの要望が充足される職場環境の実現や下意上達の自発的コミュニケーション環境が実現していることが推察された。

（２）　台湾系企業の事例

　ITH社は、インドネシアで23年間家具の製造、輸出を行なってきた企業である。原材料の調達、低廉・豊富な労働力を求めてインドネシアに進出したが、労働コストの上昇や民族間の対立が激しく労務管理に苦労するなどの問題が浮上しており、社長は、今なら迷わず他国への進出を考えると話してくれた。

　本社従業員100名、ジャカルタの本社工場などに３つの工場があり、それぞれ120名程度、合計360名ほどの従業員を持つ。ほとんどはブルーカラーであり、小学校卒業が多いが、近年中学・高校卒業の者も増えている。ブルーカラーは、OJTで技術を体で覚えるようにさせているが、月産20コンテナの基準を超えた者には、超えた分をボーナスとして還元するというインセンティブを与えている。

　経営上の最大の課題は、工場内の民族集団ごとのトラブルを避けることである。従業員それぞれを公平に取り扱うとともに、大きな問題になる前に解

決できるように、工場ごとに 10 人ずつの小さなグループを作って、社長自ら業務や人間関係の問題点についてヒアリングを行なっている。また、新規採用後 3 カ月は試用期間、その後 1 年間を超えるまで臨時採用、2 年目以降に正社員とするシステムを導入し、ITH 社の労働環境に合うかどうかを確認している。

　ホワイトカラーは、経理、マーケティング部門におり、そのうち管理者は 10 人程度。社長は、その管理者とのコミュニケーションを密接にして、経営情報の共有を図っている（管理者との会話は、英語と補助的にインドネシア語）。各管理者には 20 人程度の部下がいるが、部下たちの管理、教育は管理者たちに一任している。

　社長は、同業他社と比べて離職率が低いことに、強い自信を持っている。他社と比較して給与が 20％程度は高額であることが 1 番の理由であると思うが、従業員間の人間関係の構築や管理者と一般従業員間の意思の疎通を図る工夫をしていることも、役に立っていると考えている。特に、最近の新規採用は内部社員からの推薦によってのみ行なうので、どのような人格であるのか予想できる（内部職員の保証もあるので安心して採用できる）。そして、何よりも入社後仲良く働いてくれるので、社内のコミュニケーションや人間関係を円滑に行なうために大いに役立っているそうだ。

　ITG 社は、メラミン樹脂で食器や紙をコーティングする企業である。大卒を採用条件にしているが、トップレベルである必要はない。評価の基準は、1 番に人柄（誠実さ）、2 番が管理能力、最後に専門スキル（なければ、養成する）としている。最初から幹部候補として育成するわけではないので、コア人材制度とは考えられないだろう。現在インドシア人の管理者育成を始めたばかりであり、18 人いる候補者の様子を観察している。今後 5 年経過した時点で、対外交渉力と人間関係構築力を基準として選別する予定だそうだ。

　ディレクター、マネジャーレベルのコアグループ、各セクションのチーフグループ、ワーカーの各 3 グループ内での情報共有、良好な人的環境の構築はできていると思うが、各グループを縦断する関係、つまりコアグループと

チーフグループ、チーフとワーカー間の連携関係の構築が課題となっている。

　ITF 社はインドネシアでの操業が約 20 年になる紡績、染色を行なう企業である。工場長（工場はバンドンにある）1 名、技術長 2 名が台湾人、あとはすべてインドネシア人で、現地化がかなり進行していることを感じた。

　社内公用語は、インドネシア語。当初は、通訳を使ったが意思の疎通が難しく、手間もかかるので、台湾人スタッフがインドネシア語を学んだ。今では、インドネシアでの生活も長くなったので、ほとんど不自由はない。ただし、特殊な技術を指導するような場合は、専門の通訳を使うこともある。社長は、インドネシア語を使うようになってから、意識の共有が自然とうまくいくようになったと感じている。人事システムや経営手法に違いがなくても、社長が通訳を介さず直接コミュニケーションを行なうことで、従業員の親近感や信頼感を高めることができたということであろう。

　また、賃上げ・労働環境改善に関する交渉が多発しているが、その度に必ず時間をかけて対応することにも重点を置いているそうだ。ただし、単に要求を鵜呑みにするのではなく、企業の売り上げ状況、コスト、今後の売り上げ予測等の経営情報を漏らさず公表して、そのうえで各従業員の実績・達成目標等を自らが認識して、改善レベルを設定するようにしている。当初は、要求が 100％認められないことでの離職もあったが、他社と賃上げ競争をしても結局は業界全体が疲弊して産業自体が成長しないということを訴え続けてきたところ、無闇な賃上げ交渉や突然の離職は減少して、産業の発展・会社の発展が、自らの発展にもつながるという意識が芽生えてきたと実感していると言う。

　このように、ITF 社では企業内のビジネス・コミュニケーションが良好な人間関係に基づいて実行されており、それが高度な現地化も実現していると考えることができる。さらに、従業員の現地化が進むことによって現地スタッフのコミュニケーション環境（特に言語や文化的意識）は当然改善されていくので、もはや異文化経営と言うよりも、限りなく現地経営に近いハイブリッド化した企業であると言えるであろう。

補論 1　東南アジア企業のビジネス・コミュニケーションに関する一考察

（3）　韓国系企業の事例

　IKK 社は、操業 1990 年 7 月。スポンジやポリウレタンを加工し、靴底やクッションなどを製造する企業である。課長職以上を管理職としており、その合計は現在 39 名、うち韓国人 7 人。人材的な問題として、ポリウレタン製作スタッフとして専門技術を持つスペシャリストが不足している。また、インドネシア人の営業・マーケティング管理者の必要性を強く感じているが、なかなか育たないという 2 点をあげている。現在、社内の従業員の口コミや企業グループ間の人的ネットワークからの縁故的紹介によって、コア人材となるべきインドネシア人を採用して、今後の成長を期待しているところである。

　社長は、コア人材に期待する資質として、専門技術、職務実績以外に、attitude、personality も極めて重要であると考えている。また、営業では取引先の関係から中国語のできる人材、総務では異文化問題を解決できる人材が必要になっているそうだ。

　社長はじめ、7 名の韓国人スタッフは、英語・インドネシア語に熟達しており、両方の言語を駆使して、インドネシア人従業員とのコミュニケーションを図っている。また、経営哲学として、社会奉仕を掲げている IKK 社は、地元の道路作製支援、学校への製品提供、独立記念日の祭事運営支援などを積極的に行ない地元地域から高い評価を得ているが、それが従業員の愛社精神の高揚にもつながり、離職率や労働争議の低下にも役立っている。

　以上、インドネシア企業・台湾系企業・韓国系企業の具体的な経営事例を見てきたが、各社ともコミュニケーションの重要性はもとより、上司と部下、同僚同士ともに、円満な人間関係、公平な情報共有といった良好な人間的環境の構築に労力を注いでいることがわかった。そのためには、何人であっても、資質として attitude、personality、character、リーダーシップ、問題解決能力といったいわゆる人間力を備えていることが条件となっている。そのうえで、企業内でトレーニングを受け内部昇格するケースが多く聞かれた。

そして、指導者や上司が部下に接するアプローチとして、良好な人間関係を維持したまま課題や問題の解決を促すことができるコーチングの手法や選択理論に基づいたコミュニケーションが利用されていることが垣間見られた。

　ただし、コア人材の養成やホワイトカラーに対するアプローチでも、完全に外的コントロールを排除することは難しいことを実感した。特に報酬を与えるというインセンティブは、産業構造や経済環境の成長過程にある場合は、不可欠である。つまり、今日・明日の生活に不安がある環境下の人間を、夢や志だけで動かすことは、限りなく不可能に近いということである。

　外的コントロールを一切行なわないということは、理想の人間関係を構築する手法であることに疑いは持たないが、現実の社会、特に企業経営の場面では目の前の操業が成り立たなくなってしまうこともあるだろう。もちろん、だからといって最初からあきらめていては、何も始まらない。究極の円満な人間関係を理想に持ちながら、現実での運用をどのように調整するかが、ビジネス・コミュニケーション運用力として経営者に問われる要素である。

　このような視点で、ヒアリング調査を振り返ると、台湾企業のITG社のように社長が現地語を駆使して、従業員とコミュニケーションを十分行なうという量的な確保と双方向に意思の疎通を図るという内容の充実を行なうことが、異文化経営におけるビジネス・コミュニケーションにとって最も肝要な要素であることがわかる。

5．ベトナムのビジネス・コミュニケーション

　ベトナムでは、2008年8月28日から9月2日にかけて、ハノイとホーチミンの企業を訪問して聞き取り調査を行なった。

　訪問した企業のなかには小規模な企業も含まれたが、規模は小さいながらも経済発展の勢いに後押しされて今後急成長するのではないかという躍動力に満ち溢れている企業を訪問できたことは、大きな収穫であった。企業規模

や業種、何よりも経済環境など企業を取り巻くさまざまな因子が異なるので、インドネシアでの調査とベトナムの調査結果を単純に比較することはできないが、それぞれの具体的事例から、直接触れなくては知ることができない微妙な経済事情や国柄、人柄などを知ることができた有意義な調査になったと確信している。

本調査では、国士舘大学トー・ホアン氏、タイジ株式会社山本氏には、多大なるご協力をいただいたことをこの場を借りて御礼申し上げたい。また、和光大学4年生のベトナム人留学生とその友人の紹介で、現地滞在中にも数多くの企業訪問が実現したことに、心より感謝する次第である。

(1) ベトナム企業の事例

VVA社は、情報・メディア業を主とした企業であり、日本のいわゆるベンチャーIT企業と大変よく似た雰囲気を持っていた。社長は、ロシアへの留学経験を持つ30代（女性）の若手経営者であり、社員の平均年齢も30代と極めて若い。デザイン、プログラミング、ネットワーク、動画編集などの最先端技術を必要とする業務であるので、そうした専門分野のスキルが高く評価されることは当然であるが、勤務態度も相当なレベルで要求されていた。給料水準と仕事環境が良いため、ほとんど転職する従業員がいないそうだ。また、若手が多いという特徴のせいかもしれないが、非常にアットホームで従業員同士の人間関係が親密であることも強く感じた。

本社ビルの敷地面積が狭く、上に高く伸びていて各フロアーが細長い造りになっているせいかどうかわからないが、それぞれの専門業務ごとに、3～4人のスタッフと3種類程度の機材が備えられたこぢんまりとした個室が並んでいた。小さいながらも、専門スタッフが個室で業務を行なえるという環境は、欧米的で最先端企業の雰囲気と独立したセクションというステータスを感じられるものだった。こうした、VVA社の欧米的に洗練された社内環境は、若手の技術者たちにとって帰属意識や愛社精神を高揚させるに違いな

い。

　そして、ロシアでの留学経験を持ち、ベトナムでのIT産業をリードする若手社長のカリスマ性、会議等でフランクに意見交換ができるコミュニケーション空間の確立は、VVA社に勤務するIT系技術者たちにとって何よりも重要なインセンティブになっていると強く感じた。

　ハノイにあるVVB社は、今回訪問した企業のなかでも従業員が160人と比較的規模の大きい事例である。現在、富士ゼロックスの代理店として営業活動を行なっている。営業25名、技術70名、管理20人、会計10人、人事15人、輸出入20人の内訳に対して、15％がコア人材と考えられるそうだ。管理職候補として中途採用した場合は、3〜6カ月で戦力となる。一般社員でも入社後2〜5年で管理職になる可能性があるが、具体的なキャリアパスは用意せず、各個人の能力を仕事上の目標達成度、人物・性格、能力といった項目を利用して1カ月単位で評価し、ボーナスや昇進に反映させている。年齢や経験よりも個人の能力を判断し、その度合いによって昇進が行なわれる。

　VVB社の人事評価制度からはいわゆるアジア的な家族主義的企業文化が見られず、典型的な欧米型能力主義を採用している企業であると感じた。しかし、新規採用した社員の半数は数年で退職するという事態を改善するために、家族のような雰囲気作りが必要であると考えているということや、信頼をベースにしたマネジメントの展開を今後の課題にしているという話を聞いて、VVB社がこれまでの経営方針の転換を模索していることがわかった。

　おそらく、操業間もないうちは企業モデルを欧米に求め、経営システムの早期確立を目指したと推察される。つまり、優秀な人材の確保や短期的な業績の向上のためには、従業員の能力の高度化とその正当な評価を行なう必要性があったのだろう。しかし、高度な能力を持つ人材の不足や急激な経済環境の変化は、労働市場に過度な競争を巻き起こし、給料や離職率の上昇をもたらすことになり、VVB社も経営システムに関する何らかの変換をする時期に差しかかっているのではないかと考えられる。

以上のVVA社の事例は、単に給料や昇進のインセンティブだけではなく、職場環境や人間関係の満足度も従業員の定着に重要な要素となっていることがはっきりと表われた事例である。

　そして、VVB社が課題としているように、今後ますます成長を続けるベトナム企業においては、従業員同士の親近感や信頼感、企業に対する帰属意識などが労働環境・企業文化に求められる重要なファクターであることを、経営者・管理者・一般従業員といったすべての関係者が理解し、全社的により良い環境構築のための施策を行なうことが必要となってくるだろう。

（2）　韓国系企業の事例

　VKQ社は、1999年にベトナム（ハノイ）に進出した紡績会社である。現地企業との合弁（現地30％、自社70％）という形で操業を始めたが、迅速な意思決定や経営方針の統一化を目指して、2002年から100％の単独出資に変更した。

　社長は、大変フレンドリーな方でその人柄が経営にも表われていると感じた。工場、事務所、住居が同じ敷地内にあるばかりではなく、事務所の上には厨房つきの食堂があり、社長をはじめ複数の社員が一緒に食事を取ることができるようになっているなど、日常の生活と経営が大変密接している現場であった。その景色や雰囲気から、ここで働く従業員は、会社に対して非常に強い親近感を感じているに違いないと思われた。また、社長は「韓国人にとって、ベトナムは他国に比べて親しみやすい。なぜなら、ベトナムの生活様式（冠婚葬祭をはじめ、日常の生活全般）に儒教的要素が色濃く表われており、ほとんどカルチャーショックを受けない国であるからである」と話し、ベトナムに大変好意を持っている様子がよくわかった。

　もちろん、ベトナム人独特の考え方や風習もあり、そのままでは自社の経営にそぐわないことも少なくない。したがって、韓国のスタイルを押し付けるのではなく、経営環境や個々人の待遇がより良くなるために必要なことを、

可能な範囲で少しずつ提案し、挑戦させるという教育姿勢をとっている。また、社長自身もベトナムでの経営に相応しい形を模索しており、最近は近隣企業に見られる現金の盗難や離職率の増加、争議の多発などもなくなり、まさにベトナムと韓国文化を融合させた経営を実践できるようになってきたと満足そうに語る様子が印象的だった。

　社長と同期の韓国人が工場の管理を支援しているが、工場長はベトナム人にしている。ホワイトカラーは5名。仕入と営業を担当しているが、1名のベトナム人の課長が全体の7、8割程度を担当している。韓国人が要所を占めていると目先の運営は楽になるが将来的には大きなマイナスなので、できるだけ早く現地従業員だけに任せるようにしたいと考えているそうだ（従業員数は250名）。

　ベトナム人に対するアプローチで気をつけることは、共産圏だった時の序列が残っていると同時に、平等に扱われたいという意識が強いので、面子をつぶすことがないようすることである。人前で叱るなど、もってのほか。また、管理者の養成にも気を使っている。どの序列の人にどのような取り扱い（リーダーシップ）を受けるかということに敏感に反応するので、単なる技術力や人間性だけでは昇格させることができないことが、ベトナムでの人事管理の特徴であると考えている。

　以上のように、いくら儒教的生活様式を共有し、異文化の壁が低いと感じられるベトナムでの経営であっても、ベトナム人の考え、習慣、文化などをじっくり観察し、互いに受け止め合って理解し合える人間関係を作る必要があるという社長の考えは、まさしく選択理論に通じるところがある。その考えを実現するためには、互いに親密になれるような物理的な環境や労働システム、相互コミュニケーションなどを実現することが欠かせない。社長が工場内に住居を構え、3交代勤務の早朝時（一番疲労がたまりアクシデントが起きやすい時期）に、自ら管理に参加する、地域社会との交流を積極的に行なう、独立記念日にチャリティゴルフを開催するというような具体例から、社長の現地化への強い意思を感じることができた。そして、「ベトナムを愛せなけ

れば、企業進出してくるべきではない」と熱く語る社長に、国際的な異文化経営の真髄を見ることができた。

6. おわりに

　海外に進出している母国企業や本国に進出してきている外国籍企業の国際経営に関する調査や研究報告はよく目にするが、本プロジェクトのように、ベトナム、インドネシアなど、ある一国における現地企業・日系企業・韓国系企業・台湾系企業など、複数の国籍の企業を同様のテーマ（本プロジェクトでは、人材育成の研究）で訪問調査を行ない、それぞれを比較研究するという試みは珍しいものではないかと思われる。さらに、それらのインドネシアとベトナムの状況を同時に報告するということは、両国の経済事情をはじめとした各種企業を取り巻くさまざまな因子に関する大変興味深い示唆を与えることになるのではないかと自賛している。

　本論では、「外的要因に頼らずに従業員の内部からの変革を促すビジネス・コミュニケーションは、欧米的な契約型の企業内人間関係よりも、親密で平和的な人間関係を構築する」という仮説が、インドネシアやベトナムの企業でも共通して効果を発揮するかどうかを検証することを試みた。結果として、「国籍や規模、業種を問わず経営が安定している」、「さまざまな課題を抱えながらも現状はジョブホッピングや労働争議に苦しむほどではない」といった回答をする経営者は、共通して従業員の人間関係、労使関係などを円満にすることの重要性を訴え、その努力を惜しんでいないことがわかった。

　当然、給与や福利厚生などのベネフィットを与えたり、キャリアパスや人事評価制度の明示や公開をしたりという経営手法は、異文化内での国際経営、発展途上の経済環境下では欠かせないマネジメントではあるが、それだけでは従業員の帰属意識や愛社精神は育たないことも明白となったことは、意義のある事例に出会うことができたと考えている。

また、他社に比べて人事的な問題が少ないと回答している企業は、企業を取り巻くさまざまな環境変化の影響によりその強弱はあるものの、経営者としての考え方や理念を従業員に一方的に押し付けたり教育したりするのではなく、従業員たちの考え方や習慣や要望などを聞きながら、企業として成長できる方策のための意識を共有して、互いに利益を受けるために必要な行動を選択できるようなコミュニケーション行動をとっていることも明らかになった。

　筆者は、このコミュニケーション行動をコーチングと選択理論の効果を持つビジネス・コミュニケーションと名づけてみたいのであるが、見方を変えると自分の文化と他者の文化を融合させて、新しい文化を作成するという文化のハイブリッド化のためのコミュニケーションアプローチと考えることもできる。そして、こうして異質たるものたちを融合しようという姿勢・考え方こそが、古代より農耕を主たる営みとし、集団での生活様式が根付いている東南アジアの文化に相応しいビジネス・アプローチではないかと考える次第である。

　しかしながら、日程や物理的な制約から訪問を予定していた全企業を筆者が訪問することができなかったので、インドネシアとベトナムにおいて同数・同系列の企業パターンによる分析を行なうことができなかったこと、そして、聞き取り調査を実施できた企業が延べ19社（フィリピン4社、インドネシア6社、ベトナム9社）と、東南アジアとしてのビジネス・コミュニケーションの傾向を論ずるサンプル数としては不足することを考えると、本章はまだまだ1つの事例研究の域を脱することはできなかったと反省している。

　今後、本プロジェクトによって得られた成果をもとにして、調査対象の国を東南アジア全体に向ける、あるいは一国の動向に絞って調査企業を増やすとともに統計調査も実施して、科学的な分析を加えたうえでの考察を行なってみたいと考えている。

補論 1　東南アジア企業のビジネス・コミュニケーションに関する一考察

〈注〉
（1）谷内篤博「企業内教育の現状と今後の展望」文京学院大学『経営論集』第12巻1号、2002年、61-78頁。
（2）西田ひろこ編『マレーシア、フィリピン進出日系企業における異文化間コミュニケーション摩擦』多賀出版、2002年。
（3）NPO／非営利活動法人　日本プロフェッショナル・キャリア・カウンセラー協会 Web サイト（http://www.c-coach.jp/learn/index.html）。
（4）William Glasser, M. D., *Choice Theory: A New Psychology of Personal Freedom*, New York, HarperCollins Publishers, 1998.（柿谷正期訳『グラッサー博士の選択理論―幸せな人間関係を築くために―』アチーブメント出版、2000年、46頁。）
（5）小林猛久「ビジネスコミュニケーションにおける言語と非言語の役割」和光大学社会経済研究所『和光経済』第41巻1号、2008年、77-82頁。

〈参考文献〉
河合隆司『アジア発異文化マネジメントガイド』PHP 研究所、2003年。
Katarina Thome & Ian A McAuley, *Crusaders Of The Rising Sun: A Study of Japanese Managers in Asia*, Singapore, Longman, 1992.
林吉郎『異文化インターフェイス経営―国際化と日本的経営―』日本経済新聞社、1994年。
本間正人・松瀬理保『コーチング入門』日本経済新聞社、2006年。
村山元英・小柏喜久夫『経営人類学―動物的精気の人間論―』創成社、1998年。

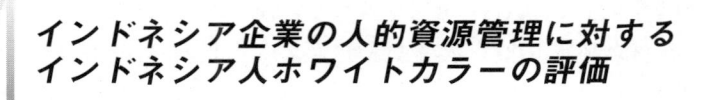

補論2

インドネシア企業の人的資源管理に対するインドネシア人ホワイトカラーの評価

　第2章でインドネシア企業のコア人材を中心とした人的資源管理を見てきたが、インドネシア人ホワイトカラーはそれをどのように評価しているのであろうか。(1) 企業の施策をどのくらい有益と考えているか、(2) 施策に対してどのような希望を持ち、またどのくらい満足しているかという2つの視点から見ていきたい。方法は第2章でアンケートに回答したインドネシア企業から2社を抽出し、その企業のインドネシア人ホワイトカラーに人的資源管理に対するアンケートに答えてもらった。インドネシア企業2社のホワイトカラーの評価を比較して見ていきたい。なお、インドネシア企業A、B2社をインドネシアにおけるインドネシア企業ということで、以下IIA社とIIB社と記す。IIA社は商社で回答人数は11人、IIB社はコンサルティング会社で回答人数は29人である。第2章と同じ設問の場合は、インドネシア企業の経営者側の回答（15社の平均）を提示し、ホワイトカラーの回答と企業経営者側の回答を比較して示す。インドネシア企業経営者を同様にインドネシアにおけるインドネシア企業のマネジメントということで、以下IIMと記す。

1. 調査対象者のフェースシート

　まず、調査対象者の(1)性別（図表補2-1）、(2)最終学歴（図表補2-2）、(3)職種（図表補2-3）、(4)職位（図表補2-4）、(5)入社方法（図表補2-5）を示す。
　IIA社の(1)性別は男81.8％（9人）、女18.2％（2人）であり、男性が圧倒

補論2　インドネシア企業の人的資源管理に対するインドネシア人ホワイトカラーの評価

的に多い。(2)最終学歴は①大学卒、①短大・高専卒ともに45.5％（4人）、③高校卒9.1％（1人）、ほか0（○数字は順位、以下の設問も同様）。90％以上が短大・高専卒以上で、教育の普及が遅れているインドネシアではかなり高学歴である。(3)職種は①総務・人事54.5％（6人）、②財務・経理18.2％（2人）、③営業、開発・設計、その他ともに9.1％（1人）、ほか0。総務・人事が多いのは貿易業務がここに含まれるためである。(4)職位は①課長・相当職と①係長・相当職がともに45.5％（5人）、③部長・相当職以上9.1％（1人）、一般職員とその他は0。課長・相当職と係長・相当職の管理職が9割以上を占める。(5)入社方法は①新規学卒者の定期採用36.4％（4人）と②新聞、雑誌等の求人広告27.3％（3人）で63％以上を占めている。

　IIB社の(1)性別は男72.4％（21人）、女27.6％（8人）であった。IIA社と同様に男性が多い。(2)最終学歴は①大学卒37.9％（11人）、②高校卒31.0％（9人）、③短大・高専卒が24.1％（7人）、④中学卒6.9％（2人）、ほか0。IIB社でも短大・高専卒以上が62％と、IIA社ほどではないが、インドネシアでは2社とも高学歴の社員が多い。(3)職種は①その他31.0％（9人）、②総務・

図表補2-1　性別（％）

	IIA	IIB
男性	81.8（9人）	72.4（21人）
女性	18.2（2人）	27.6（8人）

図表補2-3　職種（％）

	IIA	IIB
営業	9.1	6.9
総務・人事	54.5	24.1
財務・経理	18.2	6.9
開発・設計	9.1	13.8
生産・技術	0.0	3.4
法務・特許	0.0	3.4
その他	9.1	31.0

図表補2-2　最終学歴（％）

	IIA	IIB
中学校卒	0.0	6.9
高校卒	9.1	31.0
短大・専門学校卒	45.5	24.1
大学卒	45.5	37.9
大学院修士修了	0.0	0.0
大学院博士修了	0.0	0.0
その他	0.0	0.0

図表補2-4　職位（％）

	IIA	IIB
一般社員	0.0	75.9
係長・相当職	45.5	0.0
課長・相当職	45.5	6.9
部長・相当職以上	9.1	0.0
その他	0.0	17.2

補論2　インドネシア企業の人的資源管理に対するインドネシア人ホワイトカラーの評価

図表補2-5　入社方法（％）

	IIA	IIB
新規学卒者の定期採用	36.4	3.4
新聞、雑誌等の求人広告	27.3	6.9
職業紹介機構を通じて	0.0	3.4
他社からヘッドハント	9.1	3.4
本社からの派遣、出向	9.1	3.4
関連企業等からの出向、転籍	0.0	10.3
社員による紹介	9.1	55.2
インターネットによる採用	0.0	3.4
その他	9.1	6.9

人事24.1％（7人）、③開発・設計13.8％（4人）、④営業と④財務・経理がともに6.9％（2人）、⑥生産・技術と⑥法務・特許がともに3.4％（1人）。その他が多いのはコンサルティング業務を含むからである。(4)職位は①一般社員75.9％（22人）、②課長・相当職6.9％（2人）、③その他17.2％（5人）。一般社員が75％以上を占めており、管理職の多いIIA社と対照的である。(5)入社方法は①社員による紹介が55.2％（16人）を占めて多数であり、ほかに10％を超えるものは関連企業等からの出向、転籍だけである。

○企業から評価される点（図表補2-6：選択肢11から3つ選択させ、1位を3点、2位を2点、3位を1点として合計点を計算し、各項目の合計点に占める割合を算出した。第2章のコア人材の選抜要件と同じ設問のためIIMと比較する）

　ホワイトカラーはどのような点を企業側から評価されると思っているか。IIA社の上位は1位社内での実績（21.7％）で、2位学歴（資格、学位含む）と問題解決力（16.7％）で、以下人柄と洞察力と続く。IIB社の上位は1位社内での実績（27.8％）で、2位専門性（18.8％）、3位語学力（14.2％）である。2社とも1位は社内での実績で20％を超えており、社内での実績を評価されるとしている者が最も多い。IIMのコア人材の選抜要件は1位が専門性（18.1％）、2位が学歴と社内での実績（14.3％）である。IIMの選抜要件上位3つのうちIIA社、IIB社両社とも2つが上位3位以内に入っている。ホワイト

補論2　インドネシア企業の人的資源管理に対するインドネシア人ホワイトカラーの評価

図表補2-6　評価される点（%）

	IIA	IIB	IIM ※
語学力	3.3	14.2	9.5
学歴（資格、学位を含む）	16.7	7.4	14.3
社内での実績	21.7	27.8	14.3
社内外での過去の実績	5.0	11.4	6.7
将来性	0.0	6.8	2.9
人柄	13.3	6.3	10.5
リーダーシップ	3.3	1.7	13.4
実行力	3.3	0.0	0.0
専門性	3.3	18.8	18.1
問題解決力	16.7	4.5	7.4
洞察力	13.3	1.1	2.9

※ IIMはコア人材を選抜する要件。

カラーの評価されると思っている点と選抜要件は3分の2が合致していると言える。

2．企業の人的資源管理の施策に対するインドネシア人ホワイトカラーの評価

　ここからは、企業の人的資源管理の施策に対してインドネシア人ホワイトカラーがどのように評価しているかを、(1)企業の施策をどのくらい有益と考えているか、(2)施策に対してどのような希望を持ち、またどのくらい満足しているかという視点で見ていきたい。

(1)　仕事をするうえで有益な施策

　仕事に有益と考えている施策は何かを教育訓練・能力開発関連と雇用管理・労務管理関連に分けて尋ねた（まったく有益でないを0p、あまり有益でないを1p、まあまあ有益であるを2p、非常に有益であるを3pとして記入）。

図表補2-7　教育訓練・能力開発関連

	IIA	IIB
体系的能力開発	2.82	2.32
資格取得等自己啓発にかかる費用を会社が援助する制度	2.82	2.77
社外の教育訓練機関を利用した研修・訓練	2.90	2.44
社員による教育訓練メニューの選択	2.70	2.70

図表補2-8　雇用管理・労務管理関連

	IIA	IIB
将来中核を担うと目される人物を早期選抜登用する制度	2.91	2.22
個人の業績や成果を賃金等に反映させる制度（業績給等）	2.91	2.69
配属や職務に関する希望を社員が会社に申告する制度	1.64	1.96
目標管理制度	2.73	2.07
人事考課結果のフィードバック	2.55	2.45
社内公募制	2.55	2.00
社員の希望を考慮し将来の進路を決める企業内職業相談	2.36	2.42
部課長等とは別に専門的技術や知識により処遇する制度	2.91	2.21
上司と部下とが定期的に意見を交換する制度	2.91	2.64
労働組合や従業員組織との協議	1.55	2.22

1）教育訓練・能力開発関連（図表補2-7）

　最も低い評価項目でも2.32pで、2社のホワイトカラーは会社側の教育訓練・能力開発を非常に役立つと考えている。IIA社では4項目とも2.70pを超え、IIB社より高い。IIB社は「資格取得等自己啓発にかかる費用を会社が援助する制度」が2.77pで最も高いが、コンサルティング業務のなかでその資格が生かせることがその要因になっているからだと思われる。

2）雇用管理・労務管理関連（図表補2-8）

　IIA社は8項目、IIB社は9項目でまあまあ有益の2pを超えている。これら雇用管理・労務管理関連の施策を有益と考えているということであろう。なかでも「個人の業績や成果を賃金等に反映させる制度（業績給等）」と「上司と部下との定期的に意見を交換する制度」は両社とも1位または2位にランクされ、評価が高い。両社のホワイトカラーとも業績給を支持し、経営者とのコミュニケーションを重視していると考えられる。反対に、「配属や職

務に関する希望を社員が会社に申告する制度」はIIA社で9位、IIB社で10位とあまり有益であると理解されていない。なお、「将来中核を担うと目される人物を早期に選抜・登用する制度」＝コア人材制度は、IIA社で同率1位になっており、有益と考えられている。

（2） 施策に対する希望と満足度

次に、仕事をするうえで今後希望するキャリアパスの方法は何かと定着するのに希望する施策は何かを尋ねた。

1）キャリアパスのパターンⅠ、Ⅱ、Ⅲのうち、今まで行なわれてきた施策と今後希望するもの（図表補2-9、補2-10：選択肢3、1つずつ選択）。

図表補2-9　キャリアパスのパターン

キャリア形成のパターン			
	一定年齢までに幅広い職務を経験し、将来の中核となる人材を育成するキャリア	一定年齢までに1つの職務で高度な専門性を身につけ、その分野のプロフェッショナルを育成するキャリア	一定年齢までの狭い範囲の職務を経験し、企業内スペシャリストを育成するキャリア
これまで	Ⅰ	Ⅱ	Ⅲ
今後	Ⅰ	Ⅱ	Ⅲ

図表補2-10　希望するキャリアパスのパターン

パターン	IIA			IIB			IIM ※		
	Ⅰ	Ⅱ	Ⅲ	Ⅰ	Ⅱ	Ⅲ	Ⅰ	Ⅱ	Ⅲ
これまで	72.7	27.3	0.0	56.5	26.1	17.4	60.0	20.0	20.0
今後	80.0	0.0	20.0	12.5	58.4	29.1	41.7	33.3	25.0

※ IIMは実施するキャリアパスのパターン。

補論2　インドネシア企業の人的資源管理に対するインドネシア人ホワイトカラーの評価

　パターンⅠ、Ⅱ、Ⅲの説明は第1章と第6章で述べたが、以下のとおりである。
　パターンⅠ：一定年齢まで幅広い職務を経験し、将来の中核となる人材を育成するキャリア（以下、幅広いキャリアと略す）
　パターンⅡ：一定年齢まで1つの職務で高度な専門性を身につけ、その分野のプロフェッショナルを育成するキャリア（以下、プロフェッショナルと略す）
　パターンⅢ：一定年齢まで狭い範囲の職務を経験し、企業内スペシャリストを育成するキャリア（以下、スペシャリストと略す）
　IIA社のキャリアパスのパターンはこれまではパターンⅠの幅広いキャリア（72.7％）が行なわれており、今後もそれを望む人がさらに増える（80.0％）。IIB社はこれまではIIA社と同様にパターンⅠの幅広いキャリアが過半数（56.5％）で行なわれていたが、今後はパターンⅡのプロフェッショナルを希望する人が多い（58.4％）。IIMはこれまではパターンⅠの幅広いキャリアが過半数（60.0％）であるが、今後はパターンⅠを減らし、パターンⅡを増やそうとする企業が多く、A社とB社の希望の中間となっている。

2）会社に定着するために希望する施策（図表補2-11：選択肢9、まったく希望しないを0p、あまり希望しないを1p、どちらかというと希望するを2p、非常に希望するを3pとして記入）。

図表補2-11　会社に定着するために希望する施策

	IIA	IIB	IIM ※
給与・賞与の反映幅の拡大	2.18	2.38	1.93
昇進・昇給のスピード	1.18	1.63	1.80
能力開発の機会の拡充	2.27	2.43	1.73
裁量権の拡大	1.18	2.25	1.79
報奨金・奨励金制度	2.64	2.72	1.86
ストックオプション制度	2.91	2.52	1.57
社内公募制	2.36	1.71	1.83
表彰制度	2.64	2.04	1.73
福利厚生の充実	2.18	2.29	2.20

※ IIMは有効と考えている施策。

補論2　インドネシア企業の人的資源管理に対するインドネシア人ホワイトカラーの評価

　選択項目が多いため、上位3つと下位のうちの2p未満のものを提示する。IIA社の上位は1位「ストックオプション制度」(2.91)、2位は「報奨金・奨励金制度」と「表彰制度」(2.64)であり、下位は8位がともに「昇進・昇給のスピード」と「裁量権の拡大」(1.18)である。IIB社の上位は1位「報奨金・奨励金制度」(2.72)、2位「ストックオプション制度」(2.52)、3位「能力開発の機会の拡充」(2.43)であり、下位は9位「昇進・昇給のスピード」(1.63)、8位「社内公募制」(1.71)である。A、B2社とも「ストックオプション制度」と「報奨金・奨励金制度」が1位または2位であり、「昇進・昇給のスピード」が最下位となっており、昇進して昇給するのを待つのでなく、定着には金銭的インセンティブ、それも短期的なものを重視している。IIMの上位は1位「福利厚生の充実」(2.20)、2位「給与・賞与の反映幅の拡大」(1.93)、3位「報奨金・奨励金制度」(1.86)であり、下位は9位「ストックオプション制度」(1.57)、7位「能力開発の機会の拡充」と「表彰制度」(1.73)である。IIMとIIA、IIB2社を比較すると、「報奨金・奨励金制度」がともに上位に入っているだけである。IIA、IIB2社で1位または2位となっている「ストックオプション制度」は、IIMでは最下位。IIA社の2位の「表彰制度」とIIB社の3位の「能力開発の機会の拡充」はIIMでは7位である。ホワイトカラーの希望と企業側が重要と考えているものとはミスマッチがあると思われる。

図表補2-12　企業の施策に対する満足度

	IIA	IIB
仕事のやりがい	2.45	2.11
上司、同僚との人間関係	2.00	2.10
職場での配置	2.36	1.93
仕事の社会的意義	2.45	2.59
労働時間	2.18	2.64
賃金の決め方	2.00	1.28
従業員の能力・適性を会社が把握	1.82	1.89
教育訓練・研修の充実度	2.09	2.22
自分の仕事・努力を会社が評価	1.82	2.31
自分の思いどおり仕事ができるか	2.00	2.07
期待どおり昇進したか	1.64	2.07

補論2　インドネシア企業の人的資源管理に対するインドネシア人ホワイトカラーの評価

最後に、仕事をするうえで施策に対する満足度を尋ねた。

3）**企業の施策に対する満足度**（図表補2-12：選択肢11、まったく満足しないを0p、あまり満足しないを1p、まあまあ満足するを2p、非常に満足するを3pとして記入）。

　ⅡA社では①「仕事のやりがい」と「仕事の社会的意義」2.45、③「職場での配置」2.36の満足度が高く、⑪「期待どおりに昇進したか」1.64、⑨「従業員の能力・適性を会社が把握」と⑨「自分の仕事・努力を会社が評価」（ともに1.82）の満足度が低い。ⅡB社は①「労働時間」2.64、②「仕事の社会的意義」2.59、③「自分の仕事・努力を会社が評価」2.31の満足度が高く、⑪「賃金の決め方」1.28、⑩「従業員の能力・適性を会社が把握」1.89、⑨「職場での配置」1.93の満足度が低い。ⅡA、ⅡB2社に共通するものは、「仕事の社会的意義」の満足度が高いことと「従業員の能力・適性を会社が把握」の満足度が低いことだけである。「職場での配置」と「自分の仕事・努力を会社が評価」はⅡA、ⅡB2社で評価が逆転しており、会社による違いが大きい。11項目の満足度の平均は、ⅡA社2.07、ⅡB社2.11で両社とも2pを超え、日系企業（1.92）より0.15から0.19p高くなっている。日系企業でまあまあ満足するの2pを超えられない原因として、日本側経営者層とインドネシア人従業員とのコミュニケーションが問題とされていた[1]。インドネシア現地企業で経営者層と従業員とのコミュニケーションがどのような現状かは今後の課題としたい。

〈注〉
（1）鈴木岩行「在インドネシア日系企業におけるインドネシア人ホワイトカラーの人的資源管理」『和光経済』第41巻2・3号、2009年。

※本稿はバンバンが執筆し、鈴木が全体の修正をした。

あとがき

　本書は和光大学総合文化研究所で2007年度と2008年度一般研究（甲）に指定された研究プロジェクト「インドネシアとベトナムにおける人材育成に関する調査研究――現地企業と日本・台湾・韓国系企業における人材育成の比較検証」の研究成果である。

　序章で述べられているように、われわれプロジェクト・メンバーはアジアで中国の次に経済成長するとみられているインドネシアとベトナムに注目した。両国では経済成長にともない、人材育成が重要となると思われるが、その研究は進んでいない。そこで、現地企業と両国への進出が多い日本・台湾・韓国系企業の人材育成の現状を調査し、比較検証することとした。

　研究会を積み重ね、2007年は8月下旬にインドネシアのジャカルタで、2008年は8月末から9月はじめにかけてベトナムのハノイとホーチミンで現地調査を行なった。現地の暑い気候と不慣れな環境に過密日程も重なり、体調を崩すメンバーも出たが、何とか無事に調査を終えることができた。

　調査にあたっては、両国の現地企業、日系企業、台湾系企業、韓国系企業の方々に大変お世話になった。また、各企業をご紹介いただいた方々にもお世話になった。ここに記して感謝を申し上げる。本書の出版にあたっては、和光大学総合文化研究所の出版助成を受けることができた。プロジェクト・メンバーを代表して感謝するしだいである。さらに、出版状況の厳しいなか、本書の出版をお引き受けいただいた八千代出版株式会社社長大野俊郎氏と丁寧な校正をしていただいた深浦美代子氏にお礼を申し上げたい。

2010年1月10日

　　　　　　　　　　　　　プロジェクト・メンバーを代表して　**鈴木岩行**

索　引

ア　行

アジア金融経済危機	4, 7
アセスメント	38
アドバンテージ	157
アローワンス	46, 131-132
EQ（Emotional Quotient）	127
委託研修	96
インセンティブ	79, 168
インセンティブ・ポリシー	71, 79
incentive bonus（賞与）	46
インターネット募集	135
インハウス型	41
Win-Winの関係	215
ウドヨノ	5
売上報奨金制度	168
HPAEs	3
AOTS	61
MOT（Management of Technology）	206
MDP（Management Development Program）	41
MBO	44, 130
温情的労務管理	81

カ　行

外的コントロール	213
外的コントロールを使わないコミュニケーション	214
外部派遣型	42
外部募集	161
外部労働市場	177
華僑・華人投資	7
華僑資本	183
華人	79, 85
──財閥	3
韓国スタイル	190
冠婚葬祭	191
企業内人間関係	177
逆輸入	91
キャリア・アップ	86, 166
キャリアパス	27, 71, 78, 126, 129
教育環境	98
競争意識	169
共存共栄	193
金銭的報酬	167
クローニー資本主義	4
KKN	5
現地化	81, 172, 219
現地駐在員	81
現地法人の権限	73-74, 160
コアコンピテンシー	40
広西	172
コーチング	211
コーチング・スキル	211, 213
国際分業の問題	204
ゴトン・ヨロン	64
コミュニケーション能力	95, 165
コンピテンシー	38
コンピテンシー評価	45

サ　行

採用ステップ	162
産業構造の高度化	9
産業スキルディベロップメント	10
GPA（Grade Point Average）	39
刺激策　→インセンティブ	
自己開発	177
社外研修	177
社会主義体制	192
社内技術競技大会	96
社内プロフェッショナル	147
社内用語	79

収益意識	168	単純労働力	189
従業員の階層	37	タントゥアン工業団地	141
試用期間	76, 162	単独出資	92
情報化社会	204	タンロン工業団地	141
職種別の労働組合	48	地域ごとの労働組合	48
職能別組織	35, 122-123	チャイナ・プラスワン	1, 183
job description（職務記述書）	131	中華英才網	87
ジョブフェア	41	中幹	158
ジョブホッピング	174	中間管理者	81, 170-171
自律的キャリア形成	42	強気の人材戦略	171
新外資法	7	低コンテクスト化	214
人件費コスト	176	定着率	81
人材獲得競争	188	出来高報奨金制度	80
人材に求める能力	76	ドイモイ政策	7, 202
人材バンク	172	投資環境	157
人材評価システム	170	東南アジア諸国連合（ASEAN）市場	183
人材流出	86		
人事委員会	94	**ナ　行**	
人事考課	169	内部育成	85, 128, 165
水平な連携	204	内部昇進	76, 161
スカルノ	3	内部推薦	84
スハルト	3	NAFTA（北米自由貿易協定）	206
スペシャリスト	43, 163, 170	ナレッジ（知識）社会	204
生産力中心	82	ナレッジワーカー	10, 205
セクション・リーダー	170	南向政策	73, 157
7 habit 研修	44	日系工業団地	7
選択理論	213-214	人間力	220
相互理解	193	ネットワーク経済	206
相対的思考	214	（ベトナムの）年金	150, 154
組織学習	205	能力開発プログラム	78
		能力評価	44
タ　行		ノン・プリブミ	85
対外直接投資額	157		
大韓貿易投資振興公社（KOTRA）	90	**ハ　行**	
第3の選択	171	ハイコスト・エコノミー	6
態度（attitude）	38	high-salary（高賃金）	134, 135
（ベトナムの）WTO加盟	7	ハイブリッド化	219
多民族国家	77	high-position（高い地位）	133-135
Talent Management	42	performance appraisal（業績評価）	44, 131

performance 評価　→ performance appraisal（業績評価）	
パラダイムシフト	204
バンドン	72
東アジア共同体構想	206
引き抜き合戦	174
非金銭的報酬	174
VISTA	1, 9
（研修生の）評価書	165
品質管理（の意識）	163
fast track	42
ファンクショナル・スペシャリスト	13, 129, 135
付加価値労働生産性	9
部門長	170
BRICs	1, 9
プリブミ	85
フリンジ・ベネフィット	132
プロフェッショナル	78, 205
basic salary（基本給）	46, 132
ヘッドハンティング	47, 78, 174
ペティ＝クラークの法則	9
ベトナム進出の目的	159
ベトナム戦争	7
ベトナムの人材不足	162, 171
防火壁	173
（陸幹の）報酬	173
縫製学校	189
ホー・チ・ミン	6
ボート・ピープル	7
ポスト工業化社会	203
ボトルネック	77

マ行

マーケティング能力	93
前払い制	80
（陸幹への）満足度	175
民族性	172
民族問題	72
目標管理制度　→ MBO	
モチベーション	163, 165

ヤ行

輸出志向型開発戦略	3

ラ行

リーダーシップ	39, 93, 164
リーダーシップ開発プログラム	42
利益志向	94
陸幹	85, 158, 171, 203
（台湾系企業の）離職率	168
リテンション	48, 133
リワードシステム（報酬制度）	45, 131
（縫製などの）労働集約的産業	89

ワ行

ワンストップサービス	7

執筆者紹介 （掲載順、*は編者）

鈴木　岩行＊（すずき・いわゆき）　　　序章（1.～3.）、第1章、第3章、
　　　　　　　　　　　　　　　　　　　　第6章、第8章、終章（1.）、補論2

　1954年生。早稲田大学大学院商学研究科博士後期課程単位取得満期退学。
　現　　職　和光大学経済経営学部教授
　主要著書・論文
　『アジア日系企業の人材育成』（共著）（和光大学総合文化研究所、2002年）
　「中国における日系企業の人的資源管理」『日本貿易学会年報』（第44号、日本貿易学会
　　編、2007年、63-70頁）
　『経営学の新展開』（共著）（税務経理協会、2007年）

谷内　篤博＊（やち・あつひろ）　　　序章（4.5.）、第2章、第7章、終章（2.）

　1953年生。筑波大学大学院教育研究科修士課程修了。
　現　　職　文京学院大学人間学部教授
　主要著書・論文
　『大学生の職業意識とキャリア教育』（単著）（勁草書房、2005年）
　『働く意味とキャリア形成』（単著）（勁草書房、2007年）
　『日本的雇用システムの特質と変容』（単著）（泉文堂、2008年）

張　英莉（ちょう・えいり）　　　　　　　　　　　　　　　　第4章、第9章

　1959年生。一橋大学大学院経済学研究科博士課程修了、博士（経済学）。
　現　　職　埼玉学園大学経営学部教授
　主要著書・論文
　『傾斜生産方式と戦後統制期の石炭鉱業』（単著）（雄松堂、2006年）
　『現代社会の課題と経営学のアプローチ』（共編著）（八千代出版、2009年）
　訳書『日本戦後史』（単訳）（中国人民大学出版社、2008年）

黄　八洙（ふぁん・ぱるす）　　　　　　　　　　　　　　　　第5章、第10章

　1965年生。日本大学大学院経済学研究科博士後期課程単位取得満期退学。
　現　　職　駐日韓国大使館専門調査員
　主要著書・論文

「企業のM&Aと事業再構築—韓国企業のM&Aを中心に—」『産業経営研究』(第22号、日本大学経済学部産業経営研究所編、2000年、83-101頁)

「企業成長戦略としてのM&A」石山伍夫編『経営入門』(分担執筆)(税務経理協会、2006年、81-90頁)

「韓国企業の中国進出および現地化—人材育成に関する現地調査を中心に—」『経営行動研究年報』(第15号、経営行動研究学会編、2006年、112-116頁)

小林　猛久 (こばやし・たけひさ) 　　　　　　　　　　　　補論1

1962年生。静岡大学大学院人文社会科学研究科修士課程修了。

現　　職　和光大学経済経営学部准教授

主要著書・論文

「変わり始めた企業のコミュニケーション空間」淺間正通・山下巌編『デジタル時代のアナログ力』(分担執筆)(学術出版会、2008年、273-284頁)

「企業が社員に求めるICTレベル」『研究年報』(第66号、国際ビジネスコミュニケーション学会編、2007年、55-64頁)

「マレーシアへの直接投資の現状と課題—多民族国家における日系企業の経営戦略—」『日本貿易学会年報』(第45号、日本貿易学会編、2008年、268-274頁)

BAMBANG RUDYANTO (ばんばん・るでぃあんと) 　　　　　　　補論2

1966年生。東京大学先端学際工学専攻博士課程修了、博士(学術)。

現　　職　和光大学経済経営学部教授

主要著書・論文

「防災リモートセンシングデータベース構築へ向けて」『自然災害科学』(第20巻2号、日本自然災害学会編、2001年、155-157頁)

「Modelling Geographical Systems: Statistical and Computational Applications」edited by Barry Boots, Atsuyuki Okabe and Richard Thomas『*Geojournal Library*』(共著)(Kluwer Academic Publishers、2003年、317-330頁)

「Community-based Flood Mitigation Project: The case study of Bandung City, Indonesia」(共著)(International Symposium on Landslide Risk Analysis and Sustainable Disaster Management、2007年、109-112頁)

> インドネシアとベトナムにおける
> 人材育成の研究

2010年3月10日　第1版1刷発行

編著者 ── 鈴　木　岩　行
　　　　　　谷　内　篤　博
発行者 ── 大　野　俊　郎
印刷所 ── 松　本　紙　工
製本所 ── 渡　邊　製　本　㈱
発行所 ── 八千代出版株式会社
　　　　　〒101-0061　東京都千代田区三崎町 2-2-13
　　　　　TEL　　03-3262-0420
　　　　　FAX　　03-3237-0723
　　　　　振替　　00190-4-168060

　　　　　＊定価はカバーに表示してあります。
　　　　　＊落丁・乱丁本はお取替えいたします。

© 2010 Printed in Japan

ISBN978-4-8429-1506-7